KB210717

교회사의 숲

주제로 본 교회사 이야기

배덕만

느헤미야 기독교 입문 시리즈 ④

교회사의 숲

지은이	배덕만
초판발행	2015년 9월 4일
초판4쇄	2024년 10월 16일

펴낸이	배용하
책임편집	배용하
등록	제364-2008-000013호
펴낸 곳	도서출판 대장간
	www.daejanggan.org
등록한 곳	충청남도 논산시 가야곡면 매죽헌로1176번길 8-54
편집부	전화 (041) 742-1424
영업부	전화 (041) 742-1424 전송 0303-0959-1424
분류	교회사

ISBN	978-89-7071-357-1
	978-89-7071-322-9 04230(세트)

 값 16,000원

교회사의 숲
교회사의 숲
교회사의 숲
교회사의 숲
교회사의 숲
교회사의 숲
교회사의 숲

교회사의 숲

교회사의 숲
교회사의 숲
교회사의 숲
교회사의 숲
교회사의 숲
교회사의 숲
교회사의 숲
교회사의 숲
교회사의 숲
교회사의 숲
교회사의 숲
교회사의 숲
교회사의 숲
교회사의 숲
교회사의 숲
교회사의 숲
교회사의 숲
교회사의 숲
교회사의 숲

느헤미야 기독교 입문 시리즈 ④

교회사의 숲

– 주제로 본 교회사 이야기

배 덕 만

차례

차 례

박 창 훈 교수(서울신학대학교)

　이제까지 교회의 역사를 다룬 여러 종류의 책들이 있었다. 그 역사서 대부분은 시간 순서에 따른 시대 구분과 중요 사건의 묘사 및 주요 인물들의 활동을 기록하는 것에서 공통점을 갖고 있다. 그러나 이 책은 제목에서 암시하는 것처럼, 교회사에 나타난 모든 사건에 주목하려고 하지 않고 역사, 문화, 제도, 사회 등 현대 사회에서 특별히 관심과 주목을 끌고 있는 선별적인 주제로 나누어 역사를 살피고 있다. 그런 점에서 이 책은 각 주제마다 교회사 전체를 총괄하고 있기에 어떤 점에서는 교리사와 같은 해설 방법을 취하고 있다고 할 수 있다. 그러나 어느 주요 교리의 정당성이나 우월성을 강조하는 관점이 아니라, 매 장마다 성경 본문을 제시하여 교회가 과연 그 하나님 말씀에 충실하게 순종하였는가를 반복해서 묻고 있기에 역사를 비판적으로 읽고 생각할 수 있는 능력을 키울 수 있게 한다.

　특히 이 책은 보통의 역사서에서 작은 이야기로 머물 수도 있었을 약자들의 관점에서 이야기를 전개하고 있다. 노예, 평화, 개혁 등의 주제에서 볼 수 있는 것처럼, 정통과 이단의 이분법적인 시각에서 도외시되었던, 그리스도의 이름으로 모진 희생을 받았던 이들의 이야기도 과감하게 싣고 있다. 그래서 이 책을 읽으면서, 신학 전공자들이나 신자들 사이에서 자주 질문되지만 여러 이유 때문에 속시원하게 대답할 수 없었던 교회의 사건, 관행, 문화를 이해하고 배울 수 있는 즐거움도 함께 생긴다. 일단 이 책을 잡으면 쉽게 놓지 못하여, 하루 정도는 온전히 교회를 생각하고, 온전한 교회를 고민하며, 완전한 교회를 소망하는 기도를 하게 된다. 그러나 이 책이 다루고 있는 내용은 분명히 교회의 역사만큼 묵직하고, 교회의 구조만큼 짜임새가 있으며, 개혁된 교회의 모습만큼 충격적이며 도전적이다.

다른 역사서들이 세계교회의 역사와 한국교회의 역사를 전공이 다르다는 이유로 따로 분리하여 출판했기에, 세계교회와 한국교회가 구체적으로 어떤 연관성이 있는지를 밝히지 못했다면, 이 책 각 장의 마지막 부분에서는 항상 한국교회의 이야기를 함께 다루어서, 수천 년의 교회 역사가 지금 내가 출석하며 신앙생활을 하고 있는 교회와 어떤 연관성이 있는지, 그리고 현대의 그리스도인들에게 어떤 의미를 가지는지, 더 나아가 지금 나는 무엇을 해야 하는지 등의 구체적이고 실존적인 문제들까지 연결을 시키고 있다는 점에서 기존의 역사서들을 뛰어넘고 있다. 다시 말해, 초기 그리스도교 공동체와 오늘 아침 신문과 SNS의 주요 기사가 깊은 연관성이 있다는 분명한 사실을 역사적 근거를 가지고 호소력 있게 제시하고 있다. 한 주제가 예수 그리스도의 말씀으로 시작하여, 그 주제에 맞는 역사를 제시한 후, 핵심 논지를 정리한 에필로그를 통해 강의실이나 교회에서 교재로 사용할 수 있는 충분한 자료를 제공하고 있다.

이렇게 새로운 기준에 따른 이야기를 읽고 나면, 교회 역사에서 남성들의 권위적인 위계질서로 인해 자주 질식해왔던 성령의 역사, 그리스도를 만나 세상의 변화에 참여했던 이들의 희생, 그리고 하나님 아버지의 말씀에 절대적인 순종을 했던 복음주의자들의 철저한 몸부림을 새롭게 알게 되고, "교회는 항상 개혁되어야 한다"는 오랜 상투적 문구를 이제는 전혀 새로운 자세로 더욱 절실하게 보듬게 된다.

김 영 명 원장(삼원서원)

참으로 반가운 책이 나왔다. 그동안 한국 신학생들은 기초적인 교회사 개론 교재로 윌리스틴 워커, 후스토 곤잘레스, 칼 호이시, 쿠어트 슈미트 등 외국 교회사가의 책으로 한두 학기에 걸쳐 공부하곤 했다. 배덕만 교수는 그동안 공부하고 강의했던 것을 망라해서 쉽고 새로운 방식으로 교회와 역사, 문화, 제도 그리고 사회를 큰 범주, 작은 주제별로 통시적으로 유려한 필치로 저술했다. 무엇보다 좋은 것은 주제별로 초기 교회부터 한국교회까지 꿰뚫는 방식이다. 이 책은 신학에 관심 있는 평신도와 신학생 그리고 목회자 들이 꼭 읽어야 할 역작이다.

과제

"역사학이란 무엇입니까?" 제가 박사과정 종합시험을 치르면서 지도교수님께 드린 질문이었습니다. 사학 개론 시간에 학부생이 던진 소박한 질문이 아니라, 10년 넘게 역사와 치열하게 씨름하고 나서 던진 고통스러운 질문이었습니다. 인문학의 다른 분야들과 구별되는 역사학의 고유한 자리는 무엇인지, 다른 학문들과 구별되는 역사학의 고유한 방법론은 무엇인지, 갑자기 모호하고 암담해졌습니다. 과거의 특정한 사건을 이해하기 위해 고문서를 뒤적이는 것이 역사학이고, 그 사건을 당시의 역사적 상황을 배경으로 설명하는 것이 역사학적 방법일까요?

저를 더욱 혼란스럽게 했던 질문은 "교회사란 무엇인가?"였습니다. 일반 역사와 교회 역사, 일반 역사학과 교회사학의 차이는 무엇일까요? 역사에서 교회와 관련된 부분이 교회사의 대상이라면, 교회사가 다루어야 할 고유한 영역은 어디까지일까요? 일반 역사에서 다룬 기독교와 교회사에서 다룬 기독교 간에는 어떤 차이가 있을까요? 또, 교회사에서 하나님의 자리를 어떻게 규정해야 할까요? 교회사가에게 신앙은 절대적인 자격 요건일까요? 교회사 연구에서 일반 역사학의 방법론을 어디까지 수용할 수 있을까요?

사실, 가장 곤혹스러운 질문이 남아 있습니다. "이 시대에 한국인으로서 교회사를 서술한다는 것은 무슨 의미일까요?" '한국인으로서' 미국 종교사를 전공하면서, 이 질문이 제 머리를 떠난 적은 없습니다. 동시에, '21세기에' 한국에서 교회사를 가르치면서, 이 질문은 더욱 강하게 제 의식을 지배하고 있습니다. 저는 학습과 경험을 통해, 사건을 객관적·보편적으로 인식하는 것이 불가능하다는 것을 깨달았습니다. 본질적으로 인간은 역사적 존재입니다. 즉, 특정한 시간과 공간의 영향을 강하게 받습니다. 자신의 인종, 성별, 나이, 직업, 수입, 종교, 지역, 계급 등에 따라, 세상을 바라보는 관점과 행동 방식에 심각한 차이가 발생합니다. 이런 맥락에서, 제가 한국에서 기독교인으로 교회 역사를 연구하고 가르친다는 것이, 다른 지역, 다른 시대에서 교회사를 바라보는 이들과 어떤 차이가 있을지, 고민하지 않을 수 없습니다.

저는 이런 질문 중, 어느 것 하나에도 명쾌한 답을 제시할 수 없습니다. 이 질문들 자체가 살아 있고, 저의 고민도 진행 중이기 때문입니다. 그래서 이것들은 제가 교회사를 공부하는 과정에서 끝까지 붙들어야 할 '화두'이며, 저의 공부에 방향을 제시하고 동력을 부여하는 '보이지 않는 힘'이기도 합니다. 이 질문들이 이 책 전체를 관통하고 있습니다.

도전

일반인들에게 역사학은 수많은 연도와 이름으로 가득 찬 복잡하고 재미없는 영역으로 인식되는 것 같습니다. 그들에게 역사가는 온종일 도서관에 앉아서 낡고 먼지 쌓인 고서들을 뒤적이는, 고집스럽고 재미없는 사람들로 보일 것입니다. 이런 상황은 교회사의 경우 더 심각합니다. 일차적으로, 교회 내에서 교회 역사에 대한 관심은 지극히 주변적입니다. 성경에 대한 관심이 압도적으로 많은 것은 당연하지요. 교리에 대한 관심도 적지 않습니다. 하지만, 교회마다 성도들에게 성경과 교리를 가르치는 프로그램은 적지 않지만, 교회사를 가르치는 교회는 거의 없습니다. 사정은 신학교에서도 마찬가지입니다. 성서신학과 조직신학을 전공하려는 학생들의 수에 비해, 교회사를 공부하려는 학생의 수는 비교 자체가 무의미할 지경입니다. 그 결과, 교회와 신학교에서 교회사는 그야말로 주변 학문, 보조 학문에 불과할 뿐입니다. 누군가에게 이런 현실의 책임을 전가할 생각은 전혀 없습니다.

하지만, 교회와 신학교에서 교회사가 충분히, 제대로 교육되지 않는 것의 폐해는 가히 치명적입니다. 대표적인 예가 이단의 창궐입니다. 개인적으로, 저는 한국교회 내에 신천지와 하나님의 교회안상홍파 같은 이단들의 발흥은 근본적으로 '교회사의 부재'에 그 원인이 있다고 생각합니다. 한국의 기독교 이단들은 예외 없이 성경에 집중합니다. 정통을 주장하는 교인들보다, 이단들이 성경을 더 많이 읽고 더 열심히 공부합니다. 그들은 성경을 들이밀고 뒤적이며, 자신들의 독특한 주장을 설명합니다. 그들의 집요하고 논리적인 주장 앞에서 정통교인들은 거의 무방비 상태입니다. 물론, 성경의 내용은 복잡하고, 이에 대한 해석도 다양하기 때문에, 일반 신자들이 성경에 정통하기는 결코 쉽지 않습니다. 그럼에도, 그런 노력은 포기할 수 없습니다. 하지만, 성경을 열심히 읽고 공부하는 것이 자동으로 우리를 진리로 인도하는 것이 아닙니다. 열심과 함께 '방향'이 중요합니다. 육상 선수가 열심히 뛰지만, 정해진 코스에서 이탈하면, 모든 수고가 수포로 돌아갑니다. 마찬가지입니다. 성경에 대한 열정과 수고가 정당한 열매를 맺으려면, 해석의 방향과 범주를 정확히 설정하고, 성경을 공부해야 합니다. 바로 이 맥락에서 교회사의 중요성이 드러납니다. 교회사에 대한 올바른 이해 없이, 무조건 성경을 독창적으로 읽는 것, 이단으로 가는 지름길이기 때문입니다.

　한국교회가 처한 또 하나의 치명적 위기는 교회가 특정 계급 및 이념과 배타적으로 동일시되고, 시대의 특정한 조류와 유행으로 환원된 것입니다. 즉, 반공주의와 신자유주의, 근본주의와 번영신학, 무속신앙과 성령운동의 기이한 조합이 한국교회의 신학과 실천, 삶과 영성에 악영향을 끼치면서, 한국교회를 기형적 종교 집단으로 변모시키고 있습니다. 그 결과, 교회의 크기와 상관없이 목회자들의 스캔들이 끊이지 않고, 부도난 교회들이 이단들에게 연속적으로 매각됩니다. 교회의 양적 성장은 멈추고, '가나안' 성도들의 수는 급증하며, 교회에 대한 사회적 비판이 더욱 고조됩니다. 이런 상황에서, 교회는 뚜렷한 대안을 찾지 못한 채 방황 중입니다. 대다수는 관성에 따라 옛것을 고집하고, 적지 않은 수의 사람들이 환멸 속에 교회를 떠납니다. 모두다 극단적 선택입니다. 저는 한국교회의 이런 실패와 위기도 역사에 대한 무지와 상관이 있다고 생각합니다. 현재 우리가 경험하는 교회가 교회의 유일한 모습이라고 착각한 것, 수많은 실패와 난관 속에서 위기를 극복했던 과거의 경험에 무지한 것, 역사에 대한 두려움과 책임감 없이, 눈앞의 작은 이익에 본질을 놓치는 것. 이 모든 것은 역사의 무지와 관계가 깊습니다. 물론, 역사가 만병통치약은 아니며, 제일 중요한 것도 아닙니다. 하지만, 역사를 무시한 교회가 정상일 수는 없습니다. 이것이 제가 이 책을 쓴 또 하나의 이유입니다.

특징

기본적으로, 이 책은 교회사에 관심 있는 일반 신자들을 위한 것입니다. 전문 역사가나 전공생들을 위한 책은 이미 훌륭한 학자들에 의해 여러 권 집필되고 번역되었습니다. 분명히, 이 책은 그들을 위한 책이 아닙니다. 최근의 학문적 쟁점이나 새로운 발견을 담지 않았습니다. 복잡한 교리 논쟁이나 지나치게 세부적인 내용도 배제했습니다. 각주도 거의 달지 않았습니다. 대신, 대중들이 관심을 둘 만한 더욱 현실적인 내용으로 책을 구성했습니다. 그동안 교회사를 읽고 싶었지만, 기존의 책들이 부담스러웠던 일반인들, 또한 교회에서 성도들의 다양한 질문에 답해야 하는 목회자들에게, 완벽하진 않지만 유용한 참고서가 되길 바라며 쓴 것입니다.

이 책은 기존의 교회사 책들과 두 가지 면에서 중요한 차별성을 갖습니다. 첫째, 이 책은 주제별로 구성되었습니다. 기존의 교회사 책들은 대체로 '연대기적' 방식으로 서술되었지요. 교회의 탄생부터 고대와 중세를 거쳐 현대까지, 주된 사건과 인물, 논쟁과 운동을 역사적 순서에 따라 서술했습니다. 하지만, 이 책은 성경, 선교, 음악, 교육, 평화, 노동 같은 다양한 주제들을 선별하여, 그 주제들을 연대기적 방식으로 기술했습니다. 특정한 주제가 교회사에서 어떻게 변화·발전하여 오늘에 이르렀는지를 간략히 살펴볼 수 있도록 한 것입니다.

둘째, 이 책은 교회사 전체를 다루면서, 한국교회의 상황도 함께 언급했습니다. 기존의 교회사는 세계교회사와 한국교회사를 철저히 분리했습니다. 비록, 세계교회사에서 한국교회를 부분적으로 언급하고, 한국교회사 안에서도 세계교회사를 배경으로 다루지만, 두 영역의 구분은 규범적입니다. 하지만, 이 책에선 일반 대중들이 특정한 주제에 대한 교회사 전체의 이야기와 한국의 경우를 함께 이해할 수 있도록 배려했습니다. 각 장 끝에 '한국교회 이야기'란 항목을 배치해서, 그 주제의 한국적 상황에 대해 간략하지만, 핵심적 내용을 소개한 것입니다.

그뿐만 아니라, 이 책은 저자의 주관적 관점이 분명히 반영되었습니다. 물론, 학문의 장에서 객관성과 보편성을 추구하는 것은 지극히 당연합니다. 학자는 항상 사실에 대한 객관적이고 정확한 서술, 신뢰할만한 자료와 논리에 근거한 과학적 분석, 그리고 보편적 동의를 얻을 수 있는 합리적 판단을 추구해야 합니다. 그래서 객관성과 보편성은 모든 학문에서 예외일 수 없는 준거입니다. 하지만, 역사학에서 객관적 역사 서술은 불가능한 신화일 뿐입니다. 같은 사실에 대해, 같은 자료를 갖고, 같은 독자들을 대상으로 역사를 서술해도, 역사가에 따라 해석과 판단은 천차만별입니다. 이것은 우리가 매일 목격하는 분명한 현실입니다. 대신, 역사 서술의 정당성은 오직 독자들의 판단으로 결정됩니다. 역사가가 사용한 자료, 해석, 판단이 더 많은 독자의 동의를 얻으면, 그것이 주류 역사가 됩니다. 그렇지 않을 경우, 대중의 기억에서 빠르게 사라질 것입니다. 이런 맥락에서, 저는 이 책에서 사실을 정확하게 서술하기 위해 온 힘을 다하면서, 동시에 각 주제에 대한 저의 개인적 해석과 판단도 감추지 않았습니다. 이것은 이 책에서 선별된 주제들, 그리고 각 장 끝에 놓인 '에필로그'에서 자연스럽게 드러날 것입니다.

감사

이 책은 기독연구원 느헤미야의 입문 과정을 위한 교과서 시리즈로 기획되었습니다. 신학에 입문하는 일반 성도들이 주된 대상이기 때문에, 그들이 더욱 쉽고 재미있게 교회사에 접근하도록, 책의 구조와 주제, 분량을 결정했습니다. 이 책이 주제별로 3부의 형식을 취하고, 22개의 장으로 구성된 것은 바로 그런 이유 때문입니다.

이 책이 완성되기까지 두 차례의 현장 실습이 있었습니다. 이 책의 초고는 2014년 8월부터 11월까지 대전극동방송의 '사랑의 뜰 안'에서 매주 금요일 오전 10시부터 30분씩 '목사님, 알고 싶어요'란 코너를 위해 작성되었습니다. 매주 라디오를 통해 교회사를 소개하는 것이 낯설고 부담스러웠지만, 그 덕택에 이 초고가 완성될 수 있었습니다. 귀한 자리를 마련해 주신 대전극동방송의 김요한 사장님과 이경 부장님께 깊이 감사드립니다. 또한, 이 책의 내용 중 일부는 2015년 4월부터 CBS의 '성경꿀팁'에서 14회에 걸쳐 소개되었습니다. 평범한 내용이 전문가의 뛰어난 연출과 CG를 만나면서, 그야말로 '환골탈태'했습니다. 프로그램을 기획하고 저에게 기회를 허락해 주신 CBS 김동민 PD와 김보영 작가에게 진심으로 감사드립니다.

그뿐만 아니라, 바쁜 일정에도, 후배의 무리한 부탁을 거절하지 않은 채, 이 부족한 원고를 꼼꼼히 읽고 훌륭한 조언과 추천사까지 써주신 서울신학대학교의 박창훈 교수님과 삼원서원 김영명 원장님께 깊이 감사드립니다. 탁월한 교회사가이신 두 분의 도움으로 이 책의 가치가 한층 향상되었습니다. 무엇보다, 어려운 출판계의 상황에서도 이 책의 출판을 허락해 주신 대장간출판사의 배용하

대표님께 머리 숙여 감사드립니다. 그는 오늘도 한국교회의 갱신과 성숙을 위해 풀무질을 멈추지않는, 이 시대의 진정한 영적 대장장이입니다.

　제 손에서 원고가 출판사로 떠날 때마다 두렵습니다. 부디, 한국교회가 십자가의 도를 향해 한 걸음 더 나아가는데, 작은 도움이라도 되길 간절히 바랍니다.

2015년 여름

대전에서, 배 덕 만

제1부

교회와 역사

제1장

교 회

너는 베드로라 내가 이 반석 위에 내 교회를 세우리니

음부의 권세가 이기지 못하리라 (마16 : 18)

교회란 무엇일까? 기독교인들에게 가장 익숙한 단어, '교회'가 가장 낯설게 느껴지는 시대다. 우리에게 익숙한 교회의 기능과 형태에 대한 도전과 저항이 어느 때보다 거세고 심각하다. 과연, 교회의 원형이란 존재하는가? 아니면, 교회는 계속 변화와 생성의 과정 속에 있는 것일까? 점점 다양하고 독특해지는 교회들을 '교회'라고 부를 수 있는 교회의 '본질과 속성'은 무엇일까? 이 땅에서 하나님나라의 모형으로 존재하지만, 동시에 타락한 인간들의 한계가 가장 적나라하게 드러나는 현실의 교회를 우리는 어떻게 이해해야 할까? 사랑의 대상이자 고민의 원인인 교회. 그 발자취를 더듬어 보자.

교회의 탄생

신약시대에 예수를 따르는 공동체가 출연했다. 예수의 사역을 통해 탄생한 이 메시아 공동체가 후에 나타난 교회의 토대가 되었다. 특히, 가이사랴 빌립보에서, 베드로가 "주는 그리스도시요 살아계신 하나님의 아들입니다"라고 고백했을 때, 예수께서, "너는 베드로라 내가 이 반석 위에 내 교회를 세우리니 음부의 권세가 이기지 못하리라"마16:18고 교회의 탄생을 선포하셨다. 즉, 나사렛 예수가 주와 그리스도라는 고백 위에 교회가 세워진 것이다. 하지만, '제도적 교회'는 예수의 부활을 경험한 사람들 사이에서 오순절의 성령 강림을 통해 탄생했다. 행2장 사도행전은 그 모습을 다음과 같이 묘사한다.

> 사람마다 두려워하는데 사도들로 말미암아 기사와 표적이 많이 나타나니 믿는 사람이 다 함께 있어 모든 물건을 서로 통용하고 또 재산과 소유를 팔아 각 사람의 필요를 따라 나눠 주며 날마다 마음을 같이하여 성전에 모이기를 힘쓰고 집에서 떡을 떼며 기쁨과 순전한 마음으로 음식을 먹고 하나님을 찬미하며 또 온 백성에게 칭송을 받으니 주께서 구원받는 사람을 날마다 더하게 하시니라.(행2:43-7)

이후, 바울과 바나바의 목회를 통해 안디옥에 형성된 공동체가 최초로 "그리스도인"이라 불리게 되었다. 행11:26

이렇게 탄생한 교회는 한동안 유대교 내의 한 분파로 존재했다. 유대교와 같은 성경을 사용했고, 유대교인들처럼 성전 제사에 참여했다. 그러나 예수의 부활을 중심으로 형성된 초대교회는 안식일과 함께 주일을 지키기 시작했고, 성전 제사와 함께 자신들만의 예배도 드리기 시작하면서 유대교 내에서 기독교인들에 대한 갈등과 박해가 시작되었다. 또한, 64년에 발생한 '로마 대화재'와 70년에 일어난 '예루살렘 성전 파괴'를 겪으면서, 초대교회는 로마제국의 박해도 받기 시작했고, 그 과정에서 유대교와의 갈등도 한층 고조되었다. 결국, 90년에 소집된 얌니아 종교회의에서 예수 공동체가 유대교로부터 공식적으로 정죄 되고 축출되었다. 이로

최초로 그리스도인이라 불린 안디옥교회

써, 예수 공동체는 유대교와 분리되어, 독자적 신앙고백과 성경을 소유한 공동체로 독립했다. 마침내 새로운 종교로서 기독교가 탄생한 것이다.

이 시기를 거치면서 예수의 제자들과 사도들이 세상을 떠났고, 각 지역의 장로들이 집단적 지도 체제를 형성하기 시작했다. 동시에, 사도들을 통해 직접 말씀을 듣던 시대가 종식되면서, 성경을 수집하고 필사하는 작업도 본격화되었다. 그렇게 수집된 문서들이 구약성경과 동등한 권위를 획득하기 시작했다. 결국, 사도들과 다른 지도자들의 권위는 기록된 문서들로 대체되었다. 사도들의 가르침을 육성으로 듣던 시대가 끝나고, 그들의 문서를 읽고 학습하는 시대가 시작된 것이다. 그뿐만 아니라, 사도들과 예언자들의 시대가 끝나면서, 지역교회 장로들의 권위가 강화되고 성직자와 평신도의 구분이 명확해지기 시작했다. 심지어 장로들 안에서 감독bishop이 출현하여 성직자들 사이에도 위계질서가 형성되기 시작했다.

이단의 출현과 교회의 제도화

오순절 성령강림을 통해 탄생한 초대교회는 사도들의 카리스마적 지도력으로 신앙과 삶이 통합된 평등하고 자율적인 공동체였다. 하지만, 외적으로 로마제국과 유대교의 박해, 그리고 내적으로 이단들의 출현에 직면하여, 교회는 조직과 제도를 정비하면서 성직자 중심의 위계질서를 형성했고, 체계적이지만 경직된 제도로 변모하기 시작했다. 특히, 극단적 이원론에 기초하여, 일체의 물질적인 것을 부정하고 하나님의 천지 창조와 예수의 성육신을 부정했던 영지주의gnosticism의 등장은 교회에 매우 치명적인 위협이었다.

특히 1세기 중엽에 두각을 나타낸 마르시온Marcion 추종자들이 교회에 큰 물의를 일으켰다. 영지주의자 마르시온은 자신을 바울의 제자로 여기면서 구약성경을 부정하고, 오직 누가복음 일부와 바울 서신만 정경으로 인정했다. 2세기 중엽에는, 프리기아Phrygia 지방에서 종말운동과 성령운동이 결합한 몬타누스Montanus운동이 출현했다. 몬타누스는 여성 예언자 프리실라Priscilla와 막시밀라Maximilla와 함께 무아지경에서 임박한 종말을 예언했고, 추종자들에게 엄격한 금욕 생활, 자선, 순교 등을 요구했다. 그들의 열광주의와 급진적 종말신앙, 무엇보다 자신들의 예언과 성경의 권위를 동일시하는 태도는 교회질서를 흔들고 성경의 권위를 위협하는 것으로 보였다.

결국, 이런 이단들의 출현은 교회 내에서 성직자들의 권위와 역할을 강화시켰다. 즉, 이단적 주장이 확산하면서, 특히 마르시온이 독자적으로 "정경"canon을 주장하자, 교회는 당시 교회에서 영향력을 발휘하던 문서들 가운데 정경을 선별하고정경화, 자신들의 정통 신앙을 정리하여 신경credo을 작성했으며, 성경 해석과 교회의 가르침에 대한 사도들의 권위를 존중하는 제도사도계승권를 형성하기 시작한 것이다. 이 과정에서, 사도들의 권위를 계승한 것으로 간주하는 성직자계급이 출현했고, 교회 내에서 그들의 권위와 권한이 빠르게 강화되었다.

교회의 재구성: 성직 계급의 출현

사도들이 세상을 떠난 후부터 콘스탄티누스Constantinus 황제가 기독교를 공인한 313년까지를 흔히 "속사도 시대"Post-Apostolic Age라고 부른다. 이 시기는 교회가 외적으로는 로마제국의 박해를 받던 시기요, 내적으로는 각종 이단과의 갈등 속에서 교회의 정통신학을 형성하고 교권 구조를 확

콘스탄티누스 황제

립한 시대였다. 이 시기에 교회를 이끌었던 각 지역의 감독들은 교회 내에서 자신들의 지위를 확립하는데 관심과 역량을 집중했다. 예를 들어, 카르타고의 감독 키프리아누스Cyprianus는 교회를 "그리스도의 신부"요 성도들의 "어머니"라고

묘사하면서, "교회를 어머니로 갖지 않는 자는 더는 하나님을 아버지로 가질 수 없다"고 선언했다. 안디옥의 감독 이그나티우스Ignatius는 "감독이 참석하지 않으면, 성찬식은 제대로 기념될 수 없다"라고 주장하며, 교회 내에서 감독의 절대적 권위를 확립했다. 로마의 감독 클레멘트Clement는 "평신도"란 말을, 카르타고의 평신도 신학자 테르툴리아누스Tertullianus는 "성직자"란 용어를 각각 최초로 사용했다.

한편, 서방 교회의 가장 위대한 신학자이자 히포의 감독이었던 아우구스티누스Augustinus는 '보이는 교회' 외형상의 조직과 구조와 오직 하나님만이 아시는 '보이지 않는 교회' 참된 그리스도인의 모임를 구분함으로써, 교회론의 새로운 영역을 개척했다. 아우구스티누스에 따르며, 보이지 않는 참된 하나님의 교회는 오직 하나님만이 아시며, 그것은 보이는 가톨릭Catholic 교회 안에 있기 때문에, 가톨릭 교회 밖에는 구원이 없다. 그는 사도들의 신앙과 성직을 소유한 교회, 그리고 이 교회의 성례를 통해서만 구원받을 수 있다는 교리를 주창했는데, 그의 주장이 중세 교회의 신성불가침한 교리로 뿌리 내렸다.

이런 성직자 중심의 교회론은 종교 개혁자들에게도 거의 그대로 계승되었다. 물론, 16세기에 종교개혁을 이끌었던 마르틴 루터Martin Luther와 장 칼뱅Jean Calvin은 '말씀과 성례'를 참 교회의 두 가지 표지로 믿었고, 만인 사제설을 주장하며 교황권 중심의 가톨릭교회 성직 제도를 비판했다. 하지만, 그들은 오직 '안수 받은 목회자'만 설교하고 세례를 베풀며 성찬식을 인도할 수 있다고 믿었다. 특히, 종교개혁을 통해, 예배의 중심이 성찬식에서 설교로 이동하면서, 설교자의 역할과 권한이 크게 강화되었다. 그 결과, 교회 내에서 성직자의 지위와 역할이 중세 가톨릭교회의 경우와 별 차이가 없게 되었다.

그러나 그런 종교개혁 내에도 주목할 만한 예외가 있었다. 소위 '급진적 종교개혁'으로 불리는 재세례파Anabaptism는 교회를 '신자들의 자발적 모임'으로 이해했고, 국가 권력의 통제나 간섭으로부터 철저히 독립해야 한다고 믿었다. 기존 교회의 유아세례에 반대하여, '신자들의 세례' believers' baptism를 주장했으며, 그렇게 구성된 회중 안에서 일체의 위계 구조를 거부하고 서로 형제자매로 불렀다. 그뿐만 아니라, 평화주의를 실천하며, 하나님의 뜻에 철저히 순종하는 제자도를 강조했다.

종교개혁의 유산은 이후에 다양한 형태로 진화했다. 예를 들어, 칼뱅의 영향을 깊이 받은 영국과 미국의 청교도들은 안수 받은 목사만이 설교하고 성례전을 집례하며 성경 봉독을 할 수 있다고 주장했다. 한편, 17세기에 독일에서 출현한 경건주의는 루터의 종교개혁을 완성하겠다는 비전 속에 새로운 교회문화를 개발했다. 즉, 경건주의 탄생에 결정적으로 이바지한 필립 야콥 슈페너Philip Jacob Spener는 정규 예배 외에, '교회 안의 작은 교회' ecclesiola in ecclesia를 뜻하는 소그룹 모임collegia pietatis을 조직하여, 성도들의 신앙생활을 증진시키기 위해 노력했다. 이것은 교회가 성도들의 양육과 성장을 위해 더 깊고 체계적인 관심을 두기 시작했음을 보여준다. 이런 경건주의의 영향을 깊이 받은 존 웨슬리John Wesley는 소그룹을 더욱 활성화하여, 교회 내에 다양한 규모와 특성이 있는 소그룹들class, band을 조직했고, 평신도들과 여성들에게도 설교권을 허락했다. 설교를 안수 받은 성직자들의 독점물로 생각했던 당대의 관행을 고려할 때, 이것은 대단히 파격적인 조치였다.

분열, 분열, 분열

381년에 열린 콘스탄티노플 공의회는 니케아 신조를 토대로 소위 "니케아-콘스탄티노플 신경"을 발표했다. 이 신경은 교회에 대해, "하나이고 거룩하고 보편되며 사도로부터 이어오는 교회를 믿나이다"라고 천명했다. 하지만, 교회사는 지속적인 분열을 통해 탄생한 수많은 교회의 기록으로 가득하다. 그런 면에서 교회사는 끝없는 세포분열을 통한 새로운 생명의 탄생 역사라고 불러야 할지도 모르겠다. 최초의 교회 분열은 431년에 소집된 에베소 공의회에서 발생했다. 당시에, 성모 마리아를 "그리스도의 어머니"christokos라고 주장함으로써, 그리스도의 인성을 과도하게 강조했다고 파문을 당했을 때, 콘스탄티노플의 대주교 네스토리우스Nestorius의 추종자들이 시리아를 거쳐 페르시아에 자신들의 교회를 세운 것이다. 451년에 열린 칼케돈 공의회는 또 다른 분열의 계기가 되었다. 즉, 그리스도가 "섞이거나 변화되거나 나누어지거나 분리되지 않는 두 본성으로 인지되어야 한다"는 공의회 결정에 반대해서, 오직 하나의 본성만 존재한다고 믿었던 사람들이 이단으로 정죄 되자, 주류 교회에서 이탈한 것이다. 주로 이집트 북부와 소아시아지역에 있었던 이집트의 콥트교회, 에티오피아교회, 시리아교회, 아르메니아교회 등이 여기에 속한다.

1054년에는 로마제국의 교회가 동방 정교회와 서방 가톨릭교회로 분열했고, 1517년에 발생한 종교개혁을 통해, 가톨릭교회에서 분리된 개신교회가 탄생했다. 종교개혁은 독일에서 루터의 영향하에 조직된 루터교회, 칼뱅과 츠빙글리를 중심으로 전개된 개혁교회, 스위스에서 기원한 재세례파교회, 그리고 영국 종교개혁의 산물인 영국 국교회성공회 등으로 분화되었다. 루터교회는 독일, 덴마크, 스웨덴, 노르웨이 등으로 확산하였고, 개혁교회는 잉글랜드, 스코틀랜드, 네덜란드, 프랑스 등으로 영역을 확장했으며, 재세례파는 스위스에서 독일과 네덜란드로, 후에는 러시아, 남미, 미국 등지로 번졌다.

영국에선 감독제를 추구했던 성공회와 칼뱅의 영향을 받은 청교도들 간의 갈등이 내전으로 비화하였다. 그 과정에서, 청교도운동이 장로교회, 회중교회, 침례교회 등으로 분열했고, 18세기에 복음주의운동의 결과로, 성공회 내에서 감리교운동이 출현했다. 미국으로 이주한 웨슬리의 후예들이 1784년에 미국 감리교회를 설립했으며, 미국 감리교회 내에서 노예제 문제로 웨슬리안 감리교회가,

회중석문제로 자유감리교회가 각각 분리·독립했다. 19세기 중반에 발생한 성결운동의 결과로, 영국에선 구세군이, 미국에선 나사렛교회 등이 감리교회에서 분리되어 새로 출현했다. 동시대 미국에선, 제2차 대각성운동의 결과로 교회일치와 초대교회의 이상을 추구하며 여러 종류의 그리스도의 교회가 출현했다. 20세기가 시작되면서, 미국에서 하나님의 성회, 하나님의 교회그리스도파, 오순절성결교회 같은 오순절파 교회들이 성결교회에서 분리되어 탄생했다.

교회, 정말 다양하다

(1) 플리머스 형제단(Plymouth Brethren)

법학을 공부했다가 아일랜드 국교회성공회의 성직자가 된 존 넬슨 다비John Nelson Darby를 중심으로, 영국 성공회의 지나친 교파주의와 교인들의 형식적인 생활에 환멸을 느낀 사람들이 1820년대에 아일랜드 더블린에 모여 '형제단'이라는 이름으로 시작했다. 이후 영국 플리머스에 본부를 두면서 '플리머스 형제단'으로 불리게 되었다. 만인 사제설에 근거하여 목사와 평신도를 구분하는 기성 교단의 계급 구조를 철폐하고, 교단을 형성하지 않으며, 개별 교회의 자율권을 보장한다. 매주 성찬을 거행하고, 여성은 모자나 수건으로 머리를 가린다.

(2) 퀘이커(Quakerism, 친우회)

1650년대에 영국의 조지 폭스George Fox가 제창한 명상운동으로 출발했다. 퀘이커는 영국 정부의 탄압을 받았으나, 퀘이커 교도 윌리엄 펜William Penn이 북아메리카에 건설한 식민지 현 미국 펜실베이니아로 이주하여 종교의 자유를 얻었다. 창시자 조지 폭스의 "하나님 앞에서 벌벌 떤다"는 말에 따라 퀘이커라고 불리게 되었으나, 하나님 앞에 모두가 평등하다는 의미에서 자신들을 '친우회' Society of Friends라고 칭했다. 한국에서는 '종교 친우회'라고 명명한다. 퀘이커 교도들은 청교도와 달리 칼뱅주의의 예정설과 원죄 개념을 부인했다. 모든 사람은 자기 안에 신성神性을 지니고 있으므로, 이를 기르는 법을 배우기만 하면 모두가 구원 받을 수 있다고 믿었다. 침묵을 특징으로 하는 퀘이커 예배 시간에는 각자가 침묵을 통해 '내면의 빛' inner light을 경험하게 한다. 장소는 특정한 공간적 제약을 받지 않고, 예배를 이끌어가는 별도의 성직자나 목사도 두지 않는다. 같은 맥락에서 세례, 성찬식, 십일조 등도 행하지 않는다.

(3) 메노나이트(Mennonites)

이 그룹의 기원은 여러 재세례파 집단 가운데 특히 스위스 형제단으로 거슬러 올라간다. 이 형제단은 종교개혁 신학자 울리히 츠빙글리Ulrich Zwingli가 이끌던 국가교회의 요구에 따르지 않아서 박해 받을 상황이던 1525년 1월 21일에 최초로 교회를 구성했다. 재세례파 지도자 콘라드 그레벨Conrad Grebel과, 펠릭스 만츠Felix Manz 등이 성서 연구를 바탕으로 유아세례에 대해 문제를 제기했지만, 교회의 본질에 대한 논쟁이 더 심각한 쟁점으로 부상했다. 재세례파 지도자들은 그리스도가 교회의 주主이며, 그 주권을 인정하는 사람만이 그리스도의 몸인 교회의 참된 구성원이 될 수 있다고 믿었다. 더 나아가, 그리스도의 몸은 국가 행정관이 아니라 성서와 성령을 통해서 그리스도가 직접 인도하신다고 주장했다.

1536년 재세례파운동에 가담한 네덜란드 사제 메노 시몬스Menno Simons가 북유럽에 흩어져 있던 재세례파교도들을 모아 생동감 넘치는 교회를 구성했고, 그의 이름메노을 따서 메노나이트라고 불리게 되었다. 이들은 교회를 건물이 아니라 신자들의 모임이라고 생각하여, 성전이나 성소에 의미를 두지 않는다. 성직자와 평신도의 구별도 하지 않

메노 시몬스는 흩어진 아나뱁티스트를
모아 신자들의 교회를 구성했다.

으며, 모든 신자를 성직자로 이해한다. 그럼에도, 필요에 따라 목회자를 세우기도 하지만, 목회자의 자격 조건으로 신학 교육이나 학위를 요구하지 않고, 목회자 선택은 교단이 아니라 회중들에 의해 이루어진다. 목회자는 형편에 따라 전임이나 비전임으로 사역하고, 목회자는 주로 말씀을 전하고 성경을 가르치며 성도들을 돌보는 일을 한다. 하지만, 이것도 목회자만 독점하지 않고, 다른 성도들과 협력한다.

한국교회 이야기

우리나라 최초의 개신교 신앙 공동체는 1883년에 백홍준에 의해 의주에서 형성되었다. 그는 전도인으로 활동하며 자신의 사돈이 되는 김이련과 사위 김관근을 개종시켜, 한국 최초의 자생적 신앙 공동체를 세웠다. 백홍준의 집에서 비밀리에 예배를 드렸는데, 주일에 3번 예배를 드리고 삼일기도회도 열었다. 1889년 4월 27일에 압록강

최초의 한글 성경 번역자 백홍준

에서 언더우드에게 세례받은 33명 중 이 교회 신자들도 여럿이 있었다. 대체로, 학자들은 이 공동체를 최초의 조직 교회로 인정하지 않지만, 이후 이 교회 출신들이 소래교회와 새문안교회의 주역들이 됨으로써, 한국교회의 발전에 결정적인 역할을 했음을 부인할 수 없다.

1883년에 황해도 장연군 대구면 송천리에 소래교회가 서상륜, 서경조 형제에 의해 세워졌다. 이 교회가 한국 최초의 자생 교회다. 1885년 9월, 교인들 일부가 서울을 방문하여 언더우드 선교사에게 세례를 받았으며, 최초의 장로교 목사 중 한 사람인 서경조가 이 교회의 초대목사가 되었다. 1887년에는 새문안교회와 정동감리교회가 연이어 개척되었다. 새문안교회는 미국 북장로회 선교사 언

더우드가 서상륜, 백홍준 등과 함께 9월 27일에 언더우드의 한옥 사랑채에서 시작했다. 원래 정동장로교회 혹은 서대문장로교회로 불리다 후에 새문안교회가 되고, 1920년에 차재명 목사가 최초의 한국인 담임목사로 취임했다. 정동 제일감리교회는 1887년 10월 9일주일 오후에 서울 중구 정동의 현재 자리에서 미국 북감리회 선교사 아펜젤러와 한국인 4명두 명의 권서인 장씨와 최씨, 최씨의 부인, 강씨이 참석한 가운데 시작되었다. 당시 장로교회는 대부분이 한옥 교회였으나, 정동감리교회는 서구식으로 교회를 건축했다. 교회 근처에 배재학당와 이화학당이 있어서, 근대 초기의 민족운동 및 여성운동과도 깊은 연관을 맺었다.

최초의 한국인 목사는 1901년 5월 14일에 상동교회에서 열린 북감리회 조선선교회 연회에서 안수 받은 김창식과 김기범이다. 김창식이 연장자여서 먼저 안수를 받았기 때문에, 통상 그가 최초의 한국인 목사로 인정된다. 장로교의 경우, 1907년 9월 17일에 평양 장대현교회에서 열린 대한예수교장로회 독노회에서 같은 해 평양 신학교를 졸업한 서경조, 한석진, 양전백, 방기창, 길선주, 이기풍, 송인서 7인이 최초로 목사 안수를 받았다. 한편, 한국에서 최초의 한국인 여성 성직자를 배출한 곳은 구세군이다. 부부가 함께 사관으로 훈련받고 임명되는 구세군은 1908년 10월 9일에 영국에서 허가두 선교사관 일행이 서울에서 야외 집회를 개최하면서 시작되었고, 최초로 한국인 사관이 배출된 것은 1911년이었다.

구세군 외에, 최초의 한국인 여성목사는 1955년 3월 13일에 정동감리교회에서 열린 중부 연회 마지막 날, 다른 남성 목회자 8명과 함께 전밀라, 명화용 두 전도사가 목사로 안수 받으면서 탄생했다. 감리교회

평양신학교 1회 졸업생

는 1931년 5월에 발행된 『교리와 장정』에서 교직자 자격에 "남녀의 구별은 없음"이라고 명시하여 여자 목사 제도를 승인했지만, 남존여비사상 때문에 오랫동안 여성 목사가 배출되지 못했던 것이다. 다른 교단의 경우, 1974년에 한국기독교장로회기장, 1995년에 대한예수교장로회통합, 2003년에 예수교대한성결교회예성, 2004년에 기독교대한성결교회기성가 각각 여성안수를 허용했다.

에필로그

1. 현재 한국교회 내에는 교회의 주도권을 두고, 성직자와 평신도 간의 힘겨루기가 한창이다. 성직자의 전통적 권위를 고수하려는 관성과 이런 흐름에 저항하는 움직임이 충돌하고 있기 때문이다. 그러나 교회는 성직자와 평신도, 누구의 것도 아니다. 교회의 주인은 하나님이시다.

2. 교회는 완성된 형태로 이 땅에 강림하지 않았다. 교회는 시대와 문화를 통과하면서, 여전히 변화 중이다. 따라서 특정한 시점이나 형태의 교회를 절대적 규범으로 설정하는 것은 정당하지 않다. 다만, 성경과 문화, 역사와 현실 사이에서, 끊임없이 참다운 교회를 추구할 뿐이다.

3. 이 땅에 완전한 교회는 존재하지 않는다. 성령의 현존에도 불구하고, 인간의 한계와 오류 때문에, 교회는 상승과 하강, 전진과 후퇴를 무한 반복한다. 그러므로 교회를 실현된 하나님나라와 동일시해선 안되며, 동시에 완전을 향한 도전도 멈추지 말아야 한다. 교회는 하나님과 동행하는 죄인들의 공동체다.

제2장

성경

모든 성경은 하나님의 감동으로 된 것으로

교훈과 책망과 바르게 함과 의로 교육하기에 유익하니 (딤후3:16)

성경 없는 기독교를 생각할 수 있을까? 특히, 개신교는 예수 그리스도, 성경, 설교를 모두 "하나님의 말씀"으로 고백하며, 예수 그리스도와 설교는 성경을 매개로 긴밀히 연결된다. 따라서, 개신교 신앙생활에서 성경이 결정적 지위를 차지하는 것은 지극히 당연하다. 하지만, 누구든지 자신의 언어로 성경을 읽을 수 있는 오늘의 현실은 교회사에서 보편적인 현상이 아니었다. 성경은 수많은 박해와 갈등 속에 한 권씩 집필되었고, 그것보다 더 큰 갈등과 위협 속에 한 권의 책으로 완성되었으며, 그것보다 더 오랜 시간과 희생 속에 꾸준히 번역되고 보급되었다. 그렇게 교회가 세워지고, 역사가 바뀌었다. 성경과 함께한 교회의 역사다.

성경의 탄생

유대교인들의 경전은 『토라 네비임 케투빔』Torah Nebhim Ketubhim, 율법서 예언서 성문서이라고 불리며, 앞글자들만 따서 '타나크' tanakh라고 부르기도 한다. 이 경전의 형성 과정은 정확히 알려진 바가 없다. 다만, 율법서가 기원전 5세기에 에스라의 주도 하에 경전이 되었고, 예언서는 시몬기원전 219-199이 대제사장직에 있을 때, 그리고 마지막으로 성문서가 경전에 포함된 것으로 추정된다. 하지만, '시편'은 일찍부터 예언서와 더불어 권위를 인정받던 것으로 보인다. 히브리어 경전에 포함된 것은 총 24권으로서, 율법서 5권, 예언서 8권, 그리고 성문서 11권이다.

히브리어 성경의 형성 과정은 유대인들이 여러 나라로 흩어지는 과정과 일치했다. 그 과정에서 유대인 공동체도 팔레스타인에 남아 있던 사람들과 디아스포라 유대인들로 분화되었고, 성경도 히브리어 성경과 그리스어 성경이 공존하게 되었다. 흔히 『70인경』*Septuagint*으로 알려진 그리스어 성경은 유럽과 지중해 세계가 헬레니즘의 영향에 들어간 후, 히브리어에 익숙하지 않은 디아스포라 유대인들을 위해 탄생했다. 이집트 프톨레마이오스 2세기원전 285-246의 신하 아리스테아스Aristeas가 쓴 편지로 알려진 위서僞書에 다음의 내용이 실려 있다.

알렉산드리아 황실 도서관장이 도서관 비치용으로 유대인들을 위한 헬라어 성경 번역이 필요하다고 제의했고, 황제가 이 제안을 수락해서 그를 예루살렘의 대제사장 엘르아살에게 보내어 번역을 위한 사본과 학자의 파송을 요청하였다. 그 결과, 12지파에서 6명씩 72인을 선발하여 이집트 바로섬에서 72일 동안 번역을 완료하고, 유대인 회의를 거쳐 역본을 인증받았다.

최초의 『70인경』은 모세오경만 번역해서 담았지만, 그 후 200년간 성경의 나머지 부분들도 모두 번역되었다. 이 번역본은 히브리어 경전 24권을 39권으로 나누고, 여기에 신구약 중간기에 출현한 외경 15권을 덧붙여 총 54권으로 구성되었다.[1] 초대교회가 사용한 성경이 바로 이것이다.

---

1) 히브리어 경전의 '사무엘' '열왕기' '역대기'를 '사무엘상' '사무엘하' '열왕기상' '열왕기하' '역대기상' '역대기하'로 나누고, '에스라-느헤미야기'를 '에스라기'와 '느헤미야기'로 분리했으며, 소예언서 '열두 책'을 열둘로 나누어서 구약을 39권으로 재편집한 것이다.

한편, 90년에 저명한 랍비 요하난 벤 자카이Johanan ben Zakkai의 주도하에 얌니아Jamnia, 혹은 야무니아에서 모인 회의에서, 부활한 예수를 추종하는 기독교인들을 경계하여, 기독교인들의 회당 출입을 금지하고 기도문 속에 기독교인들에 대한 저주를 삽입했으며, 『70인경』의 책 중 일부를 제외하고 39권의 정경도 결정했다. 이때, 외경들을 제외하고, 그동안 논란의 대상이었던 에스겔, 잠언, 아가, 전도서, 에스더 등이 정경으로 포함되었다. 이것은 기원전 400년경일설에 의하면 에스라가에 일차적으로 확정되었던 목록을 재확인한 것이라고 한다.

1세기부터 2세기까지, 오늘날 정경으로 인정된 27권 외에, 디다케Didache: 열두 사도의 교훈, 베드로 복음서, 클레멘트의 첫번째 편지, 바나바의 편지, 베드로 계시록, 헤르마스의 목자 같은 문서들도 권위를 인정받으며 널리 유포되었다. 그런데 150년경 마르시온이 등장해서, 예수의 새로운 메시지가 바울에게 맡겼다고 주장하며, 바울 서신 10편과 누가복음 일부만을 정경으로 인정하고 구약성경 전체를 거부했다. 이에 대한 반박으로, 2세기 말엽에 프랑스 리옹의 감독 이레나이우스Irenaeus가 이단을 반박하고 정통신학을 확립할 목적으로 성경 목록을 제시했다. 당시에 읽히던 기독교 문헌들 가운데 비교적 유용한 것들의 선별 기준을 제시했는데, 그는 제자들이 예수 곁에서 직접 가르침을 받고 이해했기 때문에, 제자들과 관련된 문헌을 가장 중요하게 생각했다. 얼마 후, 역사학자 에우세비우스Eusebius는 초기 기독교 저술을 세 범주, 즉 확실히 정통성을 인정받은 책, 정통성이 확실하지 않은 책, 그리고 논쟁의 여지가 있는 책으로 분류했다.[2] 그렇지만, 오늘날 27권의 신약성경 목록을 최초로 제시한 사람은 4세기 알렉산드리아의 감독 아타나시우스Athanasius였다. 그는 367년 부활절에 교우들에게 보낸

---

2) '확실히 정통성을 인정받은 책'은 사복음서, 사도행전, 바울서신들, 베드로전서, 요한일서, 요한계시록을, '정통성이 확실하지 않은 책'은 바울행전, 헤르마스 목자서, 베드로 묵시록, 바나바서신, 디다케, 히브리서를, 그리고 '논쟁의 여지가 있는 책'은 야고보서, 유다서, 베드로후서, 요한이서, 요한삼서를 포함시켰다.

편지에서 27권의 목록을 제시했고, 그 목록이 383년에 소집된 로마 공의회에서 신약성서의 정경으로 인용되었으며, 397년의 카르타고 공의회에서 수용되어 정경으로 공포되었다.

정경과 외경

382년에 교황 다마소 1세Damasus I는 기존의 『베투스 라티나』Vetus Latina, 옛 라틴어 성경를 개정하기 위해 히에로니무스Eusebius Hieronymus에게 성경 번역을 지시했고, 그 결과로 『불가타』Vulgata, 새 라틴어 성경가 세상에 나왔다. 히에로니무스는 시편을 제외한 구약성경 전체를 『70인경』이 아니라 『히브리어 성경』에서 최초로 번역했으며, 이 『불가타』가 중세 서방 교회의 공식적 성경이 되었다. 종교개혁에 대한 반작용으로 1546년에 소집된 트리엔트 공의회는 『불가타』에다 『70인경』의 외경을 포함하여 공인성경으로 인정했다. 로마 가톨릭교회는 히브리어 구약성경과 그리스어 신약성경을 합친 성경을 '제1경전' 혹은 '원경전protocanonical'이라고 하며, 개신교에서 외경으로 규정한 것을 '제2경전deuterocanonical'이라고 부른다. 반면, 개신교는 로마 가톨릭교회와 결별하고서, 『70인경』의 구약 대신 『히브리어 성경』의 구약을 선택함으로써, 초대교회에서 읽었던 외경을 정경에서 배제했다.

개신교 목사들이 편집한 『취리히 성경』Zurich Bible or Swiss-German Bible, 1527-1530은 외경을 신약 다음에 부록으로 편집해 넣었다. 루터의 『독일어 성경』도 외경을 구약과 신약 사이에 부록으로 넣고, 서문에 "외경은 경전과 동등하지 않지만, 읽어서 유익한 책"이라고 언급했다. 1611년에 나온 『흠정역 성경』King James Version도 외경을 경전과 구별한다는 점에서 개신교전통을 따르지만, 신약성경 관주에서 외경과의 관련 구절을 여러 차례 언급함으로써, 어느 정도 외경의 중요성을 인정했다. 1647년 웨스트민스터 총회에서 결정한 신앙고백 제1장 3절은 "외경은 영감으로 쓰인 책이 아니므로 경전이 될 수 없다. 따라서 외경은 성경과는 달리, 교회 안에서 어떠한 권위도 가지지 못하고, 인정되거나 사용되어서는 안 된다"고 하였다. 이런 입장이 성경에 대한 개신교회와 로마 가톨릭교회 사이의 가장 두드러진 차이 중 하나다.

성경 번역

최초의 성경 번역은 알렉산드리아에서 기원전 3세기부터 2세기에 걸쳐『히브리어 성경』을 그리스어로 번역한『70인경』이다. 로마제국에는 라틴어로 번역된 성경이 일찍부터 혼재했는데, 4세기에 교황청의 후원하에 라틴어 성경『불가타』가 교회의 공식 번역으로 탄생했다. 한편, 기원전 6세기부터 페르시아제국에서 아람어가 공식어로 사용되었고, 팔레스타인과 디아스포라 유대인 사회에서도 이 언어가 널리 쓰였다. 이런 상황에서, 예배 시간에『히브리어 성경』을 아람어로 번역할 필요성이 점점 더 증가하자, 마침내 아람어 번역본『타르굼』*targum*, 해석이 출현했다. 처음에는 구두로 통역·전승되다가 후대에 통역 내용이 일정한 형식으로 굳어져서 기록·정착되었다. 옹켈로스의 타르굼3세기, 조너선 벤 우지엘의 타르굼기원전 1세기, 요나단의 타르굼7세기 등이 유명하다.

『페시타』*Peshitta*, 단순한 번역로 알려진 시리아역 성경은 3세기경에 메소포타미아 아리아베네Ariabene의 유대인 사회에서 번역된 것으로 보인다. 시리아어는 에데사Edessa, 오늘날 터키 동남쪽에 위치한 우르파Urfa를 중심으로 오스로에네Osroene 지방에서 사용한 아람어 방언이다. 이 언어를 통해 기독교가 메소포타미아와 이란고원 지대까지 확산되었고, 이 지역 기독교인들의 공용어가 되었다.『페시타』의 오경부분은『히브리어 성경』과 매우 비슷하고, 다른 부분은『70인경』에 가깝다. 아르메니아 교회는 문학과 예배에서 그리스어와 시리아어를 함께 사용해 왔는데, 성 메스롭St. Mesrob, 361-439이 아르메니아어 알파벳을 만들어 아르메니아

민족 문학의 기반을 닦자, 성경도 아르메니아어로 번역되었다. 최초의 것이 414년경에 『페시타』를 대본으로 번역되었다. 3세기 말이나 4세기 초에, 이집트에서 『70인경』을 토대로하여 성경이 콥트어로 번역되었고, 10세기에는 사아디아 벤 요셉Sadia ben Joseph이 『히브리어 성경』을 토대로 번역한 『아랍어 성경』이 나왔다. 이처럼, 팔레스타인에서 시작된 기독교가 인근 지역으로 빠르게 확장되면서, 성경도 그 지역의 언어로 빠르게 번역되었다.

장 제르송Jean de Gerson은 콘스탄츠 공의회1414-18에서 성경 번역 금지령을 제안했는데, 평신도들이 스스로 성경 읽는 데 너무 많은 시간을 허비함으로써 성직자들의 설교에 귀 기울이지 않을까 걱정했기 때문이다. 그럼에도, 자국어 성경 번역은 빠르게 확산하였다. 특히, 15세기에 인쇄술이 발달하면서, 유럽 대부분 지역에서 자국어 성경 보급이 급속도로 진행되었다. 인쇄업자들은 준비된 시장과 거대한 소비층을 간파하고, 자국어 성경 보급에 매진했다. 인쇄된 최초의 성경인 『구텐베르크 성경』이 1456년에 발행된 이후, 독일어 성경1466, 이탈리아어 성경1471, 화란어 성경1477, 스페인어와 체코어 성경1478년, 카탈루냐어 성경1492이 연속적으로 발행되었다. 1473-4년에 프랑스 출판업자들이 요약본 성경을 판매했는데, 성경의 흥미로운 이야기에 집중하면서 껄끄러운 교리 부분은 제외했다.

성경의 영어 번역은 15세기에 존 위클리프John Wycliffe와 그의 추종자들에 의해 최초로 시도되었지만, 1530년까지 어떤 번역도 공식적으로 출판되

존 위틀리프   윌리엄 틴데일

지 못했다. 위클리프의 추종자들롤라드들이 고전 영어로 성경을 번역하고 150년이 지났을 때, 윌리엄 틴데일William Tyndale이 영어로 신약성경과 모세오경을 번역했다. 그는 벨기에에 망명하던 중, 헨리 8세의 부하들에 의해 화형을 당했지만, 그의 성경 복사본이 1526-7년에 잉글랜드에 몰래 들여와 잉글랜드의 민중적 종교개혁에 결정적인 영향을 끼쳤다. 이것은 모든 영어 성경, 특히 1611년에 발행된 『흠정역 성경』King James Verson의 조상이 되었다. 칼뱅의 전기를 쓴 베르나르 코트레Bernard Cottret는 이처럼 성경이 널리 보급됨으로써 종교개혁이 발생한 것이지, 그 반대가 아니라고 주장했다.

종교개혁과 성경

루터와 칼뱅만큼 종교개혁에 결정적인 영향을 끼친 인물이 데시데리우스 에라스무스Desiderius Erasmus, 1466-1536다. 당대 최고의 인문주의자였던 그는 1516년에 그리스어 신약성경을 출판하고, 불가타를 번역했던 히에로니무스를 맹렬히 공격했다. 이것은 서방 교회가 인정한 성경해석의 구조를 공격한 것이다. 후에, 이 그리스어 신약성경을 토대로, 루터가 성경을 독일어로 직접 번역했다.

루터는 성서학자로서 성경을 연구하고 강의하는 과정에서 종교개혁의 핵심 사상을 발견했다. 1515년, 그는 비텐베르크대학교에서 로마서 강의를 시작했는데, 그 과정에서 "이신칭의"란 개신교 구원론의 핵심을 발견한 것이다. 1521년 4월에 열린 보름스 제국의회에서, 그는 자신의 저서들을 철회하라는 신성 로마제국의 황제 카를5세Karl V의 명령에 대해, "성경이나 순수 이성"으로부터 확신을 얻지 못한다면 자신은 어떤 것도 철회할 수 없다고 답변했다. 이것은 황제나 교황의 명령 혹은 권위보다 성경을 우위에 둠으로써, 성경이 종교개혁과 개신교의 핵심이란 사실을 온 세상에 천명한 것이다.

루터와 동시대에 울리히 츠빙글리Ulrich Zwingli는 일군의 젊은이들과 함께 성경을 공부하며 스위스에서 종교개혁을 시작했다. 뛰어난 그리스어 학자였던 츠빙글리는 총명하고 열정적인 청년들과 신약성경을 원어로 공부하면서, 라틴어 번역의 수많은 오류를 발견했고, 그런 오류 위에 형성된 가톨릭교회의 교리와 제도를 강력히 비판했다. 그런 영향하에, 재세례파운동의 기원인 스위스 형제단이 탄생했다. 이들은 성경적 가르침, 특히 신약성경의 산상수훈을 철저히 실천하는 급진적 제자도를 추구했다. 혹독한 박해에도 불구하고, 그들이 신자들의 세례, 정교분리, 평화주의를 적극적으로 실천했던 것은 그것이 바로 성경을 통해 드러난 하나님의 뜻이라고 믿었기 때문이다.

성경의 재료들

아마도 최초의 성경은 돌판에 기록되었을 것이다. 이스라엘 백성이 광야에서 하나님으로부터 십계명이 새겨진 돌판을 받았기 때문이다. "너는 산에 올라 내게로 와서 거기 있으라 네가 그들을 가르치도록 내가 율법과 계명을 친히 기록한 돌판을 네게 주리라"출24:12. 하지만, 종이가 없던 시대에 파피루스가 그 역할을 대신했고, 파피루스papyrus에서 종이paper란 말이 생겼다. 파피루스는 기원전 4천 년부터 사용되었으며, 바로 여기에 고대의 성경 사본들이 기록되었다.

파피루스에 이어 등장한 것이 짐승 가죽인 양피지였고, 기원전 17세기부터 파피루스와 함께 쓰였다. 하지만, 비싸고 재료도 한정되고 무게도 만만치 않아서, 파피루스만큼 널리 쓰이진 않았다. 성경이 양피지에 본격적으로 기록된 시점은 기원전 586년에 남유다 왕국이 바빌로니아에 멸망하고 유배를 떠났다가 반세기 만에 예루살렘으로 돌아온 때부터다. 유대인들은 예루살렘 재건을 위해 성전을 건설했고, 이때 많은 이들이 성전에 양과 염소를 제물로 바쳤다. 제물로 바쳐진 양과 염소가 성경 필사를 위한 양피지로 가공된 것이다.

한편, 1세기 말부터 코덱스Codex가 출현했다. 특정 부분을 찾으려고 말거나 펼쳐야 하는 두루마리와 달리, 코덱스는 양쪽에 글이 쓰인 여러 장을 함께 제본한 책이다. 이로써 성서의 특정 부분을 찾기가 훨씬 쉬워졌다. 1세기 말에 출현한 코덱스는 3세기에 이르러 기독교 공동체와 교회에서 보편화되었다.

독특한 성경들

흔히, 『토머스 제퍼슨 성경』*Thomas Jefferson Bible*으로 알려진 『나사렛 예수의 삶과 도덕』은 토머스 제퍼슨Thomas Jefferson이 계몽주의 정신에 기초해서 사복음서를 재편집한 것이다. 예언이나 기적, 예수의 부활 같은 초자연적인 내용을 과감히 삭제하고, 예수의 인생과 가르침에만 관심을 집중했다. 제퍼슨은 자신이 소장하고 있던 그리스어 성경, 라틴어 성경, 프랑스어 성경, 영어 성경에서 자신이 발췌할 부분을 직접 오려내어 종이에 붙이는 식으로 이 책을 만들었는데, 이 와중에 간간이 자신의 생각이나 오탈자/문법 교정을 책의 여백에 쓰거나 덧붙였다. 이 책은 1895년에 스미소니언 협회가 제퍼슨의 후손들로부터 구입한 후 비로소 세상에 알려졌고, 1904년에 석판인쇄 복각본으로 정식 인쇄되어 선보였다. 한편, 『여성 성경』*The Woman's Bible*은 엘리자베스 스탠턴Elizabeth Cady Stanton이 쓴 부분과 26명으로 구성된 위원회가 쓴 부분으로 구성되었으며, 1895년과 1898년에 각각 출판되었다. 이것은 여성이 남성에게 복종해야 한다는 전통적 입장에 도전할 목적으로 출판된 것이다.

한국교회 이야기

우리 민족이 만난 최초의 성경은 19세기에 전해진 한문 성경이다. 최초의 한글 성경은 1790년대 초 역관출신 최창현이 펴낸 『성경직해광익』이다. 이것은 예수회 디아즈 신부가 1636년 북경에서 펴낸 『성경직해』와 예수회 마이야 신부가 1740년에 북경에서 펴낸 『성경광익』을 취합해서 한국어로 옮긴 것이며, 4 복음서의 30% 분량이었다. 1882년에 스코틀랜드 장로교회 선교사 존 로스 팀이 번역한 『예수셩교누가복음젼셔』가 중국 심양 문광서원에서 한국어로 번역된 최초의 낱권 번역 성경으로 출판되었다.

일본에서도 한국어 번역 작업이 이루어졌다. 1885년에 일본 요코하마에서 출판된 『신약마가젼복음셔언해』는 이수정이 일본에서 번역하고 미국성서공회가 출판한 것이다. 이것은 아펜젤러와 언더우드가 같은 해 조선에 입국하면서 들고 온 성경으로서, 한문에 익숙한 식자층 전도에 유용했다. 미국성서공회가 조선에서 성서 반포사업을 시작한 1887년, 이 성경 5,000부가 제물포와 서울을 중심으로 배포되었다. 국내에서 최초로 번역된 성경 낱권은 상설 성경실행위원회 산하 성경 번역위원회가 1887년에 출판한 『마가의젼흔복음셔언히』다.

1887년에는 최초의 한국어 완역 신약전서 『예수셩교젼셔』가 중국의 문광서원에서 영국 성서공회에 의해 발행되었다. 국내에선 1900년에 『신약젼셔』가 서울의 삼문출판사와 일본 요코하마의 분사 인쇄소에서 출판되었고, 두 번째 개정판이 1906년에 일본 도쿄감리교인쇄소와 서울감리교인쇄소에서 나왔다. 1911년에는 『구약젼셔』가 요코마하 복음인쇄합자회사에서 출판되었으며, 여기에 『신약젼셔』1906가 합본되어, 역시 같은 출판사에서 1911년에 완역본 『셩경젼셔』가 나왔다.

예수셩교젼셔

외국 종교 서적의 유입이 금지되었던 1880년대에 서상륜, 이성하, 백홍준 같은 매서인들이 복음을 전했다. 이들이 전국을 다니며 2만 권에 이르는 단편 성경과 기독교 소책자를 배포한 것이다. 털리 선교사가 1895년에 쓴 글은 당시 상황을 전해준다.

개신교 선교사들보다 몇 년 앞서 성서공회는 은둔의 왕국에 들어갔고 로스의 열정적인 노력으로 한글판 신약성서가 만들어졌다. 그 책들은 장돌뱅이와 권사들, 그리고 모든 가능한 방법을 통해 평양을 거쳐 서울까지 들어갔다. … 선교사들은 의주와 평양에서 말씀에 의해 정결하게 된 적지 않은 신자들을 발견하였다.

한글 성경은 한글의 저변 확대와 국문학 발전에도 지대한 공헌을 했다. 한글학자 최현배 선생은 "기독교와 한글"에서, "한글의 부흥, 정리 및 보급에 대하여 막대한 공적을 끼친 것으로 우리가 예수교의 선교사업을 들기를 잊어서는 안 된다. … 조선사람으로서 이 한글보급의 기독교의 위대한 공적에 대하여 감사의 뜻을 가지지 아니할 이도 없을 것이다"라고 평가했다.

에필로그

1. 성경이 기록되고 편집되어 한 권의 책으로 완성된 것은 기적이다. 수많은 사람의 수고와 희생이 없었다면 불가능한 일이었다. 그리고 모든 수고와 과정 위에, 설명할 수 없는 하나님의 은혜가 있었다. 하늘의 뜻을 이 땅에 전하고 인간의 본질을 드러내며 역사의 실체를 설명하는 성경은 그 자체로 은총이며 구원이다.

2. 성경이 기록된 역사적 정황이 있었다. 그것이 수집되고 필사되고 전달되는 과정도 있었다. 한 권의 책으로 묶이고, 여러 언어로 번역되기까지 더 오랜 세월이 흘렀다. 그렇게 탄생한 성경이 다양한 문화와 역사 속에서 읽히고 해석되어 삶에 적용되었다. 그래서 성경의 역사는 복잡하고 역동적이다.

3. 성경은 교회를 세우기도 했고, 교회를 분열시키기도 했다. 성경을 교회의 변방에 두려는 세력이 있었고, 교회의 중심에 둔 세력도 있었다. 성경을 위해 죽은 사람이 있었고, 성경 때문에 교회를 떠난 사람도 있었다. 성경 때문에, 교회는 끊임없이 정통과 이단, 진보와 보수로 나뉘어 갈등했다. 정녕, 성경은 교회와 인류에게 '위험한 축복'이었다.

제3장

선교

너희는 온천하에 다니며 만민에게 복음을 전파하라 (막16:15)

이 땅의 첫 교회가 세워진 곳은 세계의 중심 로마가 아니라, 제국의 변방 유대였다. 하지만, 주님의 교회는 변방의 분파로 머물다 사라지지 않았다. 오히려 로마제국이 전쟁과 상업을 목적으로 닦아놓은 길과 헬레니즘의 사상과 언어를 통해 전 세계로 확장된 것이다. "만민에게 복음을 전하라"는 주님의 명령이 2천 년 동안 전 세계를 무대로 수행된 것이 교회사다. 그 과정에서, 수많은 믿음의 영웅들이 탄생했고, 역사와 문화도 극적으로 발전했다. 동시에, 종교의 탈을 쓴 탐욕과 야만의 기록, 역사의 왜곡과 문화의 변질도 경험했다. 그것이 기독교 선교의 역사다.

고대

(1) 1세기: 예루살렘 → 소아시아와 북아프리카 → 로마 → 인도

팔레스타인 밖으로 복음이 전해진 첫 번째 지역은 시리아다. 교회를 핍박하던 "바울"이 다마스쿠스성경에서 다메섹 근처에서 신비 체험과 회심을 경험하고, 세례를 받은 후 "사도 바울"로 거듭났다. 시리아의 안디옥에 있던 안디옥교회는 사도 바울을 선교사로 파송하여, '선교사를 파송한 최초의 교회'라는 영예를 얻었다. 또한, 안디옥교회는 많은 신학자를 배출했는데, 이그나티우스Ignatius, 크리소스토무스Chrysostomus 등이 이 교회가 자랑하는 위대한 신학자들이다. 오늘날 안디옥은 터키에 속하나, 본래는 시리아 도시였다.

1세기에 예수의 제자 도마가 인도에 복음을 전했다. 『도마행전』에 그의 선교 활동에 대한 기록이 전해지는데, 최근의 고고학적 발굴에 의해 그 내용이 역사적 사실로 입증되었다. 오늘날에도 인도 남서지방에 '성도마교회'가 존재한다. 180년에 이집트 학자 판테누스Pantaenus가 인도에서 복음을 전했다. 역사가 에우세비우스에 따르면, 그는 인도까지 복음을 전한 위대한 선교사며, 그곳에서 성 바르톨로메우스Bartholomaeus에게 세례받은 그리스도인도 만났다. 3세기에 북서인도의 편잡 지방에 기독교 공동체가 있었다는 기록도 남아있다.

에티오피아 내시를 통한 복음 전파

성경에 따르면, 에티오피아에서 간다게 여왕의 내시가 최초로 복음을 전했다. 반면, 역사적 기록에 따르면, 에티오피아의 고대 수도 악숨Axum의 주교 프루멘티우스Frumentius가 328년에 에티오피아에 복음을 전파했다고 한다. 아프리카 속주도 중요한 기독교회를 가질 권리를 주장했는데, 256년에 이르자 카르타고 교회에 100명이 넘는 주교가 있었고, 카르타고의 테르툴리아누스와 키프리아누스, 그리고 히포의 아우구스티누스 같은 훌륭한 인물들이 이 지역에서 배출되었다. 교회사가 유세비우스에 따르면, 전도자 마가가 이집트의 알렉산드리아로 와서 기독교를 전파하고 교회를 세우면서 콥트 교회가 시작되었다. 이에 근거하여 콥트 교회는 284년을 자기들의 교회 원년으로 삼고 있다. 하지만, 2세기 후반에 나일강 지역에는 이미 기독교 공동체가 번성했다는 증거들이 발견되고 있다.

(2) 2세기: 갈리아지방 → 북유럽 → 영국

현재 프랑스는 고대에 갈리아Gaul라고 불렸다. 2세기에 이 지역의 론계곡 Rhone Valley에는 그리스인 기독교인들이 집단적으로 거주했는데, 그들은 리용에 주재한 감독의 통치를 받았고, 소아시아 교회들과 밀접히 교류하며 교세를 크게 확장시켰다. 4세기 초엽, 프랑스 각 지역에 교회들이 설립되면서 아를르, 베종, 오튄, 로우엘, 파리, 보르도, 트리에르, 라임 등에 주교구가 설치되었고, 그곳들을 근거로 기독교가 프랑스 전 지역으로 확장되었다. 갈리아 지방은 서로마제국이 멸망하고 프랑크족이 프랑크 왕국을 세웠을 때부터 기독교 국가로서 면모를 갖추기 시작했다.

영국Britain은 로마 군대에 점령당한 43년부터 그들이 철수한 410년까지 로마제국이 지배하고 있었다. 로마 군대가 이 지역에 주둔하는 동안, 기독교인들이 존재하기 시작했다. 테르툴리아누스와 오리게네스Origenes가 자신들의 저서에서 영국 전 지역에 기독교가 전파되었다고 주장한 것이 사실이라면, 영국의 기독교는 2세기 말에서 3세기 초에 이미 활성화되었다. 하지만, 로마 군대가 철수함에 따라 기독교도 함께 종적을 감추었다.

로마 교황청은 로마 군단의 브리튼 철수로 선교가 중단된 것을 매우 아쉬워했다. 마침내, 오랫동안 잉글랜드에서 선교 사역을 열망했던 교황 그레고리우스 1세Gregorius I가 교황에 오른 590년부터 잉글랜드 선교 활동이 본격적으로 재개되었다. 그레고리우스는 599년에 자신이 속했던 수도원 출신의 아우구스티누스 Augustine of Canterbury를 지도자로 삼아 일군의 선교사들을 앵글로족에게 파송했다. 그들은 우여곡절 끝에 켄트Kent 왕국에 입국했다. 켄트 왕국의 국왕 에델베르트Ethelbert는 기독교 신자와 결혼했기에 그들을 환대했고, 얼마 후엔 자신도 기독교로 개종하여 켄트 왕국 전체가 기독교로 개종하기 시작했다. 아우구스티누스는 켄트 왕국의 수도인 캔터베리의 초대 대주교가 되었고. 이후에 주변 왕국들을 기독교로 개종시켜 나갔다. 그 결과, 캔터베리는 영국 기독교의 중심지가 되었으며, 켄트 왕국을 통해 기독교가 앵글로족과 색슨족 전체로 전파되었다.

아일랜드에 기독교가 전파된 것은 성 패트릭St. Patrick의 공이 컸다. 그의 활동 시기는 정확히 알 수 없으나, 대략 5세기 초반으로 추정된다. 패트릭은 브리튼 출신이었지만, 소년 시절에 아일랜드인 약탈자들의 포로가 되어 아일랜드에서 노예 생활을 했다. 우여곡절 끝에 아일랜드에서 탈출한 패트릭은 복음을 전하려고 아일랜드로 돌아왔다. 이러한 패트릭의 헌신적인 노력에 힘입어, 아일랜드에 수도원과 학교가 설립되어 기독교 학문과 신앙을 발전시켰다. 아일랜드는 유럽을 휩쓸던 침략과 약탈에서 항상 제외되었기 때문에, 비교적 안정된 상황에서 고대 로마제국의 문명과 문화뿐 아니라, 정통주의 기독교 문화와 학문도 후대에 전했다.

아일랜드는 여러 나라에 선교사를 파송했다. 특히, 스코틀랜드에 선교사를 파송하여 그곳에서 기독교를 발전시켰다. 아일랜드에서 파송한 스코틀랜드 선교사 중 가장 유명한 인물은 563년경에 12명의 동료와 함께 작은 섬 이오나Iona에 정착한 콜룸바Columba다. 이오나에 설립된 수도원은 스코틀랜드 선교의 중심지가 되었고, 이오나 신앙 공동체를 본받아 또 다른 수도원들이 건립되었다. 아일랜드의 스코틀랜드 선교는 앵글로족과 색슨족을 기독교로 개종시키는 결과를 낳았다.

동로마 지역에선 안디옥과 알렉산드리아가 기독교의 중심 지역이 되었으며, 5세기경에 예루살렘에 대주교구가 설치되어 팔레스타인지역 교회들을 이끌었다. 2세기 말엽에 알렉산드리아에서 활동했던 클레멘트의 증언으로는, 알렉산드리아 교회는 베드로의 제자인 마가벧전5:13가 설립했다. 알렉산드리아 교회는 안디옥 교회와 더불어 동부지역 교회를 대표하면서 신학교를 세워, 안디옥 학파와 알렉산드리아 학파를 이루는 동방 교부와 동방 교회의 신학적 본산지가 되었다.

카르타고를 중심으로 확장된 북아프리카 기독교에 관한 이야기는 180년경에 라틴어로 기록된 누미디아Numidia지방 스킬리움Scillium의 『순교자 행전』Acts을 통해 최초로 소개되었다. 하지만, 여러 가지 상황을 종합해 볼 때, 북아프리카 지역의 선교는 그보다 더 오래전에 시작된 것으로 보인다. 학자들은 카르타고가 무역 도시였기 때문에, 당시에 가장 큰 무역도시였던 레반트Levant로부터 복음이 전래하였거나, 로마에서 이주해 온 사람들에 의해 전래하였을 것으로 추정한다. 200년경 테르툴리아누스가 활동하던 시대에는 이미 카르타고에 수많은 주교구가 설립되어 있었다.

중세

(1)북유럽(9-11세기)

"북방의 사도" 안스가르Ansgar, 801-865는 카롤링거 황제 경건왕 루이 1세Louis the Pious의 후원하에, 망명 중이던 덴마크 왕 하랄Harald과 함께 선교 활동을 목적으로 826년 덴마크에 들어갔다. 하지만, 하랄이 827년에 몰락하고 안스가르의 조수 아우트베르트가 죽자, 선교에 큰 타격을 입고 829년에 프랑크 왕국으로 돌아왔다. 10세기 초, 덴마크 왕 고름Gorm the Old이 예배당을 파괴하고 사제들을 학살했지만, 그의 뒤를 이은 블루투스Herald Bluetooth는 덴마크를 기독교 국가로 만들려고 노력했고, 크누트 대왕Knut, 994-1035 시대에 덴마크에 기독교가 정착했다.

블루투스 왕이 노르웨이로 선교사를 파송했으나 성공하지 못했다. 하지만, 노르웨이 바이킹 출신 올라프 1세Olaf, 969-1000가 한 섬에서 은자를 만나 기독교인이 되었다. 그가 995년에 노르웨이 왕이 되자, 귀족들과 의회의 반대를 물리치고 노르웨이를 기독교 국가로 만들었다. 올라프1세는 아이슬란드에 사절단을 보내 기독교를 받아들이게 했다. 아이슬란드에선 기독교를 수용하는 문제로 내전이 일어날 상황까지 갔으나, 유아 살해와 말고기 먹는 풍습을 허용하는 조건으로 전 국민이 세례를 받았다. 그린란드는 아이슬란드에서 이민 온 기독교인들에 의해 기독교가 전파되었다.

스웨덴 선교를 개척한 사람도 안스가르였다. 덴마크에서 철수한 안스가르는 829년에 비르카Birka를 최초로 방문해서 교회를 세웠다. 그는 831년까지 그곳에 머물다 귀국해서 함부르크-브레멘의 대주교가 되었다. 하지만, 그가 850년에 다시 비르카를 방문했을 때, 그 교회는 이미 사라지고 없었다. 안스가르는 교회를 재건하기 위해 노력했으나, 오래가지 못했다. 이후 여러 선교사가 스웨덴 선교를 시도했지만, 번번이 이교도들의 강력한 저항으로 실패했다. 1050년에 에문드 가물레Edmund Gamle가 왕이 되어 기독교로 개종했고, 1060년에 스텐킬Stenkil이 권좌에 올랐을 무렵에는 이미 기독교가 스웨덴 전역에서 확실하게 자리를 잡았다.

(2)동유럽(9-11세기)

보헤미아에선, 845년에 14명의 제후가 세례를 받으면서 기독교 선교가 시작되었다. 그러나 반독일·반기독교운동이 일어나서 선교에 어려움을 겪다가, 950년에 독일의 오토 1세Otto Ⅰ가 이런 저항을 무력으로 진압했다. 불가리아 선교는 864년에 보리스 왕Boris, 907년 사망이 비잔틴 황제 미카엘3세Michael Ⅲ의 권유로 세례받아서 이루어졌는데, 그는 불가리아 교회의 자치를 인정해주는 동방 정교회를 선택했다. 프러시아에는 기독교가 일찍 들어갔으나, 폴란드를 세운 미에즈코 1세Mieszko Ⅰ의 개종으로 기독교 선교가 본격적으로 시작되었고, 그 자신이 기독교인 부인의 영향으로 976년에 세례를 받았다. 모라비아 선교는 비잔틴 황제 미카엘 3세가 키릴루스Cyril와 메토디우스Methodius 형제를 선교사로 파송하면서 시작되었다. 이들은 슬라브어 문자를 개발하고 성경을 번역하여 선교에 큰 공을 세웠다. 모라비아는 비잔틴의 선교를 받았지만, 후에 서방 교회 전통을 따랐다.

러시아는 10세기까지 통합을 이루지 못한 채, 여러 부족으로 분열되어 있었다. 957년에 올가Olga 왕후가 콘스탄티노플을 방문해서 세례를 받았다. 그러나 귀족들은 왕후의 개방 정책에 반기를 들었고, 그의 아들은 반기독교 정책을 펼쳤다. 그녀의 손자 블라디미르Vladimir, 956-1015 황제가 988년에 세례를 받음으로써 비로소 기독교가 이 땅에 정착할 수 있었다. 블라디미르는 우상을 파괴하고 백성들에게 세례를 강요했다. 그 당시 비잔틴 황제 바실리우스 2세Basilius Ⅱ는 개종한 블라디미르에게 여동생 안나Anna를 부인으로 주었다. 안나와 결혼한 블라디미르는 5명의 부인과 헤어지고 자기가 세운 이교 신전을 파괴했으며, 교회와 학교를 세우고 고아와 빈자를 돌보는 정책을 수립했다. 전쟁을 멈추고 사형 제도도 폐지했다. 이후, 러시아는 동방 정교회 국가가 되었다. 한편, 아르파드 왕조의 게자Géza가 972년에 공식적으로 헝가리를 기독교화하기 시작했다. 그의 아들 성 이슈트반 1세St. Stephen Ⅰ가 1000년에 헝가리 최초의 왕이 되었다. 교황으로부터 국왕 칭호를 받은 그는 노예를 해방하고 자기 영지를 여행하며 기독교를 전했다.

(3)아시아(7-16세기)

최초의 중국 선교사들은 네스토리우스파였다. 635년에 페르시아에서 온 알로펜Alopen이 당나라의 태종을 만나 선교를 허락받고, 약 200년 동안 네스토리우스 기독교가 경교景敎라는 이름으로 중국에서 번성했다. 845년에 도교 신자였던 무종이 불교를 박해할 때, 경교도 함께 박해를 받고 소멸했다. 두 번째 중국 선교는 13세기에 프란체스코회와 도미니크회 수사들이 몽골에 파송되면서 시작되었다. 몽고는 징기스 칸 이후 중국, 페르시아, 러시아, 동유럽 일대를 점령했는데, 1246년에 프란체스코회 수사 카르피니Giovanni da Pian di Carpini가 교황 인노켄티우스 4세Innocent IV의 서신을 들고 칸을 방문하여 기독교를 받아들이도록 권유했다. 1294년에 프란체스코 수사 몬테 코르비노Monte Corbino가 교황 니콜라스 4세 Nicholas IV의 명으로 북경에 도착하여 교회를 세우고 1306년까지 5,000명에게 세례를 주었으며, 대주교로 임명되었다. 하지만, 그가 죽은 후 성직자 보급이 제대로 이루어지지 않았고 토착 성직자들을 양성할 수 없어서 가톨릭교회는 빠르게 약화하였다. 세 번째 중국선교는 16세기에 예수회 선교사들이 이루어냈다. 예수회 창시자 중 한 사람인 프란시스 하비에르Francis Xavier가 인도와 일본을 거쳐 중국에 와서 사망했다. 그 후, 마테오 리치Matteo Ricci가 마카오1582와 차오칭1583에서 활동하다가 1601년 북경에 도착했다. 그는 유학자의 복장으로 살면서 천문학, 수학, 시계 제작의 탁월한 지식으로 중국인들의 존경을 받았으며, 기독교 변증서인 『천주실의』를 남겼다.

14세기에 프란체스코회와 도미니크회 수사들이 인도에 진출해서, 실론과 페구 등지에서 활동했으나 결과는 미미했다. 1541년에 예수회 소속 프란시스 하비에르가 포르투갈 왕의 지원을 받고 인도 고아Goa에 도착했다. 하비에르는 토착화정책을 추구하면서, 주로 남부에서 8년간 병원을 중심으로 선교에 매진했다. 그 결과, 10만여 명에게 세례를 베풀 수 있었다. 그러던 어느 날, 하비에르는 일본에 다녀온 포르투갈 선원 핀토Mendes Pinto와 일본인 안지로의 영향하에, 일본선교에 관심을 두게 되었다. 그는 토레스Cosme de Torres 신부, 페르난데스Joao Fernandez 수사, 안지로 등과 함께 1549년 8월 15일 일본에 도착했다. 그가 일본에 27개월간 머물면서 전도한 결과, 1,500명의 개종자를 얻었다. 이후, 일본의 가톨릭교회는 '기리시단'으로 불리게 되었으며, 상류층에서도 많은 개종자가 나왔다. 하지만, 16세기 도요토미 히데요시가 기독교를 탄압하기 시작했고, 1639년에는 선교사들을 추방하고 기리시단을 박해했다. 이로써, 1853년에 안세이安政조약 체결로 문호를 개방하고 선교를 재개할 때까지, 일본에서 기독교 역사는 2세기 동안 단절되고 말았다.

(4)남미 선교(15-16세기)

1492년에 스페인의 재정복Reconquista을 완료하고, 페르난도와 이사벨라는 크리스토퍼 콜럼버스Christopher Columbus의 아메리카 원정을 지원했다. 콜럼버스는 같은 해에 바하마 제도의 한 섬에 상륙했다. 이들의 식민지 개척은 분명히 경제적 이익을 위한 것이었지만, 동시에 선교적 목적도 함께 갖고 있었다. 스페인 왕실은 이교도들에게 복음을 전하고 싶었고, 콜럼버스도 하나님이 자신을 아시아로 보냈다고 믿었던 것이다. 교황 율리우스 2세Julius II도 스페인 왕실에게 새로운 영토에서 복음을 전할 수 있는 배타적 특권Patronato을 인정했다.

이 정복자들의 뒤를 따라 아메리카에 도착한 최초의 선교사들은 프란체스코회였다. 이들은 1500년부터 활동하기 시작했고, 10년 후에 도미니크회가, 1560-70년대에는 예수회가 각각 도착했다. 특히, 도미니크회는 정복자들의 원주민 학대에 강력히 저항했다. 대표적인 인물이 바르톨로메 데 라스카사스Bartolome de las Casas였다. 중앙아메리카에서 남아메리카로 선교가 확대되었는데, 이것은 정복자들의 군사적 후원하에 이루어졌다. 그 결과, 남미의 선교는 제국주의 팽창과 동일시될 수밖에 없었다. 불행히도, 그 과정에서 군사력뿐 아니라, 유럽인들이 가져온 질병에 의해 아메리카 인구의 절반이 희생되었다. 1550년까지, 약 1,000만 명의 원주민들이 아메리카에서 세례받은 것으로 추정된다.

개신교 선교

(1) 16세기: 종교개혁

1517년에 루터의 종교개혁이 시작되었고, 그 결과 개신교가 탄생했다. 그런데 종교 개혁자들은 선교에 대해 특별한 관심이 없었다. 이미 유럽은 기독교 국가 체제를 확고하게 갖추었고, 가톨릭과의 치열한 생존 경쟁 속에 있었기 때문에, 해외 선교에 힘쓸 여력과 관심이 상대적으로 부족했던 것이다. 특히, 루터는 선교명령을 사도들에게 한정된 것으로 이해했고, 종말론의 영향 속에 기독교 국가 밖으로 선교사들을 파송하는 것에 대해서도 부정적이었다. 특히, "그 지역의 종교는 그 지역 통치자의 종교로"cuius regio, eius religio란 입장을 받아들였기 때문에, 현실적으로 선교에 무관심할 수밖에 없었다. 이것은 당시에 가톨릭 종교개혁의 선봉에 섰던 예수회가 해외 선교에 본격적으로 뛰어들었던 것과 극명한 대조를 이룬다. 하지만, 제네바에서 종교개혁을 주도했던 칼뱅은 루터보다 선교에 관심이 더 많았다. 그 자신이 스트라스부르에 있는 프랑스 난민 교회에서 목회했고, 모국인 프랑스에 개혁교회를 세우려고 많은 사역자를 파송했으며, 심지어 브라질에 빌레가그농Nicolas Durand de Villegagnon을 포함한 수십 명의 선교사를 파송했던 것이다. 이들과 달리, 종교 개혁자 중에서 선교에 가장 관심이 많았던 사람들은 재세례파들이었다. 이들은 자신들을 선교사로 이해하고, 유럽, 아시아, 아프리카, 라틴아메리카 등지에서 활발하게 선교 활동을 전개했다.

(2) 17-18세기: 경건주의와 성공회

1661년에 퀘이커 선교사 3명이 중국에 파송되었으나 도착하지 못했다. 1665년에는 최초의 루터교 선교사 유스티니안 폰 벨츠Justinian von Weltz가 수리남에 파송되지만 역시 실패했다. 경건주의자였던 덴마크 왕 페르디난드 4세가 덴마크 식민지였던 인도 남단의 트란퀘바르Tranquebar에 파송할 선교사들을 경건주의의 요새였던 할레대학교에 요청했다. 바르톨뮤 지겐발크Barthelomew Ziegonbalg와 하인리히 플뤼차우Heinrich Plutschau가 지원하여, 덴마크–할레 선교회가 탄생했다. 이들은 1705년 11월에 출발하여 1706년 7월에 선교지에 도착함으로써, 개신교 역사

를 다시 쓰기 시작했다. 할레 대학 출신
으로서 모라비안 형제단을 이끌었던 친
첸도르프 백작Nicholas Ludwig von Zinzendorf
도 1732년에 버지니아 제도에 선교사들
을 최초로 파송했고, 그린란드, 북아메
리카, 라플랜드, 남아메리카, 남아프리
카, 라브라도 등에도 선교기지를 구축했

친첸도르프, 모라비안 선교사

다. 이것은 ″근대 선교의 아버지″로 불리는 윌리엄 캐리William Carey, 1761-1834의
선교보다 90년이나 앞선 것이다. 이 작은 단체는 150년간 2,158명의 선교사를 파
송했으며, 한국에 도착했던 최초의 개신교 선교사 귀츨라프도 할레 대학 출신
이었다.

　　한편, 영국 국교회의 복음전도협회the Society for the Propagation of the Gospel, SPG도
선교 역사에서 중요하다. 이 단체는 영국의 식민지였던 북미에서 사역하던 토머
스 브레이Thomas Bray의 주도 하에 1701년에 설립되었다. 이 선교회는 국외에 있는
영국인들을 위한 기독교적 사역과 전 세계 미전도 종족의 복음화를 목표로 삼
았으며, 정착한 목회자가 없는 북미 지역에서 하나님 말씀과 성례전을 베풀 수
있도록 성직자를 공급하는 것이 일차 목표였다. 그 결과, 미국 혁명으로 모든 영
국 국교회 성직자들이 미국을 떠나야 했던 1783년까지, 총 309명의 선교사가 미
국으로 파송되었고, 이들을 도우려고 영국에서 100만 불227,454파운드 이상이 모
금되었다. 조지아 주에서 인디언들과 영국 이민자들을 위해 선교 활동을 했던
존 웨슬리John Wesley, 1703 1791도 이 선교회 소속으로 미국에 갔던 것이다. 미국을
중심으로 전개되던 선교 사역은 후에 캐나다1759, 오스트레일리아1793, 인도1820,
중국1863, 일본1873, 그리고 한국1890으로 꾸준히 확장되었다.

(3) 19세기

교회사가 케네스 라투렛Kenneth S. Latourette은 19세기를 "위대한 선교의 세기"라고 불렀다. 19세기 초반에 개신교 선교를 주도한 인물은 윌리엄 캐리였다. 그래서 흔히 그는 "근대 선교의 아버지"로 불린다. 캐리는 히브리서 3장 13절을 통해 그동안 세상과 타협했던 삶을 회개하고 그리스도와 함께 고난과 능욕을 받기로 했다. 1785년에 침례교 목사가 되어 지역 교회에서 사역하는 동안, 『쿡선장의 항해기』를 읽고 해외 선교에 대한 비전을 갖게 되었다. 1792년 봄 노팅엄에서 개최된 침례교 연합회 모임에서 캐리의 설교에 감동하고 침례교선교회가 조직되었고, 첫 선교사로 캐리와 존 토머스를 인도에 파송했다. 그들은 1793년 11월 19일에 인도에 도착했고, 1년 만에 창세기, 마태복음, 마가복음, 야고보서를 뱅갈어로 번역했다. 1800년, 캐리는 덴마크 총독 관할의 세람포Serampo로 선교지를 옮기고 34년간 선교 활동을 지속했다.

윌리엄 캐리

캐리뿐 아니라 복음주의자 헨리 마틴Henry Martin, 스코틀랜드의 알렉산더 더프Alexander Duff도 열정적으로 선교에 헌신했다. 영국 성공회 선교사 새뮤얼 마스덴Samuel Marsden은 호주, 뉴질랜드, 태평양 제도에서 40년 이상 선교 활동을 벌였고, 미국 침례교 선교사 아도니람 저드슨Adoniram Judson은 1813년부터 1850년까지 미얀마에서 선교하며 성경을 미안마어로 번역했다. 로버트 모펏Robert Moffat과 데이비드 리빙스턴David Livingstone은 남아프리카에서 선교했으며, 제2차 아편전쟁1856-1860 직후인 1865년에 허드슨 테일러James Hudson Taylor가 '중국내지선교회' China Inland Mission를 만들어서 헌신적으로 선교했다.

오랫동안 선교는 남성의 독점적인 사역이었으나, 19세기부터는 여성의 헌신이 요구되었다. 이 점은 개신교와 로마 가톨릭교회 모두에게 해당하였다. 특히,

19세기 중엽을 통과하면서 거의 모든 선교단체가 독신 여선교사들을 파송하기 시작했다. 독신 여선교사들에 대한 불신과 반대도 적지 않았으나, 19세기 말에는 여선교사들의 수가 남성들을 넘어섰다. 이 점은 19세기 말을 거치면서 여성과 어린이를 위한 사역이 선교현장에서 강조되었다는 사실을 반영하고, 국내에서 지도력을 인정받지 못했던 여성들에게 해외 선교가 자신들의 영적 지도력과 재능을 발휘할 수 있는 절호의 기회를 제공했기 때문이다.

하지만, 위대한 선교의 세기는 시기적으로 서구 열강의 제국주의 시대와 정확하게 일치했다. 이 시기에 선교를 주도했던 서양, 특히 영국은 강력한 해군을 앞세워 세계도처에 식민지를 건설했다. 그렇게 개척된 항로를 따라, 그리고 그런 국가적·군사적 지원으로, 선교사들이 식민지에 복음을 전한 것이다. 물론, 그 덕택에 아시아에 복음이 전해졌고 기독교가 전 세계로 확산하였지만, 기독교가 서양의 군사력과 제국의 문명과 동일시되는 심각한 부작용도 낳았다. 따라서 식민지들에서 독립운동이 발발했을 때, 반제국주의 투쟁이 반기독교 투쟁과 연계되는 상황이 발생하고 만 것이다.

(4) 20세기

20세기 선교운동은 미국이 주도했고, 신앙 선교, 성경 학교, 학생자원자운동, 오순절운동이 중요한 역할을 담당했다. 두 차례의 세계대전을 치르면서 유럽 국가들이 황폐해졌을 때, 미국은 세계 최강 국가로 부상하며 전 세계에서 막강한 영향력을 행사했다. 미국의 경제적·군사적 힘을 배경으로, 미국 선교사들이 전 세계로 복음을 전했다. 대공황을 겪으면서 세계 경제가 침체하자, 교단 중심의 선교가 약화하고, 오직 하나님에 대한 절대적 신앙에 의존하는 '신앙선교' Faith Mission가 급부상했다. 또한, 기독교적 배경 속에 설립된 대학들과 신학교들이 진보적 사상의 영향으로 세속주의화 현상을 노출하자, 이에 대한 반작용

1910 에딘버러 세계 선교대회

으로 성경학교들이 설립되었고, 이들 중
에서 선교에 헌신한 사람들이 대거 배출
되었다. 특히, 드와이트 무디D. L. Moody
와 존 모트John Mott의 영향하에 시작된
'학생자원자운동' Student Volunteer Movement
은 20세기 초반에 세계 선교에 혁혁한

공을 세웠다. 특히, 이들은 선교지에서 불필요한 경쟁과 갈등을 피하고 효율적·
체계적인 선교 활동을 위해, 1910년에 스코틀랜드 에든버러에서 '세계 선교대
회' World Council of Churches를 개최했다. 이것이 근대 에큐메니컬운동을 촉발하면
서, 세계 교회 협의회의 탄생에 결정적인 영향을 끼쳤다. 그뿐만 아니라, 강력한
종말 사상과 성령 체험을 근거로 20세기에 가장 빠르게 성장했던 오순절운동은
뜨거운 선교의 열정을 뿜어내며, 20세기 중반 이후 세계 선교에 주목할 만한 족
적을 남겼다.

한국교회 이야기

우리나라가 기독교를 처음 접한 것은 임진왜란과 정유재란1592-58 기간 중이
었다. 이때, 일본군 종군사제로 스페인 출신의 예수회 신부 세스페데스Gregorio de
Cespedes와 일본인 수사 후칸 에이온이 1594년 초에 조선에 왔다. 그의 일행은 일
본군 진지를 순방하며 성사를 집행하다 1595년 4월경에 조선을 떠났다. 한편, 임
진왜란 중 5만 명 이상의 조선인 포로들이 일본으로 끌려갔고, 그 중 7천 명 이
상이 천주교 신자가 되었다. 그중에서 권 빈센트는 예수회 회원이 되어 신학훈련
을 받고 조선 선교를 시도하기도 했다. 병자호란 후, 북경에서 볼모로 잡혀 있던
소현세자가 근처에 있던 예수회 신부 아덤 샬J. Adam Shall von Bell과 교류했고, 귀국
길에 교인들로 구성된 환관 5명을 데리고 왔다. 비록, 소현세자가 귀국 후 오래

지 않아 병사했지만, 그의 이야기가 프랑스에 전해져서 파리외방전교회 설립의 한 계기가 되었다.

개신교 선교사로 한반도에 처음 도착한 사람은 독일 출신 귀츨라프Karl Fried-rich August Gützlaff였다. 그는 영국동인도회사의 요청으로 군함 로드 암허스트호의 통역 겸 의사로 동승하고, 1832년 7월 17일에 황해도 장산곶에 도착했다. 한 달가량 한국 해안에 머물면서, 한문성경과 전도문서 등을 배포했다. 하지만, 한국정부의 통상거부로 곧 한국을 떠날 수밖에 없었다. 1866년에는 영국 웨일즈 출신으로 런던선교회에 소속된 로버트 토머스Robert J. Thomas 목사가 미국 상선 제너럴셔어먼호를 타고 대동강 입구 용강군에 도착했다. 그는 평양 관민들과 제너럴셔어먼호 사이의 싸움 중에 목숨을 잃었지만1866년 9월 2일, 그가 전해준 한문성경을 받았던 사람이 후에 선교사 새뮤얼 모펫Samuel A. Moffet을 찾아왔다고 한다. 1874년에는 스코틀랜드 연합 장로교회 소속의 존 로스John Ross가 중국과 조선의 국경이자 합법적 교역장소였던 고려문에서 조선인들에게 전도했다. 그와 존 매킨타이어John MacIntire 선교사의 헌신적 노력으로, 1879년에 백홍준과 이응찬을 포함한 네 명의 한국인이 최초로 세례를 받았고, 1882년에 최초로 성경이 한글로 번역되었다. 이어서 1882년 한미수호통상조약이 체결되고, 1883년 견미사절단이 미국에 파견되었고, 시카고로 가는 여정에서 가우처John F. Goucher박사를 만났다. 그는 해외 선교에 관심이 깊었던 미국북감리회 목사였다. 그에 의해 북감리회 일본주재 선교사 로버트 매클레이Robert S. Maclay의 한국방문이 이어졌고, 교육과 의료를 통한 선교사역을 허락 받았다. 1884년에 미국 북장로교 소속 호러스 알렌Horace N. Allen이 의료 선교사로, 1885년에는 북장로교 소속 호러스 언더우드Horace G. Underwood와 북감리교 소속 헨리 아펜젤러Henry G. Appenzeller가 교육 선교사로 한국에 들어왔다.

한편, 한국교회가 파송한 최초의 선교사는 1902년에 하와이 사탕수수 농

장 이민자들을 위해 파송된 인천내리감리교회의 홍승하 전도사이며, 장로교에
선 1907년에 제주도로 파송된 이기풍 목사가 최초의 선교사로 기록되었다. 2년
후에 최관흘 목사를 블라디보스톡에, 그리고 한석진 목사를 일본에, 평양 여전
도회에서 이관선을 제주도에 파송했다. 이어서 1909년에 시작한 '100만인 구령
운동'의 하나로 김영제 목사가 북간도에, 김진근 목사는 서간도에 각각 파송되
었고, 구미지역, 즉 캘리포니아와 멕시코에 사는 동포를 위해 방화중 목사가 파
송되었다. 감리교회는 1910년에 손정도 목사를 중국에 파송했으며, 침례교에서
는 1906년에 한태영 외 네 사람을 간도에 선교사로 보냈다. 하지만, 타문화권 선
교와 외국인 선교라는 관점에서 본격적인 선교는 1913년 11월에 박태로, 사병순,
김영훈 선교사가 산동반도의 내해에서 시작했다. 해방 전후의 혼란스런 상황에
서 잠시 중단되었던 선교 활동은 1956년 5월, 장로교회의 최찬영 선교사가 태국
에 파송되면서 재개되었다. 현재 한국은 미국 다음으로 많은 해외 선교사를 파
송하고 있으며, 2013년 12월 현재 세계 169개국에서 25,745명의 선교사가 활동 중
이다.

에필로그

1. 선교는 교회사를 관통하는 가장 중요한 주제이며, 기독교의 본질을 구성하는 결정적 요소 중 하나다. 그런 의미에서, 선교의 방법과 결과에 대한 다양한 평가가 가능하지만, 선교를 배제하거나 간과한다면 기독교 역사뿐 아니라, 기독교 자체를 제대로 이해할 수 없다.

2. 교회가 선교하는 이유는 주님의 명령이기 때문이며, 선교할 수 있는 궁극적 이유는 성령께서 권능을 주시기 때문이다. 그리고 교회가 선교를 통해 성취하려는 목적은 하나님의 뜻이 이 땅에 이루어지는 것이다. 기독교의 세력 확장이 아니라, 하나님나라의 실현 말이다.

3. 선교의 현장은 이상과 현실, 종교와 정치, 교회와 국가, 복음과 문화가 충돌하는 곳이다. 따라서 끊임없이 갈등과 충돌, 타협과 적응, 돈과 권력, 법과 조직이 수반된다. 동시에, 선교는 이미 완료된 과제가 아니라, 지금도 진행 중인 현실이다. 그 때문일까? 선교 역사는 '거룩한 모순'으로 가득하다.

제4장

주일

안식일을 기억하여 거룩하게 지키라 (출20:8)

성경에 따르면, 천지 창조와 함께 시간도 탄생했다. 성경은 시간 밖에 존재하시는 하나님이 시간 안으로 들어오셔서 평범한 시간 속에 자신의 나라를 이루신다고 주장한다. 그래서 시간은 물리학과 역사학의 관심사일 뿐 아니라, 신학적 성찰의 대상이기도 하다. 특히, 교회는 시간 중에서, 주일에 특별한 의미와 관심을 부여한다. 하나님의 안식과 예수의 부활이 있었던 거룩한 날이기 때문이다. 너무 중요하고 신비롭기 때문일까? 안식일과 주일을 둘러싼 복잡하고 치열한 논쟁이 교회사에서 끊이지 않았다. 시간 속에서 영원을 살려는 성도들에게, 주일과 안식일 논쟁은 그들이 천로역정에서 극복해야 할 또 하나의 어려운 과제다.

고대

기독교의 주일매주 행하는 성찬과 연관된 초기 기독교 공동체의 예배은 신약성경에서 이미 흔적들이 발견된다. 처음에는 기독교 공동체가 안식일과 주일을 함께 지켰던 것으로 보인다. 사도행전의 기록에 따르면, 바울이 선교 여행 중 안식일에 회당 예배13:14와 성전 제사5:42에 참석했기 때문이다. 하지만, 안식일과 구별되는 주일이 매우 빠른 시기에 자리 잡기 시작한 것 같다. 복음서에는 유대인과 유대-기독교인, 그리고 이방-기독교인 사이에서, 안식일의 의미에 대한 의견의 차이가 나타나기 때문이다. 고전16:1-3, 행20:7-12, 계1:10 등은 신약성경에서 주일이 언급된 대표적 예들이다. 하지만, 흥미롭게도, 외경인 도마복음은 안식일 준수를 명령했다.

　초대교회는 안식일을 포기하지 않았지만, 유대인들처럼 율법적으로 지킨 것 같지도 않다. 보다 구체적으로, 70년에 예루살렘이 파괴되고, 특히 135년에 성전이 파괴되고 예루살렘의 이름이 '아일리아 카피톨리나' Aelia Capitolina로 바뀐 후, 로마와 알렉산드리아에서 반유대적 감정이 이방인들과 기독교인들이제는 압도적으로 이방인이자 무할례자들이었다 사이에서 고조되면서, 기독교인들이 제7일을 모욕하기 시작했다. 결국, 지역마다 차이가 있지만, 하드리아누스Hadrianus 황제의 통치 동안117-38, 기독교인들은 안식일 대신 주일일요일을 지키게 되었으며, 이런 로마의 관행은 곧 알렉산드리아로 확장되었다. 이런 관행은 콘스탄티누스 황제가 출현하기 전까지 기독교 세계 전체로 퍼졌으나, 동방 교회는 이런 관행에 저항하며 상당기간 동안 안식일과 주일을 함께 지켰다.

　2세기 초반에 이르면 유대교의 안식일과 주일을 명확히 구분하는 주일 신학이 성립되기 시작했다. 110년경 안디옥의 이그나티우스는 "이제 옛 관계 속에서 변화된 사람은 새로운 희망 속에 있기 때문에 더 이상 안식일을 지키지 말고, 주의 날을 지켜라"고 권면 했다. 유스티누스Justinus, 100-165는 "이날은 하나님이 어둠과 원재료를 변화시킴으로 세상을 창조한 첫 번째 날이며, 우리의 구원자 예수 그리스도가 죽은 자들로부터 부활하신 날"이기 때문에, 안식일이 아니라 주일을 지켜야 한다고 주장했다.

　동시에, 로마제국에 발생한 달력의 변화도 교회가 안식일에서 주일로 무게 중심을 이동하는데 적지 않은 영향을 끼쳤다. 즉, 기독교 공동체의 예배를 위한 회합의 날이 지중해 전역에서 바뀌었을 때, 날day의 개념과 날들의 이름에도 중요한 변화가 나타났기 때문이다. 전통적으로, 유대 및 헬레니즘은 일몰에 날이 시작되고, 한 주는 7일로 구성된다고 생각했다. 2세기가 시작될 무렵, 부분적으로 유대인들의 영향하에, 이방인들이 9일을 한 주로 생각하던 자신들의 관행을 버리고, 한 주를 7일로 생각하기 시작했으며, 이 7일에 별혹성의 이름을 각각 붙여주었다. 이렇게 변화된 이방의 관행이 이교도들 안에서 빠르게 확장되던 교회에 영향을 끼친 것은 너무도 당연했다. 그뿐만 아니라, 자정을 기준으로 하루를 구분하는 로마식이 전통적인 유대/헬레니즘 방식을 대체하며 기독교인들 안에 정착하기 시작했다.

또한, 태양을 섬기는 미트라교Mithraism의 영향도 무시할 수 없다. 이방인들은 태양을 숭배했던 미트라교의 영향하에 토요일보다 일요일에 더 큰 의미를 부여했는데, 기독교인들도 이런 이방인들의 관행에 점차로 주목하기 시작했다. 바울이 복음을 전했던 소아시아지역에서 미트라교가 크게 유행했으며, 후에 로마제국 안에서, 특히 군인들 사이에서 번성했다. 이런 맥락에서, 기독교인들은 자신들을 유대인들과 구별하고, 유행하던 이방의 관행에 순응하기 위해, 자연스럽게 토요일보다 일요일에 무게를 두었을 것이다.

그런 이유에서, 그들은 종말론적 그리스도를 의의 태양으로 이해했고, 예루살렘을 향해 기도하던 관행에서 벗어나, 어디서든 태양이 떠오르는 동쪽을 향해 기도하기 시작했다. 또한, 제1일에 예배하는 것을 하나님께서 빛을 창조하셨던 날에 예배하는 것이며, 세상의 빛이신 그리스도께서 재림하시는 궁극적·우주적 제8일을 앙망하는 것이라고 주장했다. 결국, 서방 교회는 제1일/제8일의 우월성을 강조하면서 예수의 탄생일까지 태양신Sol invictus의 탄생일과 동일시하게 되었다. 하지만, 동방 교회는 이런 서방의 관행에 반대해서 주일과 안식일을 함께 지켰고, 예수의 탄생과 세례일도 1월 6일로 고수했다.

마침내, 321년에 콘스탄티누스 황제가 일요일을 모든 시민의 일반적 휴일로 선포했고, 이때부터 일요일은 법정 공휴일이 되었다. 이 날에 도시 사람들과 공무원들은 가게와 사무실의 문을 닫아야 했으나, 시골 사람들에겐 필요한 농사일을 허락했다. 당시 기독교인들의 수는 상대적으로 소수였고, 콘스탄티누스는 기독교적 예배의 날에 대해선 아무런 언급도 없었다. 이런 결정은 이미 존재하던 기독교인들의 주일을 존중하고, 동시에 태양을 숭배하던 당시 군인들의 요구에 부합하려는 황제의 정치적 동기가 작용한 것으로 보인다. 결국, 콘스탄티누스의 이런 결정으로, 교회는 자연스럽게 안식일 대신 주일을 자신의 안식과 예배의 날로 준수하게 되었다.

중세

교회사 초기에는 기독교의 공간이 예루살렘에서 밖으로 이동하면서, 시간도 안식일에서 주일로 바뀌었다. 이때는 안식일과 주일 간의 연속성보다 단절성이 더 강조되었다. 하지만, 중세로 진입하면서, 주일에 안식일의 의미가 이식되기 시작했다. 특히, 기독교가 제국의 종교로 공식적 지위와 특권을 획득하면서, 이런 특성은 더욱 강화되었다.

먼저, 305?년에 스페인의 엘비라Elvira에서 열린 공의회에서 주일 예배 참석을 교회적 차원에서 최초로 의무화했다. "도시에 사는 사람 중에, 세 번 연속 주일 날 교회에 오지 않는 자는 잠깐 교회 공동체로부터 제외돼야 한다." 380년에 개최된 라오디게아 공의회는 일요일에 일을 자제하도록 명령했고, 386년에는 테오도시우스 1세Theodosius Ⅰ가 일요일에는 제국 전체에서 사업을 금지했다. 436년에 소집된 제4차 카르타고 공의회는 기독교인들이 일요일 예배 후 게임이나 서커스에 참석하지 말도록 요구했다.

한편, 5세기에 아우구스티누스는 "기쁨의 날"이라고 불렸던 안식일 개념에서 죄와 관련된 일과 합법적인 쾌락을 구분했으며, 동시대의 히에로니무스는 일요일에 게으른 휴식을 유대적이라고 비판했다. 538년 오를레앙 공의회는 최초로 주일 안식을 교회법으로 규정했다. 이 법은 콘스탄티누스 황제가 허용했던 농사일마저 구약의 안식일 계명에 따라 금지했지만, 여행과 음식 준비까지 금지했던 구약의 안식일 규정을 맹목적으로 모두 받아들인 것은 아니었다. 789년에 발행된 샤를마뉴의 법령집은 서양에서 주일에 모든 노동의 금지를 십계명의 제4계명과 연결 지었던 최초의 법이다. 반면, 중세 후기에, 롤라드파와 발도파는 수많은 축일과 다른 "의무의 날들"로 가득한 가톨릭교회에 대한 반발로, 일주일의 모든 날이 동등하다고 주장했다. 9–10세기 사이에 아일랜드에서는 안식일이 토요일 저녁 기도로부터 시작해서 월요일 아침기도 기도시간까지 이어졌다. 그 사이에는 글쓰기, 여행, 물건 매매, 계약 체결, 소송, 재판, 이발, 면도, 목욕, 옥수수 갈기, 빵 굽기, 벌목, 집 청소 등이 엄격히 금지되었다.

13세기에 활동했던 토마스 아퀴나스Thomas Aquinas는 주일이 예배의 날이므로 "노예적 노동"opera servilia이 금지되어야 한다고 주장했다. 그는 토요일에서 일요일로 안식일이 바뀐 것을 초대교회의 결정으로 믿었으며, 7일마다 갖는 부활의 신적 축제 교리를 전파했다. 7일에 하루는 하나님께 속한다는 원리 위에, 아퀴나스는 고정된 시간을 하나님의 예배에 바치는 것이 자연법의 명령이라고 주장하면서, 그 예배의 시간과 빈도는 성문법인 제4계명에 따라 정해져야 한다고 가르쳤다.

종교개혁

1517년에 종교개혁의 깃발을 올렸던 마르틴 루터는 율법에 대한 자신의 부정적 입장에 근거해서, 안식일에 대한 새로운 해석을 제공했다. 그는 엄격한 안식일 계명이 단지 유대인들에게만 명령된 것이지, 그리스도인들에게는 해당하지 않는다고 믿었다. 그는 그리스도인들은 주일을 지키고, 이는 예배와 봉사를 위해, 특별히 언제나 휴식이 보장되지 않는 남녀 종들을 위해 선물로 주어진 것이라고 이해했다. 그는 일요일에 예배와 점심 이후에는 웃고 맥주를 마시고 즐거워해야 한다고 생각했으며, 개혁파와 극단적 안식일주의자들에 대항해서, 『안식일주의자들에 반대하여: 좋은 친구에게 보내는 편지』*Against the Sabbatarians: A Letter to a Good Friend*, 1538를 집필했다.

한편, 종교개혁 진영에서 주일과 안식일에 대한 해석에서 루터와 다른 입장을 지닌 그룹들이 출현했다. 중세 교회의 엄격한 안식일주의에 반대했던 루터와 달리, 다시 중세적 입장을 고수하는 그룹들이 종교 개혁자들 사이에서 나타난 것이다. 먼저, 재세례파 지도자들이었던 오스왈드 글라이트Oswald Glait와 앤드류 피셔Andrew Fischer는 신약성경을 자세히 검토하고 제7일인 안식일만이 옳다는 결론에 도달하여, 실레지아, 모라비아, 슬로바키아에서 극단적 안식일주의를 전파했다. 루터파였던 매튜 페헤Matthew Vehe와 아담 노이저Adam Neuser도 같은 확신 속에 트란실바니아의 유니테리언들에게 안식일주의를 전파하여, 그 지도자인 프란시스 다비드Francis David를 개종시키도 했다.

개혁주의를 대표하는 장 칼뱅은 제4계명이 현대 그리스도인들에 대해 갖는 의미가 영적 안식이라고 해석했다. 영적 안식은 신자들이 자기 자신의 일을 포기하고 하나님의 일을 묵상하는 것이며, 죄악 된 성향, 욕망, 일을 중지하고 하나님이 그들 안에서 역사 하시게 하는 것이다. 즉, 자기 부인, 육체와 정욕을 십자가에 못박음, 구원과 성화를 위해 하나님께 전적으로 의지하는 것 등이 칼뱅이 본 제4계명의 본질이었다. 영적 안식은 공적 예배와 사적 묵상으로 표현되고, 가난하고 약한 육체 노동자들을 위한 휴식이 제4계명의 부수적 요소로 포함되었다.

마르틴 부처Martin Bucer는 1548년부터 1551년까지 영국에 머물면서 영국 청교도들에게 큰 영향을 끼쳤다. 그는 주일에 일하는 것은 물론 육신의 일에 전념하고 돈을 버는 일, 형제의 거룩함을 방해하는 일, 연극과 서커스와 놀이와 쾌락을 법으로 금지하고자 하였다.

> 비록 우리는 모든 모세의 가르침으로부터 자유롭고, 고대 이스라엘에 부과되었던 안식일과 다른 절기를 지킬 의무는 없지만, 그럼에도 우리는 그리스도에 대한 믿음을 증대하기 위하여, 그리스도의 왕국이 더욱 많이 드러나도록 옛 규정보다 더 열심히 주일을 지켜야 한다. 그러므로 주일을 분명하게 신앙적 일로 거룩하게 하는 것은 우리의 의무이다.

끝으로, 경건주의를 대표하는 필립 야콥 슈페너Philipp Jakob Spener, 1635-1705는 루터보다 안식일 계명을 훨씬 더 엄격하게 적용했다. 즉, 그는 모든 신자가 주일에 일하지 않고, 개인적이고 공적인 예배에 참석하며, 이웃을 위해 사랑을 실천하고, 모든 죄짓는 일과 육체의 쾌락을 도모하는 일을 금지하도록 권면 했던 것이다.

청교도

영국의 청교도와 그 이후의 비국교도들은 은혜의 언약 속에서 일요일을 십계명의 안식일로 엄수했고, 구약의 안식일 규정을 주일에 지키려고 했다. 영국 청교도의 안식일주의에 큰 영향을 끼친 사람은 니콜라스 바운드Nicholas Bound였다. 그는 『안식일의 참된 교리』True Doctrine of the Sabbath, 1595를 써서, 기독교인들도 유대인들처럼 안식일을 지켜야 하며, 이 안식일이 바로 주일이고, 주일을 '첫날'보다는 '안식일' 혹은 '제7일' 이라고 다시 불러야 한다고 주장했다. 이에 대해 제임스 1세James Ⅰ 가 『스포츠 책』The Book of Sports, 1617을 발행하여 대응했는데, 그는 이 책에서 예배 시간 이외에 행하는 예로부터 내려오는 해가 없는 백성들의 놀이를 허용했다.

청교도들의 치열한 노력의 결과, 찰스 1세Charles Ⅰ가 통치하던 1625년에 '주일준수법' Sunday Observance Act이 통과되어, 주일 휴식을 법적으로 규정했고, 1644년에는 『스포츠 책』이 완전히 폐기되었다. 1647년에는 『웨스트민스터 소요리문답』에 다음과 같이 안식일 규정이 삽입되었다. "모든 신자는 주일에 세상일을 멈추고 안식해야 하며, 오락뿐만 아니라 모든 세상의 언어와 생각까지도 삼가며, 하나님께 예배하는 공적일 뿐만 아니라 사적인 훈련을 온전히 해야 한다." 그뿐만 아니라, 1610년에는 버지니아 주가 법률을 통해 모든 성인이 주일에 두 번 아침과 저녁 공적 예배에 참석하는 것을 의무화했다. "모든 남자와 여자는 안식일 아침에 예배와 설교에, 그리고 오후에 예배와 문답식 공부에 가야 하며, 첫 번째로 어겼을 때는 그들의 다음 주 식량과 수당을 잃게 되고, 두 번째로 어겼을 때는 앞서 말한 수당을 잃는 데다 채찍을 맞게 되며, 세 번째로 어겼을 때는 죽임을 당하게 된다."

이런 청교도의 정신은 소위 최후의 청교도로 불리는 조너선 에드워즈Jonathan Edwards, 1703-1758 안에서 절정에 달했다. 에드워즈는 일생 동안 청교도적 안식일 규정을 방어하기 위해 힘을 쏟았다. 특히, 1730년부터 1731년까지 자신의 교회에서 행한 설교, "안식일의 영속성과 변화"The Perpetuity and Change of the Sabbath에서, 제4계명을 창조질서에 근거한 도덕명령으로 간주하지 않았던 당시 성공회의 표준적 입장과 기독교적 안식일은 토요일에 준수되어야 한다고 주장했던 제7일 안식일주의자들에 각각 반대하면서, 안식일과 주일의 연속성과 비연속성을 함께 지적했다. 즉, 에드워즈는 천지창조부터 하나님은 모든 인류가 '7일 중 하루 안식'을 준수하도록 규정하셨고, 옛 언약 아래서 제정된 날, 즉 토요일은 그리스도 안에서 새 언약의 축복의 빛 속에서 일요일로 바뀌었다고 주장했다. 이로써, 안식일을 주일로 이동한 기독교 전통은 그대로 보존하되, 안식일에 대한 구약의 규범을 주일에 그대로 적용함으로써, 안식일 정신의 지속성도 동시에 강조했다.

극단적 안식일주의자들

미국에서 청교도의 성서주의와 분리주의적 성향은 몇 가지 극단적 안식일주의운동을 탄생시켰다. '제7일 침례교'와 '제7일 안식일예수재림교'가 대표적이다. 먼저, 제7일 침례교는 1650년대에 영국에서 출현했으며, 1671년에 미국에 최초의 교회가 세워졌다. 그들은 "성경의 안식일, 제7일이 거룩한 시간이며, 모든 백성을 향한 하나님의 선물이고, 창조 때에 제정되었으며, 십계명에서 확증되었고, 예수와 사도들의 가르침과 모범 속에서 재확증 되었다"고 믿는다. 특히, 그들은 안식일이 안식, 예배, 기념의 날로 신실하게 준수되어야 한다고 주장한다.

제7일 안식일예수재림교는 19세기 중반 미국에서 윌리엄 밀러William Miller의 영향 하에 탄생했으며, 1863년에 공식적으로 조직되었다. 이 운동이 발전하면서, 안식과 예배의 성경적 날에 대한 질문이 제기되었는데, 조셉 베이츠Joseph Bates가 초창기에 이 운동에서 안식일 준수 문제를 주도했다. 그가 말한 바로는, 기독교인들은 하나님의 율법, 즉 제7일째의 안식일을 지켜야 하며, 일요일을 안식일로 지키는 것은 콘스탄티누스 칙령 이후에 형성된 것이므로 비역사적이다. 그는 밀러파 설교자인 토마스 프레블Thomas M. Preble의 소책자The Hope of Israel에서 영향을 받고 안식일 교리에 관심을 갖게 되었다. 그런데 프레블은 제7일 침례교인이었던 레이첼 오크스 프레스톤Rachel Oakes Preston의 영향을 받았던 것이다. 결국, 이런 영향사 속에서 이 교리가 안식교회 전체로 확산하였으며, 지금도 이 교회는 "안식일이 제7일에, 특히 금요일 일몰부터 토요일 일몰까지 준수되어야 한다"고 법으로 규정하고 있다.

한국교회 이야기

한국교회는 초기부터 주일성수를 신앙의 핵심으로 강조하며 엄격히 실천했다. 선교사들은 한국인 신자들에게 주일에는 예배 외에 일체의 다른 모임에 참석하는 것을 금했고, 오직 기도와 성경읽기로 하루를 보내도록 가르쳤다. 특히, 한국교회 선교 방식에 결정적 영향을 끼쳤던 존 네비어스John Livingston Nevius 선교사가 교회 개척 원리 중 하나로 주일성수를 강조한 것이 큰 영향을 끼쳤다. 1913년 4월 18일 자『예수교회보』에는 어린이들을 위해 주일을 다음과 같이 정의했다. "주일은 잘 쉬기도 하고 하나님을 예배하고 남에게 착한 일을 하는 날이라." 대부분의 교단은 주일에 교인들이 오락이나 매매 행위, 심지어 자동차를 이용한 장거리 여행도 금지했다. 그 결과, 성도들은 주일에 장사나 직장에 출근하지 않았고, 학생들은 숙제를 포함한 공부나 각종 시험을 치르지 못할 때가 잦았다.

황해도 장연군 대구면에 세워진 소래교회는 지역 사회에 큰 영향을 끼쳤는데, 지역 신문『대구면지』가 당시 주일의 풍경을 이렇게 묘사했다.

첫째, 주일이 되면 거리의 상점은 문을 닫고 철시를 하였으며, 바쁜 농사철이라도 주일이 되면 모두 일손을 놓고 교회에 나가 경건하게 예배를 드렸다. 저들은 세속의 일보다 하나님을 경배하는 일을 우선시하고 있었기 때문이다.
둘째, 주일 예배에는 지주(地主)로부터 소작인과 머슴까지 한 자리에 합석하여 한 마음과 한 입으로 하나님을 찬양하는 시간을 갖는다. 평일에는 주인이며 머슴이지만 주일날 교회에서 예배를 드릴 때는 모두 예수 그리스도 안에서 평등한 형제요 자매였다. 그러기에 저들은 주일이 기다려졌고 한 주일간의 노동으로 지쳤던 심신이 예배를 통하여 안식을 누리며 새로운 힘으로 충만해질 수 있었다.

엄격한 한국교회의 주일성수 전통은 종종 국가 권력과 충돌하는 갈등의 요소가 되기도 했다. 예를 들어, 해방 전에 한국교회의 다수를 차지하고 있던 북한에서, 새로 권력을 장악한 공산정권은 주일성수 문제로 교회와 충돌했다. 물론, 이런 갈등의 배후에는 기독교와 공산주의 간의 철학적 차이, 한국교회의 친일적 과거와 계급적 갈등도 존재했지만, 일차적·현실적 원인은 주일에 선거를 강행하려는 공산정부와 주일성수를 고수하려는 교회 간의 견해차였다. 1946년 6월 5일, 북조선임시인민위원회위원장 김일성는 전국 면·군·시·도 인민 위원회 위원 선출을 위한 투표일을 주일인 11월 3일로 공고했다. 이북오도연합노회가 선거일을 재고해달라고 요청했으나, 주일 선거가 강행되었다. 결국, 평안남북도의 교회는 총선에 불참했고, 북한정권은 이를 빌미로 교회를 탄압하기 시작했다.

주일성수 문제로 교회가 정부와 갈등을 겪은 것은 남한도 마찬가지다. 비록, 남한에선 국가와 교회가 오랫동안 밀월관계를 유지해왔지만, 특히 박정희정부 시절에 각종 국가 고시와 학도 군사 훈련을 주일에 실행함으로써 교회의 반발을 샀다. 한때 사법고시 1차 시험을 주일에 치렀기 때문에, 한 젊은이가 국가고시를 일요일에 시행하는 것이 헌법상 보장된 기독교인의 종교 자유와 공무담임권을 침해한다는 이유로 헌법 소원 심판을 청구한 적도 있었다. 교단적 차원에서, 주일의 국가 고시 시행을 폐지하려는 움직임도 꾸준히 있었다. 하지만, 북한의 경우처럼, 극단적 충돌로까지 문제가 확대되진 않았다.

한편, 주일이 아니라 '안식일'을 성수해야 한다는 안식일주의자들도 한국에 출현했다. 대표적인 경우가 안식교회다. 1904년에 한국에 들어온 제칠일안식일재림교회Seventh-Day Adventist Church는 안식일을 지키지 않고 주일에 예배하는 것은 하나님의 계명이 아니라, 인간의 계명을 따르는 것이므로 거짓 예배라고 주장한다. 이들의 관점에서, 로마 가톨릭교회는 배교했고, 개신교회는 성서적 진리에서 떠났다. 또한, 1964년에 안상홍이 설립한 신흥 종교 '하나님의 교회 세계 복음선교협회' 도 안식일은 토요일이며, 현재 안식일을 대체한 주일은 고대 로마에서 태양신을 숭배하던 이교적 관습에서 비롯되었다고 거부한다.

에필로그

1. 천지 창조, 예수의 부활과 재림 같은 신학적 요인들, 그리고 교회가 처한 새로운 목회 상황, 로마의 새로운 달력, 미트라교의 영향, 황제의 법령 같은 비신학적 요인들이 결합하여 안식일이 주일로 변경되었다. 이 역사는 생각보다 복잡하다.

2. 기독교는 유대교와 분리되어 새로운 종교로 발전하는 과정에서, 시간적으론 안식일과 결별했지만, 내용 면에선 상당한 정도의 유산을 계승했다. 즉, 시간적 측면에서, 교회의 공식 예배일을 토요일에서 일요일로 변경했지만, 주일성수의 내용은 안식일 규정을 상당 부분 그대로 수용했기 때문이다.

3. 주일은 예배와 휴식 모두를 포함한다. 하지만, 한국교회는 안식일과 주일을 혼동하다 휴식의 가치를 잃어버렸다. 또한, 주일만큼 평일의 가치도 중요하다. 한국교회는 주일을 배타적으로 강조하다 평일의 가치를 약화시켰다. 예배와 휴식의 균형, 그리고 시간적 이원론의 극복. 어려운 숙제다.

제5장

성령

> 그들이 다 성령의 충만함을 받고 성령이 말하게 하심을 따라
> 다른 언어들로 말하기를 시작 하니라 (행2:4)

교회사에서 성령은 늘 뜨거운 감자였다. 초대교회는 성령을 삼위일체의 한 위격으로 고백했다. 그 성령께서 천지를 지으시고 교회를 세우셨다. 그래서 성령에 대한 온전한 이해와 믿음 없이 기독교 신앙은 불가능하다. 하지만, 교회사에서 성령은 성부와 성자보다, 정당한 관심과 대접을 받지 못했다. 특히, 성령운동이 종말론 및 여성 사역과 결합하면서, 성령은 교회에서 관심보다 기피의 대상으로 간주되고, 무대 중앙에서 밀려났다. 그래서 성령을 중심으로 교회를 재구성하려는 일체의 노력은 오랫동안 교회에서 "미운 오리새끼" 취급을 받았다. 하지만, 그런 시대는 지나갔다. 그야말로, 이제는 성령의 시대다.

초기 역사

성령의 주도적 역사 속에 교회가 탄생했다. 하지만, 제도화 과정정경화, 교권구조, 신조작성을 거치면서 교회는 점점 더 형식화되고, 초기에 경험했던 성령의 역동성은 빠르게 약화하였다. 이런 상황에서, 몬타누스주의가 2세기 중엽에 출현했다. 몬타누스Montanus는 프리스카혹은 프리스킬라 와 막시밀라 두 여선지자들과 동역하면서, 이제 성부와 성자의 시대는 지나고 성령의 시대가 도래했다고 주

장했다. 그들은 교회의 형식화를 강력히 비판하면서 철저한 금욕 생활을 강조했고, 주님의 임박한 재림도 설교했다. 그들의 열정적인 신앙과 엄격한 도덕적 삶이 많은 사람에게 큰 도전과 자극이 되었지만, 자신들만 성령과 계시를 독점했다고 주장하며 말씀보다 황홀경 속의 예언을 더 중시했기 때문에 교회를 큰 혼란에 빠뜨렸다. 결국, 몬타누스주의는 기존 교회에 의해 이단으로 정죄 되었고, 그들이 예언했던 주의 재림이 실현되지 않으면서 역사에서 사라졌다. 몬타누스주의가 한바탕 광풍을 일으키고 사라지자, 교회에서 성령운동은 의혹과 감시의 대상으로 전락하고 말았다.

12세기에 활동했던 시토회 소속의 피오레의 요아킴Joachim of Fiore 때문에, 주변으로 밀려났던 성령에 대한 관심이 다시 교회사의 수면으로 부상했다. 뛰어난 영성과 요한계시록 연구로 명성을 얻은 요아킴은 인류 역사를 성부시대, 성자시대, 성령시대로 구분하고, 1260년에 성령시대가 시작될 것이라고 예언했다. 그때가 되면 불신자들이 신자들과 연합하고, 보편적 사랑의 새로운 세대가 시작될 것이며, 성경의 숨은 뜻이 비로소 이해되고, 교회의 교권 구조가 더는 필요치 않게 될 것이라고 주장했다. 그의 사상은 프란체스코 수도회의 영성파에게 환영을 받았으며, 『신곡』의 작가 단테에게도 큰 영향을 끼쳤다. 하지만, 그의 사상은 토마스 아퀴나스의 반대를 받았고, 교황들에 의해 이단적인 것으로 정죄 되었다. 이처럼, 초대와 중세에 성령운동은 교회의 제도화나 형식화에 대한 도전으로 출현했고, 특히 종말론과 관련되었으나, 기존 교회의 강력한 비판 속에 억제되고 말았다.

종교 개혁자들

서방 교회의 전통을 이어받은 종교 개혁자들은 성령의 존재를 부정하지 않았다. 하지만, 그들의 주된 관심이 성자 예수에게 집중되었기에, 성령에 대한 관심이 상대적으로 적을 수밖에 없었다. 예를 들어, 종교개혁을 시작했던 마르틴 루터의 경우, 그가 이해한 성령은 말씀을 깨닫게 하는 영이었다. 칼뱅의 경우, 그리스도와의 연합이 구원의 근본이며, 이 연합을 성령의 역사라고 믿었다. 우리가 그리스도와 연합할 때, 이중적 은혜 즉, "의롭게 되는 은혜"와 "거룩해지는 은혜"를 받는다. 이것이 곧 칭의justification와 성화sanctification이며, 칭의는 '그리스도의 의'에 의해, 성화는 '그리스도의 영'에 의해 이루어진다고 칼뱅은 주장했다.

종교 개혁자 중에서, 비교적 성령에 대해 많은 관심을 보인 사람들은 재세례파였다. 특히, 한스 후트 Hans Hut와 한스 뎅크Hans Denck 같은 이들은 성경과 함께 성령의 계시도 강조했고, 그리스도의 임박한 재림을 열정적으로 선포했다. 중세의 성령운동가들처럼, 이들도 성령의 직통 계시와 종말신앙을 강조했기 때문에, 기성교회의 혹독한 박해를 피할 수 없었다.

한스 후트

성령운동의 전환점

17세기에 경건주의와 청교도운동이 출현하면서, 교회사에서 성령에 대한 관심이 급증하고, 교회 내에서 널리 수용되기 시작했다. 경건주의는 독일 교회가 종교개혁의 동력을 상실하고 교조주의로 빠르게 퇴락하는 것에 대한 비판적 반성에서 기원했다. 청교도운동은 영국 국교회가 가톨릭교회의 잔재를 일소하지 않음으로써 종교개혁의 정신을 온전히 구현하지 못하는 것에 대한 도전으로 출현했다. 공통으로, 두 운동은 개신교가 인간 본성의 변화 대신 신분의 변화만 강조하는 이신칭의justification by faith에 만족하지 못하고, 칭의 대신 중생regeneration을 선호하며 인간의 내적 변화를 추구했다. 이 과정에서, 그들은 성령을 더욱 의지하고 강조하게 되었다. 청교도운동의 경우, 18세기 미국에서 조너선 에드워즈 Jonathan Edwards 목사에 의해, 경건주의는 18세기 영국에서 존 웨슬리John Wesley 신부에 의해, 각각 절정에 달했다.

18세기에 제1차 대각성운동을 주도했던 조너선 에드워즈는 대각성운동을 극단적 열광주의로 끌고 가는 무리와 이 운동 자체를 맹목적으로 반대한 이성주의자들 사이에서 부흥운동의 본질을 규명하고 그 가치를 보존하기 위해『신앙감정론』Treatise on Religious Affection, 1746을 저술했다. 이 책에서, 그는 성령의 다양한 현상들을 열거하고 분석하면서, 마귀도 모방할 수 없는 진정한 성령의 증거를 규명하려고 했다. 그가 내린 진정한 성령의 역사는 '겸손을 동반한 사랑' 이었다. 에드워즈와 동갑이었던 웨슬리는 영국 성공회 성직자였지만, 동방 정교회, 청교도, 경건주의운동 등에 많은 영향을 받았다. 그는 중생 이후에 경험하는 제2의 은총으로서 성화를 강조했고, 초대교회에서 이단으로 정죄 되었던 몬타누스주의를 긍정적으로 재평가하는 등, 성령운동에 대해 포용적 태도를 보였다.

19세기

19세기에 이르면, 미국에서 성령운동이 본격적으로 전개된다. 먼저, 1800년에 미국에서 제2차 대각성운동이 일어났고, 켄터키 주 케인릿지Cane Ridge에서 열린 부흥회에서 강력한 성령의 임재가 있었다. 감리교 목사 존 맥기John McGee가 열정적으로 설교할 때, "홍해장로교회의 마룻바닥은 쓰러진 사람들로 뒤덮였고, 하나님의 자비를 구하는 그들의 처절한 울부짖음은 하늘을 찔렀다." 빈슨 사이난에 의하면, 캐인릿지 집회에 참석했던 사람들이 '거룩한 광란' godly hysteria 을 보여주었다. "쓰러짐, 경련, 개처럼 짖어댐, 황홀경에 빠짐, '거룩한 웃음, 그리고 '다윗이 하나님의 법궤 앞에서 그랬던 것과 같은 열정적인 춤' 현상"이 나타난 것이다.

1830년대에는 찰스 피니Charles G. Finney를 중심으로 개혁주의 진영에서, 동시에 피비 파머Phoebe Palmer를 중심으로 웨슬리안 진영에서 성령운동이 일어났다. 피니와 팔머 모두 성령 세례를 강조했고, 성령 세례의 내용으로 성결聖化을 강조했다. 이 운동을 '성결운동' the Holiness Movement이라고 부른다. 특히, 성령 세례를 강조했던 피니의 부흥운동은 당시에 미국 사회의 영적 각성뿐 아니라, 노예제 폐지운동과 여성운동 같은 사회개혁운동에도 결정적인 영향을 끼쳤다. 1830년 대에 영국에선 에드워드 어빙Edward Irving을 통해, 방언을 동반한 신비 현상들이 강하게 나타났다. 어빙은 스코틀랜드 장로교회 목사였는데, 그가 목회했던 교회에서 1831년에 방언과 예언이 나타난 것이다. 그는 이 영적 현상을 신적·계시적 사건으로 인정했으며, 심지어 "성령 세례의 확고한 증거"라고 주장했다. 이런 현상과 주장은 그의 교회와 교단 내에서 심각한 갈등을 가져와, 결국 교단의 징계를 받고 말았다. 그 직후, 어빙은 '가톨릭사도교회' the Catholic Apostolic Church를 설립했는데, 그의 교회에서 그는 한 명의 '천사'로 인정되었고, 12명의 사도가 임명되었다.

1890년대에 벤저민 하딘 어윈Benjamin Hardin Irwin의 성결운동에서 강력한 성령 현상들이 나타났다. 침례교 목사였으나 성결 교리를 접하고 웨슬리안 감리교회에 가입했던 그는 성화 이후 제3의 체험으로서 '불세례'를 강조했다. 결국, 그의 집회에서 불세례를 받았다는 사람들의 간증이 쏟아져 나왔고, 실제로 그의 집회에서 다양한 형태의 감정적 현상들이 빈번하게 출현했다. "불 받은 이들은 흔히들 소리치고, 비명을 지르며, 방언을 말하고, 황홀경에 빠졌으며, 거룩한 춤을 추고, 웃음을 터뜨렸고, 심지어는 심한 경련까지 일으켰다." 성화와 성령 세례를 동일시했던 성결운동 충성파들은 어윈의 가르침을 "제3의 축복이단"으로 정죄했으나, 그의 운동은 중서부와 남부에서 빠르게 확산하여, 후에 오순절운동의 출현에 결정적 영향을 끼쳤다.

19세기 후반에 이르면, 성결운동 내에서 성령 세례로서 성결 외에, 신유와 재림도 함께 강조하는 급진적 그룹들이 출현했다. 개혁주의와 웨슬리안 진영 모두에서 진행되던 성결운동이 서로 영향을 주고받는 과정에서, 성결에 대한 관심이 신유와 재림에 대한 관심으로 확장되는 현상이 발생한 것이다. 이들 중에서 성령 세례를 통해 '죄성의 제거'를 주장하고, 소위 '사중복음' 중생, 성결, 신유, 재림을 강조하는 급진적 그룹이 출현했고, 이들은 기존의 성결운동 주류 진영과 심각한 갈등을 가져왔다. 결국, 이들은 기존 교회에서 추방되거나 자발적으로 탈퇴하여 자신들만의 새로운 교회를 구성했다. 여기서 우리는 성령운동과 종말론의 결합을 다시 한 번 목격하게 된다. 이 그룹의 일부였던 카우만Charles E. Cawnan과 길보른Ernest A. Kilbourne이 한국에 성결교회를 세웠다.

20세기 초반

20세기가 시작될 무렵, 존 알렉산더 도위John Alexander Dowie가 신유 사역자로 세계적 명성을 얻었고, '기독교 가톨릭교회'를 설립했다. 이 교회는 후에 이름을 '기독교 가톨릭 사도교회'로 변경했다. 1900년, 시카고 북부에 '시온시'Zion City라는 신유 공동체를 건설하면서 명성이 절정에 오르자, 1901년에 도위는 자신을 "회복자 엘리야"Elijah the Restorer라고 선포했다. 심지어 1904년에는 시온에 있는 기독교가톨릭사도교회에서, "주 예수 그리스도의 첫 번째 사도"라는 칭호를 자신에게 붙였다. 이제 그는 사도이자 예언자가 된 것이다. 그의 사후, 미국에선 그의 교회가 급격히 쇠퇴했지만, 남아프리카에서 크게 번성했다.

감리교 설교자로서 성결운동에 깊이 관여했던 찰스 폭스 팔함Charles Fox Parham은 벤저민 어윈과 프랭크 샌포드Frank Sanford 등에 깊이 영향을 받고, "사도적 신앙"apostolic faith을 전파하기 시작했다. 그는 성결과 성령 세례를 구별했고, 방언이 성령 세례의 증거라고 믿었다. 그뿐만 아니라, 그는 의학적 치료를 전적으로 거부하는 신유론과 세대주의적 전천년설을 수용했다. 그의 '사도적 신앙운동'은 윌리엄 조셉 시무어William Joseph Seymour를 통해 아주사거리 부흥운동으로 이어졌다. 특별히, 팔함은 방언을 외국어로 이해하고, 선교사들이 방언을 받으면 선교지에서 외국어를 배우지 않고도 본토인들에게 복음을 전할 수 있다고 주장했다. 아주사거리 부흥운동을 연구한 세실 로벡Cecil M. Robeck에 따르면, "아주사거리선교회에서, 사람들은 방언하고, 예언하고, 설교하고, 신유를 행하고, 입신하고, 환상을 보았으며, 뜀뛰기, 구르기, 웃기, 소리치기, 짖기, 그리고 성령의 권능 아래서 쓰러지기 같은 현상들에 연루되었다."

1946년도에 윌리엄 브랜햄William Branham과 오랄 로버츠Oral Roberts를 중심으로, 강력한 신유운동이 미국을 강타했다. 브랜햄은 거대한 텐트 속에서 수천 명을 대상으로 신유 집회를 인도했고, 수많은 병자가 치유되었다. 심지어 죽은 사람이 살아났다는 소문도 있었다. 특별히, 그는 여러 차례 천사들의 방문을 받고, 환자들의 질병과 생각을 분별할 수 있는 능력을 얻었다고 주장했다. 집회 도중, 그의 머리 뒤에 광채가 나타난 장면이 사진에 찍힘으로써, 그는 더욱 신비한 인물로 인정되었다. 같은 시기에, 혜성같이 등장한 인물이 오랄 로버츠였다. 그는 전국에서 가장 큰 천막을 소유하고 대규모 신유 집회를 인도했으며, 그 집회는 라디오와 텔레비전을 통해 전국으로 중계되었다. 순복음 실업인회 조직, 감리교 가입, 오랄로버츠대학교 설립, '신앙의 도시' City of Faith, 기도와 의학을 겸비한 병원 건축 등을 통해 그의 사역이 오순절 교단을 넘어 주류 교단으로 확대됨으로써, 은사주의운동의 출현에 결정적으로 이바지했다.

1948년 2월에 '늦은 비' Latter Rain운동으로 알려진 새로운 성령운동이 캐나다 노스배틀포드North Battleford에 위치한 '샤론 고아원과 학교'에서 호틴 형제Erin and George Hawtin에 의해 시작되었다. 이 운동은 후에 '늦은 비의 새로운 질서' New

Order of the Latter Rain가 되었으며, 『샤론의 별』the Sharon Star이란 잡지도 발행했다. 이 운동은 여러 면에서 오순절운동과 유사했다. 방언, 예언, 거룩한 웃음, 신유가 기도회에서 일반적으로 나타났고, 종말에 대한 기대도 매우 강했다. 하지만, 안수를 통해 성령의 은사를 부여imparting하는 것, 집단적 방언 찬송, 개인적 예언, 그리고 사도와 예언자 직분의 회복 등은 독특한 부분이다.

20세기 후반

1960년대에 이르러 이 부흥의 불길이 성공회를 비롯한 주류 교단과 가톨릭 교회로 확산하면서, 소위 신오순절운동Neo-Pentecostalism 혹은 은사주의운동Charismatic Movement 시대가 도래했다. 이 운동의 막을 연 사람은 '휘튼트리니티성공회교회' 목사였던 리처드 윙클러Richard Winkler와 로스엔젤리스의 '성마가성공회교회' 목사인 데니스 베넷Dennis Benett이었다. 이들은 성령 세례를 체험하고서도 자신들의 교단을 떠나지 않고, 성령운동의 확산에 이바지했다. 또 데모스 쉐커리언Demos Shakarian이 1952년에 설립한 국제순복음실업인연합회Full Gospel Business Men's Fellowship International와 오순절 에큐메니컬운동을 주도했던 데이비드 듀 플레시스David J. Du Plessis 같은 이들이 성령의 불길을 오순절 교단의 담장을 넘어 개신교 전체로 확산시켰다. 이런 현상은 1963년에 예일대학교에서, 1966년에는 펜실베이니아의 가톨릭대학인 듀크슨대학교Duquesne University에서, 그리고 1967년에 노트르담대학교에서 방언이 터지면서 더욱 탄력을 받았다.

1970년대에는 은사주의운동 내에서 "지배신학"dominion theology이 출현했다. 이것은 네덜란드 신학자 아브라함 카이퍼Abraham Kuyper의 영향을 깊이 받은 존 러시두니John Rushdoony가 시작했고, 후에 팻 로버트슨Pat Robertson, 존 기메네스John Gimenez, 얼 퍽Earl Paulk 같은 은사주의자들에게 영향을 끼쳤다. 이들은 대체로 다원주의를 반대했으며, 기독교인들이 삶의 모든 영역을 지배해야 한다고 주장했다. 세부적으로는 재건주의Reconstruction, 지배주의dominionism, '현재 임한 하나님의 나라 신학' Kingdom Now theology 등으로 불렸다. 팻 로버트슨은 침례교 목회자로서 세계 최대의 기독교 방송국인 CBN을 통해 성령운동을 전개하고, 기독교 우파의 대표적 정치 로비단체인 기독교연합Christian Coalition을 통해 미국 보수정치에 막강한 영향력을 행사했다. 심지어, 그는 1988년 미국 대선에서 공화당 경선에 출마했다. 한편, 얼 펙은 미국이 흑인 인권운동으로 뜨거울 때, 남부 조지아주 애틀란타에서 흑백 인종 혼합의 채플힐하비스터교회를 세웠고, 에베소서 4장에 기록된 '오중직'의 회복과 추가적 계시의 개방성을 주장했으며, 흑인 인권운동을 포함한 다양한 형태의 진보적 사회운동에도 참여했다.

1987년부터 남아프리카 출신 로드니 하워드 브라운Rodney H. Brown의 집회에서 '웃음부흥'이 나타나기 시작했고, 1992년에 플로리다 주 레이크랜드에 소재한 하나님의 성회 소속 '카펜터스 하우스' Carpenter's House에서 만여 명의 성도들이 운집한 가운데 웃음 현상이 나타났다. 이 현상은 다음해에 캐나다 온타리오 주 토론토에 있는 빈야드공항교회에서 더욱 강력하게 터져 나왔다. 존 아놋John Arnott 목사가 담임하던 이 교회에서 하워드 집회에 참석한 적이 있던 랜디 클라크Randy Clark 목사가 집회를 인도했고, '거룩한 웃음' 외에, 울부짖음, 개 짖는 소리, 병아리 소리 같은 "동물소리"도 빈번히 나타났다. 이 현상은 비슷한 시기에 영국 런던 근처의 브롬튼에 위치한 성삼위 성공회교회에서도 나타났으며, 영국 신문들이 이 현상을 '토론토 블레싱' Toronto Blessing이라고 최초로 명명했다. 피터 와그너Peter Wogner는 이 부흥을 "주님께서 다가오는 부흥을 위해 우리를 준비시키려고 하시는 일 중 하나"로 평가했으나, 빈야드운동 대표 존 윔버John Wimber는 "우리는 비성경적인 이상한 행위들에 대해 결코 인정하거나 권장하거나 신학적 타당성 내지 성경적인 증거 본문을 제시할 수 없다."라고 비판하며, 빈야드공항교회와 관계를 단절했다. 하지만, 이후에도 존 아놋은 체 안Che Ahn 같은 신사도운동가들에게 큰 영향을 끼쳤다.

21세기

2000년에 교회 성장학자 피터 와그너가 존 켈리John P. Kelly와 함께 '국제사도
연합' the International Coalition of Apostles을 설립했고, "제2의 사도시대가 2001년에 시작
되었다"고 천명함으로써, 소위 '신사도 개혁운동' New Apostolic Reformation Movement
이 공식적으로 탄생했다. 이 운동의 탄생과 발전에 피터 와그너가 결정적인 역할
을 했지만, 빈야드운동을 주도한 존 윔버와 국제기도의집International House of Prayer
in Kansas City, IHOP-KC을 설립한 마이크 비클Mike Bickle도 이 운동의 발전에 크게
이바지했다. 퀘이커 출신인 윔버는 목회 초기부터 은사주의와 깊은 관계를 맺어
왔으나, 성령 세례에 대한 입장의 차이로 오순절·은사주의운동과 자신을 철저
히 구분했다. 하지만, 현재 진행되는 하나님과 사탄의 싸움이 예수의 재림에 의
해 하나님의 최종 승리로 끝날 것이라고 주장하는 '왕국 신학' Kingdom Theology에
근거해서, 그는 소위 '능력 전도' power evangelism와 신유를 강조했다. 특히, 윔버는
풀러신학교에서 와그너와 함께 "표적, 기사 그리고 교회 성장"이란 제목의 강의
를 진행하면서, 와그너가 성령에 대해 적극적인 관심을 두도록 결정적인 영향을
끼쳤다. 이런 경험과 관찰로, 와그너는 윔버를 중심으로 발생한 새로운 형태의
성령운동을 "제3의 물결"The Third Wave이라고 명명했다.

한편, 1982년에 캔자스시펠로우십Kansas City Fellowship, 현재 Metro Christian Fellow-
ship을 개척한 마이크 비클은 1990년에 존 윔버가 이끌던 빈야드교회연합회에 가
입하여, 1996년에 탈퇴할 때까지 회원 교회로 있었다. 그는 신자수가 3천 명을 넘
은 교회를 사임하고, 1999년에 국제기도의집을 설립했다. 이 단체는 1999년 9월
19일 이후, '하루 24시간, 한 주 7일, 한 해 365일' 기도 모임을 갖고 있다. IHOP은
아모스 9장 11-12절에 근거해서 '다윗의 장막'을 회복하기 위한 기도운동을 전

개하고, 요엘 2장 28-32절에 근거하여 말세에 강력한 성령운동을 추구하며, 에베소서 4장 11-13절을 근거로 교회의 5중직을 강조한다. 그뿐만 아니라, 사회와 문화의 주요영역에 진출하여 하나님의 주권을 드러낸다는 '지배 신학'dominion theology과 요엘 2장 12-17절을 토대로, 기도와 금식에 힘쓰는 '요엘의 군대'를 주장한다.

한국교회 이야기

19세기 말에 한국에 복음을 전한 미국 선교사들은 당시 미국에서 절정에 달하던 종말론, 선교운동, 그리고 성결운동이 결합한 독특한 형태의 성령운동의 영향을 받은 사람들이다. 동시에, 20세기 초반에 영국, 미국, 인도에서 동시다발적으로 발생한 성령운동이 이들에게 간접적 영향을 끼치면서, 1903년에 원산에서 부흥운동이 발생했고, 그것의 연장선에서 1907년 평양 대부흥운동이 일어났다. 이 운동은 거대한 회개와 전도운동으로 표출되었고, 한국교회의 체질을 성령 중심으로 재구성했다. 그 결과, 평양 대부흥운동을 직접 체험했던 선교사 노블W. A. Noble은 이것을 "사도행전 이후 가장 강력한 성령의 역사"라고 평가했다.

평양대부흥운동은 강력한 성령의 역사였다

1920년대 말에는 한국교회에 신비주의적 성령운동이 자생적으로 강력히 발생했다. 원산에선 이용도, 백남주, 유명화를 중심으로, 철산에선 김성도가 주축이 되어, 입신과 방언 등의 신비체험이 강하고 빈번하게 발생한 것이다. 이런 현상은 당시 교회의 심각한 오해와 우려를 촉발하며, 혹독한 비판의 대상이 되었다. 결국, 이들 중 일부가 후에 통일교와 천부교에 합류하여 한국 신흥종교운동의 한

축을 이루었다. 한편, 1928년에 여 선교사 메리 럼지Mary Rumsey가 한국에 상륙하여, 방언을 성령 세례의 증거로 간주하는 오순절운동이 시작되었다. 럼지 선교사는 한국인 허홍과 함께 1938년에 한국 최초의 오순절파 목사로 안수를 받았다.

1940년대부터 용문산 기도원의 나운몽 장로가 입신, 방언, 신유 등을 중심으로 성령운동을 이끌었고, 1950년대에는 박태선 장로가 이런 흐름에 합세했으며, 1960년대부터 조용기 목사가 성령운동을 주도했다. 이들의 영향하에, 부흥회가 한국교회의 신앙 체험과 교회 성장의 핵심적 도구로 자리 잡았고, 부흥사들이 그 운동의 중심 세력으로 부상했다. 이런 성령운동은 새벽 기도회, 금요 철야 기도회, 여름 수련회 등을 통해 한국교회 전체로 확산하여 한국교회 영성에 엄청난 영향을 끼쳤다. 이 과정에서 전국에 기도원이 우후죽순처럼 세워졌다. 용문산기도원, 오산리금식기도원, 대한수도원, 한얼산기도원 등이 전국적 명성을 얻었다. 1953년에 예언하나님의 교회, 1972년에 대한예수교복음교회 같은 오순절 교단들이 탄생했고, 여의도순복음교회, 은혜와진리교회, 성락교회 같은 초대형 교회들이 성령운동의 결과로 출현했다. 한편, 1980년대에 온누리교회가 구도자 예배와 성령운동을 결합하여 성령운동의 새로운 장을 열었고, 1965년에 태백에 세워진 예수원은 수도원운동, 토지개혁, 성령운동을 결합한 수도원 공동체를 실험했다.

1990년대에 빈야드운동이 한국에 상륙했다. 존 윔버의 세미나와 빈야드공항교회를 다녀온 국내 목회자와 신자들에 의해, 한국교회 내에 영적 전쟁, 능력 전도, 영적 도해 같은 용

존 윔버는 한국의 신사도 운동 확산에 영향을 끼쳤다.

어들이 유행하기 시작했고, 빈야드적 사역을 추구하는 연구원과 세미나들이 우후죽순처럼 생겨났다. 2000년대에는 피터 와그너, 체안, 홍정식 등을 통해 신사

도 개혁운동이 본격적으로 한국에 도입되기 시작하여, 신사도운동을 추구하는 교회, 교육 기관, 기도회 등이 빠른 속도로 조직·확산되고 있다. WLI Korea, 한국 HIM선교회, 한국아이합, 하베스트샬롬교회, 영동제일교회, 큰믿음교회, 아가페신학연구원 등이 대표적이다. 이로 인한 갈등과 논란이 한국교회 내에 뜨겁다.

에필로그

1. 성령은 하나님이시다. 삼위일체가 영원한 신비이듯, 성령도 신비롭다. 오직 하나님의 계시와 조명을 통해서만, 우리는 매우 제한적으로 하나님을 이해하고 신앙할 뿐이다. 따라서 성령을 둘러싼 오해와 갈등은 필연적이다. 기독교는 결코 "이성의 한계 내에 있는 종교"가 아니다.

2. 교회사에서 성령운동은 빈번하게 여성과 종말 사상을 동반했다. 여성으로 상징되는 사회적 소수자들에게 성령이 임하셨을 때, 그리고 그들이 부당한 현 체제를 향해 심판과 종말을 선포했을 때, 그것은 예언자적 혁명운동으로 돌변했다. 오랫동안 성령운동이 교회에서 경계 대상이었던 일차적 이유다.

3. 현대의 성령운동이 번영 신학과 기복주의로 경도된 것은 신학적 일탈이자 교회의 비극이다. 영적 신비체험이 단지 물질적 번영의 도구로 기능 하고, 개인적 확신의 근거로 만족하며, 심지어 정치적 선동을 위한 종교적 기제로 남용되는 것은 성령운동의 실패다. 하나님나라는 특정 세력, 특정 이념으로 환원될 수 없기 때문이다.

제6장

박해

의를 위하여 박해를 받은 자는 복이 있나니 천국이 그들의 것임이라 (마5:10)

하나님나라를 선포했던 예수를 세상의 권력은 3년도 견디지 못했다. 그들은 가장 폭력적인 방법으로 그를 십자가에 달아 죽였다. 하지만, 예수가 십자가에 달림으로써, 십자가는 더는 죽음과 폭력의 흉칙한 도구가 아니라, 구원과 생명의 거룩한 상징으로 변했다. 그 후에, 예수가 십자가를 지고 걸어간 길을 그의 제자들이 각자의 십자가를 지고 따랐다. 그 위에 숭고한 피가 뿌려졌고, 그 피 위에 교회가 세워졌다. 그렇게 주님을 따르며 피로 쓴 역사가 교회사다. 박해와 순교의 기록을 더듬는 것은 언제나 고통이다. 결코, 반복하고 싶지 않으며, 누구에게도 추천할 수 없기 때문이다. 그럼에도, 우리는 이 역사를 반복해서 기억해야 한다. 우리가 계속 예수의 제자로 살고 싶다면 말이다.

박해의 시작

십자가에서 생을 마친 예수는 장차 교회의 운명을 예시한 것이다. 그의 뒤를 이어 제자들이 복음을 위해 순교의 제물이 되었기 때문이다. 요한의 형제 야고보가 헤롯 아그리파 왕의 명령으로 44년에 순교했고, 집사 스데반은 산헤드린 앞에서 설교하고 성난 유대인 군중에 살해되었다. 바리새파 사울이 기독교인들을 추적하러 다메섹에 가던 중 회심한 사건은 당시 기독교인들의 상황을 단적으로 알려준다. 이처럼, 기독교인들에 대한 최초의 박해는 유대인들에게서 왔다.

하지만, 머지않아, 최초의 기독교 공동체가 로마제국과 충돌하고, 혹독한 박해를 받기 시작했다. 64년에 네로 황제 치하에서 최초의 공식적 박해가 발생했다. 로마에 대형 화재가 발생하자, 네로가 자신의 문학적 영감을 얻으려고 일부러 방화를 저질렀다는 소문이 돌았다. 정치적 위기에 몰린 네로는 그 책임을 기독교인들에게 전가했다. 자신이 정원 뜰에 기둥을 박고 기독교인들을 매달은 후, 기름을 뿌리고 불을 붙여, 타는 불꽃 속에서 파티했다. 이때 베드로와 바울이 순교했다고 한다. 카르타고의 테르툴리아누스가 "순교는 교회의 씨앗"이라고 말했던 것은 결코 과장된 수사가 아니다.

그렇다면, 기독교인들이 로마제국의 박해를 받았던 이유는 무엇일까? 기독교인들은 당시 로마제국의 일반적 관행이었던 황제 숭배를 거부했다. 오직 예수 그리스도만을 주님으로 고백함으로써, 황제 숭배를 포함하여 다른 형태의 종교들은 모두 악마적인 것으로 거부한 것이다. 이렇게 황제 숭배를 거부한 것 외에도, 기독교인들은 군복무에 대해서도 부정적인 태도를 보였고, 일반인들이 즐기던 공중목욕탕에도 출입하지 않았다. 이로써 이웃들에게 부정적인 이미지를 심어주었다. 그 외에, 입교자 외에 세례와 성찬식 참석을 엄격히 제한했기 때문에, 외부인들에게 심각한 오해를 불러일으켰다. 즉, 애찬식에서 기독교인들이 서로 형제 자매로 부르는 것 때문에 근친상간을 범한다고, 그리스도의 몸과 피를 먹는 것 때문에 식인 행위를 행한다고 오해를 받은 것이다.

박해의 발전

112년에 소아시아 비시니아의 총독 플리니Pliny the Younger가 황제 숭배를 거절하는 기독교인들의 처리 문제로 황제 트라얀Trajan에게 편지를 보냈다. 이 편지에서, 그는 "처벌을 경고했는데도 완강히 전향을 거부한 자들은 처형 명령을 내렸

습니다. 그들 중 로마 시민권을 가진 자들은 로마로 압송했습니다. 무명의 투서
들이 들어오고 … '크리스천' 임을 부정한 자들이 폐하와 우리 신들의 초상화에
게 향과 포도주를 바치며 경배했는데, 그들은 석방해야 한다고 생각합니다."라
고 썼다. 이 편지에 대해 트라얀은 사냥개를 색출하듯이 기독교인들을 추적하
지 말고, 고발이 들어온 경우에만 처벌하라고 명령했다. 이것을 통해, 2세기 초
반에 국가적 차원의 기독교 박해가 있었음을 확인할 수 있다.

초기의 순교자로서 기억할 인물 중 서머나의 주교 폴리캅Polycarp이 있다. 그
는 107년에 서머나의 주교가 되어 세상을 떠날 때까지 그곳의 교회를 섬겼다. 그
는 로마 신들을 믿지 않는다고 무신론자로 고발당해서 155년에 순교했다. 폴리
캅의 명성과 고령을 고려하여, 그리스도를 욕하면 석방하겠다고 유혹하자, 그
는 이렇게 대답했다. "86년 동안 나는 그분의 종이었습니다. 그동안 그분은 내게
아무 잘못도 하지 않으셨습니다. 그런데 어떻게 내가 나를 구원하신 왕을 모독
할 수 있겠습니까?" 화가 난 총독은 그를 맹수들에게 던지겠다, 화형에 처하겠
다고 협박했다. 그럼에도 폴리캅의 태도는 변하지 않았다. 결국, 폴리캅을 화형
에 처했지만, 불길이 그를 해하지 못했기 때문에, 사형 집행관이 칼로 그의 목숨
을 끊을 수밖에 없었다.

북아프리카 카르타고에서도 혹독한 박해가 있었다. 기독교인이란 이유로
페르페투아Vibia Perpetua라는 20살 초반의 귀족 여성과 그녀를 돕는 여성 펠리치
타스Felicitas가 함께 투옥되었다. 페르페투아는 결혼하여 아직 젖을 떼지 못한 아
이의 엄마였다. 아직 경찰서에서 심문을 받고 있을 때, 그녀의 아버지가 찾아와
기독교 신앙을 버리고 집안을 택하라고 권하였다. 페르페투아는 아버지에게 꽃
병을 가리키면서 저것이 무엇이냐고 물었다. "꽃병"이라고 대답하자, 그녀는 아
버지에게 "꽃병을 꽃병이라고 부를 수밖에 없는 것처럼, 기독교인을 기독교인이
라고 부를 수밖에 없습니다."라고 대답했다. 다음 날 다시 찾아온 아버지는 어머

니보다 어떻게 먼저 죽을 수 있느냐고, 특히 아직 젖을 떼지 못한 갓난아이를 어떻게 버릴 수 있느냐고 감정에 호소했다. 딸의 발 앞에 엎드려 간청도 했다. 하지만, 페르페투아의 신앙을 움직일 수 없었다. 심문관인 힐라리아누스는 페르페투아의 마음을 꺾으려고 그녀의 아버지에게 심한 매질을 했다. 그녀에게 이중적고통고 말이다. 이것은 딸에게 너무나 힘든 고통이었지만, 그녀는 끝까지 참았다. 사형이 확정되고 얼마의 시간이 지났다. 황제의 아들 중 한 명의 생일을 맞아 피의 축제가 준비되고 있었다. 그들은 군중을 모아놓고 하나의 게임을 계획했다. 페르페투아와 갇힌 성도들을 줄곧 지켜보았던 간수 중 한 명이 그녀와 성도들의 단호한 믿음을 보고 회심하여 그리스도인이 되었다. 사형을 집행하는 날이 되었다. 순교자들은 이교도들의 경기장으로 끌려갔다. 회심한 간수가 먼저 표범에 갈가리 찢겨 순교하였다. 곧이어 페르페투아와 펠리치타스가 성난 황소 앞에 내던져졌다. 황소의 뿔에 이리저리 받혀 그들의 온몸은 피투성이가 되었다. 페르페투아가 쓰러지자 잠시 소강상태가 이어졌다. 혼수상태에서 깨어난 페르페투아는 황소가 달려들자 쓰러진 펠리치타스를 부축하고 다른 사람들을 격려했다. 경기장에 모인 군중들은 짐승들의 광란이 끝나자 죄수들을 죽이라고 소리 질렀다. 페르페투아와 성도들은 서로 북돋우며 경기장 한가운데에 둘러섰다. 그리고 찬양하며 서로에게 평화의 인사를 나누었다. 한 검투사가 칼을 들고 뛰어들었다. 검투사가 페르페투아를 찔렀지만, 칼은 치명적 부위를 빗나갔다. 그러자 페르페투아는 칼을 집어 검투사의 손에 다시 넘겨주었다. 203년 3월 7일, 페르페투아와 펠리치타스는 검투사의 칼에 순교했다.

박해받는 교회에서 박해하는 교회로

밀라노칙령 이후에 기독교는 박해받는 종교에서 박해하는 종교로 변했다

313년에 콘스탄티누스 황제의 밀라노 칙령으로 기독교에 대한 로마제국의 박해가 공식적으로 중단되었다. 기독교는 로마의 공식종교로서 합법적 지위를 획득했고, 380년에 테오도시우스 황제의 칙령으로 로마의 국교가 되었다. 그 후, 기독교는 '박해받는 종교'에서 '박해하는 종교'로 변했다. 이때 교회가 박해한 주된 대상은 유대인들이었다.

4세기 초부터 로마제국 전체에서 유대인들에 대한 이유 없는 반감이 생겨났다. 많은 기독교 설교자들이 유대인들은 박해 받아 마땅하다고 주장했고, 민중들은 그 말에 동조했다. 까다로운 율법에 대한 엄격한 준수, 할례, 생소한 요리법 때문에 유대인들은 '독특하고 유별난 민족'으로 보였다. 유대인들 몸에는 꼬리가 있다, 독특한 냄새가 난다, 여자들은 늘 하혈로 고통 받는다는 근거 없는 헛소문이 유럽 전역으로 퍼졌다. 심지어 유대인들이 악마와 소통한다는 소문까지 나돌았다. 문제는 많은 기독교인이 이를 사실로 믿었다는 것이다. 유대인들은 멸시를 받았고, 공직에도 나가지 못했다. 유대인 마을은 공공연한 습격과 방화의 대상이 되었다.

로마의 황제들도 유대인 박해에 앞장섰다. 7세기에 "로마는 할례받은 이들에 의해 파멸될 것"이라는 소문이 퍼지자, 로마 황제는 유대인들에게 강제로 세례를 주었고, 이를 어길 땐 사형에 처했다. 이렇게 유대인들은 혹사당했으며, 박해 받고 재산이 몰수되거나 턱없이 많은 세금을 내야 했다. 심지어, 무역에 종사하는 것조차 금지당했다. 1096년에 십자군운동이 시작되자, 유대인들은 더 혹독한 시련을 겪어야 했다. 십자군은 필요한 장비와 자금을 마련하기 위해 라인강

연안의 부유한 유대인들을 습격해서 살육과 약탈을 자행했다. 제1차 십자군 원정의 결과로 예루살렘에 '라틴 왕국'을 세우고 그곳의 유대인들을 무자비하게 학살했다. 200년 가까이 진행된 십자군 원정 내내 이런 약탈과 살육이 반복되었다. 기독교인들이 유대인들을 학살한 이유는 그들이 예수를 처형한 민족이며, 그들이 당시 교회가 금지하던 고리대금업에 종사했고, 그들이 많은 재산을 축적했기 때문이었다.

중세의 박해

'카타리'는 "순결한 사람"Katharoi라는 뜻이며, 9세기경 발칸반도와 그 주변에서 형성되었다. 12세기경에 상인들이나 십자군들에 의해 서구에 도입되어, 독일, 영국, 이탈리아, 프랑스 등지로 빠르게 확산하였다. 이들은 극단적인 영육이원론에 근거해서, 결혼, 성교, 육식, 물질, 재산 소유 등을 배척하고 금욕주의를 추구하며, 가톨릭교회와 사제들을 맹렬히 비판했다. 이에, 교황은 종교 재판소와 십자군을 동원하여, 이들을 무자비하게 탄압했다.

프랑스 리용의 부유한 상인 발도Petrus Valdo는 라틴어 성경을 프랑스어로 번역하고, 자신의 모든 재산을 가난한 자들에게 나누어주었으며, 여러 지역으로 다니며 복음을 전파했다. 곧, 일군의 무리가 그를 따르기 시작했고, 그들은 "리용의 가난한 사람들"이라고 불렸다. 발도는 교황에게 자신의 무리를 인정해달라고 청원했지만, 죽을 때까지 교황의 승인을 받지 못했다. 오히려 1200년에 개최된 종교 재판소는 발도파를 처단하라는 판결을 내려서, 수백 명의 발도파 신자들이 십자군에게 학살당했다. 소수의 생존자가 독일과 스페인으로 피신해서, 16세기에 루터의 종교개혁이 발생하여 그들에게 합류할 때까지 은둔 생활을 계속했다.

1233년, 교황 그레고리우스 9세Gregorius IX는 비공식적으로 이루어지던 종교

재판을 공식화하여 도미니크회 수사를 이단 심문관으로 임명했다. 1252년에는 교황 인노켄티우스 4세가 '박멸에 관하여'라는 교서를 내려, 자백을 받아내기 위한 고문을 허락했다.

15세기 무렵, 그동안 이단자들만 재판하던 가톨릭교회가 민중들 사이에서 이루어지던 마녀재판에도 관심을 두기 시작했다. 1484년 교황 인노켄티우스 Innocentius 8세가 독일에서 유행하던 마술을 이단으로 정죄하면서 마녀사냥이 시작되었다. 마녀로 고발당하면 여지없이 기소되어 이단 심문소로 연행되었다. 심문관들은 다양하고 잔인한 고문을 통해 용의자에게 자백을 강요하거나 증거를 날조하는 일도 서슴지 않았다. 터무니없는 이유로 잡혀온 사람들에게 죄를 인정하라고 강요했다. 용의자들의 손발을 묶고 강이나 늪, 호수 등에 던졌는데, 이때 가라앉아 죽으면 결백한 사람이기에 하나님이 그를 받아들인 것으로 간주하고, 물 위에 떠오르면 "악마는 자기를 경배하는 사람을 죽게 내버려두지 않는다. 마녀가 맞다"라며 즉시 처형했다. 악마의 흔적을 찾아내려고 사람들을 완전 나체로 만들어 체모, 항문, 음부를 조사하고 머리카락에서 치모까지 모조리 깎거나 고문대에 묶어놓고 바늘로 가슴과 혓바닥, 심지어 성기 속까지 찔러댔다. 고통을 느끼면 마녀라고 억지를 부렸다. 대개는 극심한 고통 때문에 저절로 얼굴을 찡그리게 되고, 결국 마녀로 판정되어 화형 또는 교수형을 당했다. 19세기 이탈리아와 스페인을 끝으로 종교 재판이 폐지되기까지 약 600년 동안 5천만 명에서 7천만 명의 사람들이 마녀로 몰려 목숨을 잃었다고 한다.

종교개혁 직전의 순교자들

1517년에 종교개혁이 시작되기 100년 전, 프라하의 저명한 신학자 얀 후스Jan Hus, 1372?~1415가 가톨릭교회의 교황제와 면죄부를 정면으로 공격했고, 라틴어로 진행되던 성당 미사와 강론에 반대하여 모국어인 체코어로 설교했다. 그러자 교황은 그를 파문했고 그의 책들도 불태웠다. 그럼에도, 그가 개혁적 설교를 멈추지 않았기에, 1415년 콘스탄츠 공의회에 소환되었다. 그의 안전을 보장하겠다는 황제의 약속을 믿고 공의회에 참석했지만, 곧 후스는 체포되어 화형을 당했다. 후스는 체코어로 '거위'란 뜻인데, 화형에 처하기 전 이렇게 말했다고 한다. "너희는 지금 거위 한 마리를 불태워 죽인다. 그러나 100년이 지나지 않아서 백조가 나타날 것이다." 그의 예언대로 100년이 지난 1517년에 마르틴 루터에 의해 종교개혁의 불꽃이 더욱 뜨겁게 타올랐다.

도미니크회 수사였던 지롤라모 사보나롤라Girolamo Savonarola는 1482년에 피렌체의 산마르코 수도원에서 강사직을 맡고 높은 학식과 금욕 생활로 명성을 얻었다. 그는 갑자기 계시를 받고 예언자적인 설교를 시작했다. 그는 1485년과 1486년의 사순절에 산 지미냐노에서 "교회는 개혁이 필요하며 벌을 받은 다음에야 쇄신될 것"이라는 유명한 주장을 했다. 또한, 강력한 군주 로렌초 데 메디치Lorenzo de' Medici의 영향하에 있던 피렌체에서, 사보나롤라는 설교를 통해 정부의 폭정을 과감히 비판했다. 로렌초는 협박과 회유를 통해 사보나롤라의 비판을 막아보려 했지만, 소용이 없었다. 메디치가는 샤를 8세의 침략으로 무너졌고, 이후 피렌체에는 사보나롤라 외에 다른 군주가 없었다. 그는 이 도시가 경험해보지 못한 민주 정부를 도입했다. 하지만, 사보나롤라의 갑작스런 성공은 반대자들을 결집해, '아라비아티' Arrabbiati라는 당파가 형성되었다. 결국, 이 당파와 교황 알렉산데르Alexander 6세의 교활한 음모와 공격으로, 사보나롤라는 두 명의 동료와 함께 형식적인 종교 재판을 받고 교수형과 화형을 당했다.

재세례파의 순교

재세례파는 종교개혁 동안 로마 가톨릭교회와 주류 개신교회 모두에게 혹독한 박해를 받았다. 재세례파는 1525년에 스위스 취리히의 종교 개혁자 츠빙글리의 영향을 깊이 받은 콘라드 그레벨 Conrad Grebel과 펠릭스 만츠Felix Mantz 같은 젊은 개혁자들의 주도 하에 출현하여, 스위스, 독일, 네덜란드 등으로 확산하였다. 이들은 유아세례에 반대하여 성인 세례를 주장했고, 정교분리, 평화주의,

아나뱁티스트는 가톨릭과 개신교 주류 양쪽에서 이단으로 정죄되어 박해를 받았다

제자도, 그림과 성상의 제거 등을 강조했다. 하지만, 이들의 주장은 가톨릭과 개신교 주류 모두에 의해 이단으로 규정되고, 혹심한 박해를 받았다. 만츠는 야만적인 조롱 속에 죽임을 당했다. 사형 집행관이 그의 양손을 등 뒤로 묶고 얼음이 언 차가운 강에 밀어 넣은 것이다. 그는 "주님의 손에 내 영혼을 의탁합니다"라고 주님을 찬양하며 죽었다. 개신교인들에 의해 순교 당한 최초의 비가톨릭 신자가 된 것이다. 1529년 슈파이어 제국 회의는 재세례를 주거나 받는 사람 모두에게 적절한 절차 없이도 사형에 처할 수 있다는 제국 칙령을 승인했고, 그 결과, 수년 사이에 2천 명이 넘는 사람들이 순교했다. 1600년대 초에는 1만 명 이상이 탄압으로 목숨을 잃었다. 여성들은 재세례파들이 물을 좋아한다는 이유로 수장을 당했고, 남성들은 화형에 처했다. 특히, 1535년에 독일 뮌스터에선 천년 왕국을 선포하며 도시를 장악했던 재세례파들이 가톨릭과 루터파 연합군에 의해 무자비하게 진압·살육되었다.

종교개혁 기간, 영국은 종교적 박해의 온상이었다. 독실한 가톨릭 신자였던 메리 1세Mary Ⅰ는 부왕인 에드워드 6세Edward Ⅵ 이래의 종교개혁을 뒤엎고 가톨릭 복귀 정책을 실행에 옮기면서, 휴 레티머Hugh Latimer 주교, 니콜라스 리들리 Nicolas Ridley 주교, 토머스 크랜머Thomas Cranmer 대주교 등 국교회 성직자들과 개신교 신자들을 차례로 체포하여 처형했다. 그 수가 300명에 달했다. 덕택에 메리 여왕은 "피의 메리"Bloody Mary라는 끔찍한 별명을 얻었다. 그녀의 뒤를 이은 엘리

자베스 1세Elizabeth I의 재위 기간에는 역으로 수많은 가톨릭교도를 처형했다. 1571년 의회가 통과시킨 한 법령은 영국 국교회 수장首長이라는 여왕의 칭호에 의문을 제기하는 행위를 대역죄로 규정했고이로써 가톨릭 예배는 반역 행위가 되었다, 가톨릭교도의 재산을 몰수하는 것을 합법화했기 때문에 많은 가톨릭교도가 유럽으로 도피했다. 계속되는 박해로 1577~1603년에는 183명의 영국 가톨릭교도들이 처형되었고, 16~17세기에 총 600명의 가톨릭교도가 순교했다. 어떤 사람들은 교황의 혼인 증명서를 지니고 있었다는 사소한 이유로 처형되었다. 희생자들 가운데 다수는 사제나 수도사였으나, 가톨릭 평신도들도 적지 않았다.

프랑스도 예외가 아니었다. 칼뱅의 영향하에 '위그노' Huguenot라고 불리는 개혁주의 개신교인들이 프랑스 남부를 중심으로 빠르게 확산하였다. 평민들뿐 아니라, 귀족과 왕실에서도 위그노들이 배출되었다. 하지만, 당시에 프랑스는 카트린 드 메디치Catherine de Médicis를 중심으로 한 프랑스 왕실, 가톨릭 세력의 중심인 기스 가문, 그리고 나바르 왕국을 중심으로 한 위그노 세력 간의 복잡한 정치적·종교적 갈등 속에서 오랫동안 내전을 겪었다. 그와중에, 1572년 성 바돌로매 축일에 위그노들이 프랑스 왕실과 기스 가문의 결탁 하에 무자비한 학살을 당했다. 당시에 너무나 많은 위그노들이 죽임을 당하여 파리가 온통 피로 물들었는데 로마 교황은 매우 기뻐서 로마시의 모든 교회 종을 울리게 했다.

프랑스에서 위그노들은 무자비한 학살을 당했다

종교개혁 이후

1549년에 시작된 일본 기독교 역사는 선교사들이 추방된 1614년에 37만 명에

이를 정도로 급성장했다. 하지만, 한때 기독교에 우호적이었던 도요토미 히데요시가 갑자기 태도를 바꾸어 1597년부터 '기리시단'이라고 불리는 기독교인들을 박해하기 시작했다. 히데요시는 수사와 일본인 신자 등 26명을 교토와 오사카에서 체포하고 33일간 800km를 끌고 와서 나가사키 항구가 내려다보이는 니시사카 언덕에서 처형했다. 특히, 1637년에는 시마바라반도 일대에서 극심한 노역과 세금에 신음하던 농민들이 반란을 일으켰는데, 막부 군대의 진압으로 3만 7천 명이 몰살당했다. 이 '시마바라의 난'을 주도했던 사람들이 가톨릭 신자들이었다.

중국의 경우, 1900년 5월~6월에 각지에서 '의화단의 난'이 발생했다. 하북성, 산시성, 내몽고 및 동북 지방에서 의화단과 일부 관리들이 기독교 선교사와 중국인 신자들을 학살했는데, 특히 산시성의 피해가 컸다. 53명의 어린이를 포함한 189명의 서양인 개신교 신자들과 47명의 가톨릭 성직자와 수녀, 3만 명에 이르는 중국인 가톨릭 신자들, 2천여 명의 중국인 개신교 신자들이 살해당했으며, 베이징에 있던 700여 명의 동방 정교회 신자 중 200~400여 명이 목숨을 잃었다.

러시아혁명 이후, 러시아에선 공산주의자들이 민중의 마음을 분열시킨다는 두려움 속에 러시아 정교회를 철저히 파괴했다. 그 결과, 1천 명 이상의 주교와 사제들이 처형당했고, 수백 개의 수도원이 파괴되었으며, 교회의 엄청난 재산이 압수되었다.

한국교회 이야기

개신교가 전래하기 전, 한국에선 가톨릭 신자 중에서 수많은 순교자가 배출되었다. 최초의 가톨릭 순교자들은 임진왜란 때 일본으로 끌려갔던 사람 중에서 나왔다. 이때 끌려간 수천 명의 조선인 중 적어도 7천 명가량이 천주교로

개종했고, 그중에서 상당수가 토요토
미·도쿠가와 박해 시대에 신앙을 지키
며 순교하거나 증거순교하지 않았지만, 투
옥되거나 유배된 경우했다.

신해박해, 신유박해, 기해박해, 병인박해 기간에
1만여 명의 천주교 신자가 순교하였다.

1784년에 창설된 조선 천주교회는
1886년에 한불조약으로 신앙의 자유를
얻기 전까지, 백 년 동안 박해의 암흑기를 통과했다. 1785년에 김범우가 단양에
유배되어 죽음으로써, "조선 천주교회 첫 순교자"가 되었다. 1791년 신해박해 때
는 윤지충과 권상연이 조상 제사를 폐지했다는 이유로 전주 풍남문 밖 형장에
서 참수되었다. 1801년 신유박해 때는 정약종을 포함한 6명이 서소문 밖에서 참
수되고, 이가환과 권철신이 옥사했으며, 정약용과 정약전은 유배되었다. 이때
희생된 천주교인 수가 3백 명을 넘었다. 같은 해 9월에 발생한 소위 '황사영백서
사건'으로 순교자 100여 명, 유배자 400여 명, 모두 5백여 명이 희생되었다. 1839
년 기해박해 때는 54명이 참수되었고, 60여 명이 옥사했으며, 배교하고 석방된
자가 50여 명에 이른다. 결국, 마지막 박해인 병인박해1866까지 포함해서 1만 명
이상이 순교했다.

반면, 개신교에서 최초의 순교자로 거론되는 인물은 로버트 토마스Robert
Thomas 목사다. 그는 1866년에 제너럴셔먼호 사건 때 대동강변에서 죽었다. 한편,
만주에서 최초의 한국어 성서를 번역할 때 선교사들을 도왔던 백홍준은 매서인
과 선교사 안내자로 활동하다 1892년에 체포되었다. 그는 옥중에서 고난을 겪다
다음해에 세상을 떠남으로써, 한국 개신교 최초의 순교자가 되었다. 1910년 105
인 사건으로 전덕기 목사를 포함한 수많은 기독교 애국지사들이 체포되어 고문
과 형고를 치르다 목숨을 잃었다. 1919년 3·1운동으로 많은 기독교인이 체포되
고 사망했는데, 수원 제암리 교인들과 유관순 열사가 대표적인 예다.

1930년대에는 만주에서 순교자들이 나왔다. 1931년 만주에서 한인 선교를 하던 헨더슨Lloyd P. Henderson, 현대선이 일본군에게 목숨을 잃었고, 1935년에 장로교에서 파송한 한경희 목사가 공산당에게 살해되었다. 특히, 이 기간 이 지역에서 동아기독교기독교한국침례회의 전신의 목회자들이 상당수 공산당이나 일본군에 의해 세상을 떠났다. 일제 말기에는 신사 참배 강요에 저항하다 순교자들이 많이 나왔다. 특히, 1938년부터 일제는 신사 참배를 거부하는 사람들을 검거, 투옥, 고문하기 시작했는데, 장로교의 주기철 목사, 감리교의 강종근 목사 등이 순교했다. 한편, 재림 신앙 때문에 일제에 의해 순교 당한 이들도 있었다. 예를 들어, 성결교회의 박봉진, 김연 목사, 동아기독교의 전치규 목사, 안식교의 최태현 목사 등이 신앙을 지키다 일제에 의해 순교했다.

해방 공간과 한국 전쟁 기간에도 많은 개신교인이 순교자 명단에 이름을 올렸다. 1947년에 이정심 목사가 순교했고, 1948년 제주 4·3사건 때 이종도 목사가 목숨을 잃었으며, 1950년에 발생한 한국 전쟁 중, 순교하거나 납치당한 교역자의 수가 장로교 177명, 감리교 44명, 성결교 11명, 구세군 6명 등 모두 240여 명에 이른다. 특히 성결교회의 경우, 집단 학살을 당한 교회들이 많았다. 예를 들어, 논산의 병천성결교회에서 66명, 임자 진리교회에서 48명, 정읍 두암교회에서 23명이 각각 공산군에 의해 집단적으로 죽임을 당했다. 또한, 북한에서도 유명한 신유 부흥사이자 북조선기독교도련맹 회장이었던 김익두 목사가 총살당하는 등 많은 기독교인이 공산당 치하에서 목숨을 잃었다.

1970년대에는 노동운동과 민주화운동에 참여했던 많은 기독교 운동가들이 독재정권에 의해 혹독한 탄압을 받았다. 예를 들어, 1972년에 인천 기독교도시산업 선교회 총무 조승혁이 중앙정보부에 연행되어 고문을 당했다. 1976년 3월 1일에 유신 체제에 반대하여 '민주구국선언'을 발표했던 천주교와 개신교 지도자 중 함석헌, 김승훈, 문익환, 함세웅 등 20명이 긴급 조치 9호 위반혐 의로

입건되었다. 1980년에는 민주화운동을 하던 감리교 목사 임기윤이 '김대중내란음모사건'과 관련하여 계엄합동수사단에 연행되어 의문의 죽임을 당했고, 1990년에 '기문노련사건'이란 공안 사건이 발생하여, 기독교문화연구회 회원 11명이 경찰에 연행되어 4개월 이상 옥살이를 했다. 2000년대에는 이슬람권에서 선교하던 사람들이 미국과 이슬람 국가 간의 정치적 갈등 속에서 희생되었다. 2007년 7월에 단기 선교를 위해 아프가니스탄 카불에서 칸다하르로 향하던 샘물교회 청년회원 23명남자 7명, 여자 16명이 탈레반 무장 세력에 납치되었다. 이들 중, 심성민과 배형규 목사가 살해되었다. 모두가 안타깝고 고귀한 죽음이다.

에필로그

1. 교회는 박해와 순교를 피할 수 없었다. 대부분의 성도는 폭력과 죽음 앞에서 자신의 신앙을 감추거나 포기할 수밖에 없었다. 하지만, 그 위기를 믿음으로 돌파한 사람들이 있었다. 설명과 이해가 불가능하지만, 그들을 통해 폭력과 야만의 한복판에서 하나님나라가 모습을 드러냈다.

2. 신앙적 순결을 위해 순교의 피를 흘린 것은 숭고하다. 하지만, 같은 기독교 내에서 신학적 차이를 이유로, 강자가 약자를 박해한 것은 부끄럽다. 뿐만 아니라, 기독교 국가들이 선교를 명분으로 제국주의를 선도하고, 십자가를 붙들고 약소민족을 살육한 것은 변명의 여지가 없다.

3. 정교분리, 종교다원주의, 포스트모더니즘 등으로 세속주의가 절정에 달한 시대를 살고 있다. 신자유주의의 광풍 속에 경제학이 신학을, 시장이 성전을, 기업인이 사제를, 자산 증식이 구원을 대체하는 이교의 시대다. 정말, 순교자의 신앙으로 십자가를 붙들며, 복음으로 세상에 저항해야 할 때다.

제2부

교회와 문화

제7장

성례전

그들이 먹을 때에 예수께서 떡을 가지사 축복하시고 떼어 제자들에게 주시며

이르시되 받아서 먹으라 이것은 내 몸이니라 하시고 (마26:26)

하나님을 만난 자리, 시간, 그리고 그때의 충격과 각성은 인간의 삶을 근원적으로 변화시킨다. 하지만, 인간의 유한한 기억과 의지는 시간의 흐름과 일상의 분주함 속에서 쉽게 퇴색되고 망각된다. 이 맥락에서, 성례전은 하나님의 형상으로 창조되고, 예수의 보혈로 영생을 얻으며, 성령의 은혜 속에 성화되어가는 성도의 구원 여정에 매듭과 틀을 제공한다. 그런데 성례전의 수와 방식과 관련하여, 교회는 역사와 문화 속에서 다양한 선택과 실천을 시도해왔다. 그 선택과 실천이 때로는 교회를 성령의 현존 속으로 인도했고, 때로는 갈등의 혼돈 속으로 밀어 넣었다. 그렇게 주님이 교회에 주신 의례는 축복이자 어려운 숙제가 되었다.

기원

성례전sacrament이란 용어는 그리스어 '미스테리온'μυστήριου에서 유래했고, 라틴어 성경『불가타』에서 '사크라멘툼' Sacramentum으로 번역했다. 고대 로마에서 이 용어는 군인들의 충성 서약과 거룩한 예식을 의미했다. 3세기 교부 테르툴리아누스가 군인 서약이 새로운 삶의 시작을 표시하듯, 세례와 성찬을 통해 기독

교 공동체에 입문하는 것이라고 제안했다. 그는 "거룩한 것을 상징하고 매개하는 것"이란 의미로 이 용어를 사용했으며, 세례와 성찬은 초대교회에서 일찍부터 성례전으로 자리를 잡았다.

세례baptism는 그리스어 '밥티스마' βάπτισμα에서 유래했는데, "물에 가라앉히다" 혹은 "물에 잠그다"란 의미다. 세례를 통해 신자는 죄의 권세에서 벗어나고, 하나님의 몸의 일원이 되며, 다가올 하나님나라에 지금 참여하게 된다. 초대교회의 세례는 대체로 물속에 몸을 담그는 침례였다. 몸을 물속에 완전히 담그거나, 물속에 서거나 무릎 꿇고 있을 때 몸에 물을 붓는 두 가지 방식이 있었다. 3세기 이후부터는 세례자가 물속에 서 있을 때 상체에 물을 붓는 형식이 지배적이 되었으며, 8세기부터는 머리에 물을 세 번 붓는 관수affusion가 주를 이루었다.[3]

한편, 3세기 이후부터 문헌상으로 유아세례를 확인할 수 있다. 테르툴리아누스는 유아에게 원죄가 없다는 이유로 유아세례를 거부했는데, 그의 주장은 역으로 당시에 유아세례가 시행되고 있었음을 알려준다. 더욱 분명한 증거는 히폴리투스Hippolytus of Rome가 쓴 『사도전승』Apustolic Tradition, 217년경이다. 이 책은 세례자의 자격과 방법에 대해 상세히 다루면서, "어린이들을 먼저 세례 주라. 그리고 그들이 스스로 대답할 수 있으면 그렇게 하고, 그렇지 못하면 부모나 혹은 가족 중에서 다른 사람이 대신 대답하게 하라"고 제안한다.

---

3) 한편, 초기 교회의 세례를 위한 훈련교제로 만들어진 『디다케』에는 세례에 대한 규정이 나온다. "세례에 관해서 이렇게 세례를 베푸십시오. 이 모든 것을 먼저 말하고 나서 아버지와 아들과 성령의 이름으로 살아 있는 물로 세례를 베푸십시오. 만일 그대에게 흐르는 물이 없으면, 다른 물로 세례를 베푸십시오. 찬 물로 할 수 없으면 더운 물로 하십시오. 그대에게 둘 다 없으면, 아버지와 아들과 성령의 이름으로 머리에 세 번 물을 부으십시오. 세례 전에 세례자와 수세자는 미리 금식하십시오. 그리고 다른 이들도 할 수 있으면 금식해야 합니다. 그대는 하루나 이틀 전에 수세자에게 금식하라고 명령하십시오." 김재수 옮김, 『이방인들에게 주시는 12사도를 통한 주님의 가르침, 다다케』 (대전: 엘도론, 2009), 130-36.

성찬식Eucharist은 그리스어 '유카리스티아' ευκαριστια에서 유래했으며, "감사"thanksgiving란 뜻이다. 이것은 "주의 만찬", "성체성사", "성만찬" 등으로 불리는데, 성경에선 고린도전서 11장 23-24절에서 최초로 언급되었다. 신약성경 외에, 『디다케』Didache, 1세기 후반 혹은 2세기 초반에서 성찬식이 제의로서 언급되었다.

성찬에 관해서, 여러분은 이렇게 감사하십시오. 첫째 잔에 대해서. 우리 아버지시여! 당신의 종 예수를 통해 우리에게 알려 주신 당신의 종 다윗의 거룩한 포도나무로 인해서 우리는 당신께 감사드립니다. 당신께 영광이 영원히. 빵조각에 대해서. 우리 아버지시여! 당신의 종 예수를 통해 우리에게 알려 주신 생명과 지식을 인해서 우리는 당신께 감사드립니다. 당신께 영광이 영원히. 이 빵조각이 여러 언덕 위에 흩어졌다가 모여 하나가 된 것처럼, 당신의 교회도 땅 끝에서부터 당신 나라로 모여들게 하옵소서. 영광과 권능이 예수 그리스도로 말미암아 영원히 당신 것이기 때문입니다. 주님의 이름으로 세례를 받은 사람들 이외에는 아무도 당신의 성찬을 먹거나 마시지 않도록 하십시오. 왜냐하면 이것에 대해 주님께서는 이렇게 말씀하셨습니다. "거룩한 것을 개들에게 주지 말라."

7성례

현재 로마 가톨릭교회가 성례전으로 규정하는 7가지 예식영세 성체 견진 고해 혼배 신품 종유은 12세기에 활동했던 페트루스 롬바르두스Petrus Lombardus, 1095-1160가 『4권의 명제집』Libri Quatuor Sententiarum에서 최초로 언급했다. 이후 콘스탄츠 공의회1414-1418, 피렌체 공의회1438-1445, 트리엔트 공의회1545-1563를 통해 교회법으로 확정되었다. 특히, 트리엔트 공의회는 7성례를 예수 그리스도께서 직접 세우지 않았다거나, 이 일곱 가지보다 더 많거나 적다고 주장하거나, 이 7가지 중에서 어떤 하나라도 진실로 혹은 적절히 성례전이 아니라고 주장하면 저주를 받을 것이라고 법으로 명시했다.

정교회는 성례전을 '신비'mystery라고 부르며, 7성례 외에 그리스도와 교회도 성례라고 칭하고, 교회가 행하는 일을 성례전적이라고 믿는다. 성례전의 형태, 수, 효과에 대해선 오직 하나님만 정확히 아신다고 생각하여, 그것을 확정하려 하지 않는다. 하지만, 7성례를 "주된 신비"principal mysteries로 인정한다.

성찬식에 대해선, 11세기에 투르Tours의 대주교 라바르댕의 힐데베르트Hildebert de Lavardin, 1056~1133가 성찬식에서 떡과 포도주가 그리스도의 몸과 피로 바뀐다는 의미로 화체Transubstantiation란 용어를 최초로 사용했으며, 제4차 라테란 공의회1215년 11월 11일에서 화체설을 공식적으로 선포했다. 하지만, 동방 정교회는 화체설을 인정하지 않는다.

도나투스 논쟁

4세기에 디오클레티아누스 황제Diocletianus 치하의 대박해 기간, 북아프리카에서 배교의 표시로 성경을 넘겨주었던 사람들이 감독 안수에 참여하는 것이 교회 내에서 심각한 논쟁과 갈등을 일으켰다. 이때 신임 감독 도나투스Donatus를 중심으로, 교회는 죄인들이 아니라 성도들로 구성되어야 하며, 배교자들이 집례한 성례전, 특히 세례는 무가치하다고 주장하는 사람들이 나타났다. 도나투스파는 자신들만이 "순교자들의 후예이자 참된 교회"라고 주장했다. 이때, 히포의 감독 아우구스티누스는 하나님의 이름으로 행해진 세례는 집례자의 인격이나 신앙과 상관없이 타당하며, 세례자가 성령이 계시는 보편적 교회와 연합할 때만 효력이 발생한다고 주장했다. 후에 가톨릭교회는 이 문제를 사효론ex opere operato과 인효론ex opere operantis으로 구분하여 해결했는데, 사효론은 성례의 가치는 성례 그 자체에 있으며, 인효론은 성례를 집례하거나 받는 사람의 신앙과 인격에 좌우된다는 입장이다.

이종성찬 논쟁

가톨릭교회는 알렉산더 할레시우스Alexander Halesius, 1175-1245의 이론을 수용하여, 평신도에게 포도주를 제외하고 빵만 배분하기 시작했다. 평신도들이 포도주를 흘리는 경우가 많고, 평신도와 성직자를 구분하려는 의도에서 그런 조처를 한 것이다. 이에 대해 체코의 개혁자 얀 후스는 "이제까지 포도주를 배포하지 않은 사제들은 도적"이라고 공격했다. 후스를 따랐던 체코보헤미야 교회는 1414년부터 성찬식에서 평신도에게 떡과 함께 포도주도 나눠주기 시작했다. 이것은 체코 교회의 중요한 특징이자, 후대의 종교 개혁자들에게도 영향을 끼쳤다.

7성례에서 2성례로

종교개혁의 혁신적 조치 중 하나가 가톨릭교회의 성례전을 파격적으로 개혁한 것이다. 즉, 일곱 가지 성례전을 지키던 전통을 부정하고, 세례와 성찬식 중심으로 성례전을 간소화했다. 이런 성례전 개혁은 루터가 1520년에 발표한 논문, 「교회의 바벨론 포로」The Babylonian Captivity of Church에서 최초로 주창되었다. 성례를 하나님의 은총이 우리에게 전달되는 통로로 이해했던 루터는 이 책에서 세례, 성찬, 고해를 제외한 나머지 의례들을 성례에서 제외했다. 루터는 나머지 제의들이 하나님께서 직접 제정하셨다는 기록을 성경에서 찾을 수 없고, 하나님의 은총을 체험할 수 없다고 판단하여 거부했다. 얼마 후, 고해도 성례전에서 제외함으로써, 오직 세례와 성찬만 성례전으로 인정했다. "엄격히 말해서 하나님의 교회에는 단지 두 성례, 즉 세례와 성찬만 있다. 왜냐하면, 우리는 이들 둘 안에서만 신적으로 제정된 표시와 죄의 용서에 대한 약속을 발견하기 때문이다.

내가 이들 둘에 첨가한 고해의 성례는 신적으로 제정된 가시적 표시가 없다." 칼뱅도 새 언약 하에서 세례와 성찬만을 성례로 인정했고, 성공회도 세례와 성찬을 제외한 나머지 다섯 개는 하나님에 의해 규정된 어떤 가시적 징표sign나 의례ceremony가 없어서 인정하지 않았다.

유아세례 논쟁

기본적으로, 주류 종교 개혁자들은 유아세례를 인정했다. 루터는 유아를 세례로 이끄는 사람들의 낯선 믿음fides aliena, 즉 부모나 대부들의 기도를 통해 세례의 효력이 유아에게 전가되어, 원죄가 용서되고 정화되며 새로워진다고 주장했다. 그뿐만 아니라, 세례의 조건이 인간의 공적이나 행위가 아니며, 세례의 유효성은 수세자에 대한 하나님의 긍정에 있다고 주장했다. 칼뱅도 할례처럼 세례를 통해 유아들이 하나님의 구원이나 계약의 행동으로 들어가며, 유아들은 미래의 믿음과 회개를 보고 세례를 받는다고 주장했다. 하지만, 재세례파들은 유아세례에 대한 성경적 근거가 없고, 초대교회 때도 항상 유아세례를 베푼 것이 아니며, 세례받지 않고 죽은 아이들의 구원은 전적으로 하나님의 손에 달린 문제라고 생각했다. 그래서 오직 자발적·의지적 신앙고백에 근거한 세례만이 참된 세례라고 주장하며 유아세례를 강력히 반대했다. 또한, 그들은 세례를 물세례, 불세례, 피세례로 구분하고, 진정한 세례는 순교를 동반한 피세례라고 믿었다.

성찬 논쟁

루터는 아리스토텔레스 철학을 따라서, 사제가 축성할 때 떡과 포도주의 본성이 그리스도의 본성으로 변한다는 가톨릭교회의 화체설을 비판하면서, 떡과 포도주 속에 그리스도의 몸과 피가 '안에, 함께, 아래' 존재한다는 공재설consubstantiation을 주장했다. 사제들처럼, 평신도들도 떡과 포도주를 함께 받아야 한다고 강조했고, 미사에서 인간의 희생적 공로를 강조하는 것도 비판했다. 한편, 취리히에서 종교개혁을 주도했던 츠빙글리는 떡과 포도주는 단지 그리스도의 몸과 피를 상징할 뿐이라며 상징설을 주장했다. 결국, 성찬식에 대한 두 지도자들의 의견 차이는 종교개혁 진영 전체를 분열시킬 위험이 있었다. 이에 헤세의 필립 1세의 중재로 1529년 10월 1-4일까지 독일의 마르부르크 성에서 두 사람과 다른 여러 종교개혁 지도자들이 참석하여 15개 안건에 대해 토론했다. 14개 조항에는 합의했지만, 성찬식과 관련해선 합의점을 찾지 못하여, 종교개혁의 두 지도자가 결별하는 아픔을 겪었다. 후에, 칼뱅은 우리가 믿음으로 떡과 포도주를 취할 때, 그리스도께서 성령의 은혜와 능력으로 우리를 자신과 결합시킨다는 '영적 임재설'을 대안으로 제시했다.

반계약(Half-way covenant) 논쟁

신앙을 찾아 미국으로 이주했던 청교도들은 새로운 식민지 위에 '언덕 위의 도성' City upon a Hill, 즉 일종의 신정국가를 건설하고 싶었다. 이를 위해, 그들은 신실한 부모 사이에서 태어난 아이에게 유아세례를 베풀고, 그 아이들이 일정한 나이에 이르기 전에 회심하도록 유도했다. 그런 후엔 모든 성도 앞에서 자신의 회심체험을 간증하고, 이에 대해 성도들이 투표를 통해 그 간증의 진위여부를 결정했다. 중생을 공식적으로 인정받은 사람에겐 교회의 정회원 자격을 부여했고, 그런 사람에게 성찬식에 참석하고, 교회의 직분을 맡거나 선출할 수 있는 권한을 허락했다. 또한, 교회 정회원들에게 시의 정치에 참여할 수 있는 참정권도 한정시켰다.

하지만, 세월이 흐르면서, 신실한 가정에서 출생하여 유아세례를 받았으나, 교회가 정한 나이까지 중생을 경험하지 못하여, 성인이 되었으나 정회원이 되지 못한 사람들의 수가 증가했다. 원칙상, 그들의 자녀는 유아세례를 받을 수 없었기에, 이 문제가 교회 내에서 심각한 논쟁을 촉발했다. 결국, 1662년에 뉴잉글랜드에선, 비록 회심체험은 하지 못했지만, 성실하게 신앙생활을 한 부모들이 '반계약' half-way covenant의 대상이 되었다. 그들은 성찬식에 참여하고 그들의 자식들에게 유아세례가 허용되었지만, 교회 내에서 투표는 할 수 없었다.

성령 세례 논쟁

1830년부터 미국에선 중생 이후 제2의 은총을 강조하는 운동이 출현했다. 존 웨슬리의 영향을 받은 일군의 감리교인들과 찰스 피니를 중심으로 한 개혁파 진영에서, 중생과 시기적으로 구분되는 새로운 은혜 체험을 강조했고, 그것을 성령 세례라고 명명했다. 피비 파머로부터 시작된 웨슬리안 성결운동도 중생 이후의 성결체험을 성령 세례라고 주장했다. 이후에 성령 세례가 성결체험이 아니라, "섬김을 위한 능력의 부여"로 이해하는 그룹이 출현했는데, 이들은 후에 영국에서 개혁주의 신학을 토대로 한 케직사경회Keswick Convention로 발전했다. 후에, 이 두 그룹의 영향 속에서, 성령 세례의 물리적 증거로 '방언'을 주장하는 사람들이 나타나면서, 근대 오순절운동이 시작되었다.

성례전과 관련된 흥미로운 주장들

1. 침례: 침례교회는 세례의 양식으로 오직 침례만을 인정한다.

2. '오직 예수' 이름으로: 오순절 교파 중 Jesus onlyOneness Movement 그룹은 사도행전 2장 38절에 의지하여, 그리고 2세기에 삼위일체교리가 발전하기 전까지 교회는 오직 예수의 이름으로 세례를 베풀었다고 믿으면서, 기존의 '성부, 성자, 성령의 이름으로' 세례를 베푸는 것에 반대하여, 오직 '예수의 이름으로만' 세례를 준다.

3. 세족식: 재세례파, 독일침례교회, 하나님의 교회클리브랜드파를 포함한 일

부 오순절교회가 세족식을 성례전으로 인정한다.

4. 성례전 혹은 예식/예전ordinance/tradition : 만인 사제설을 신봉하는 그룹에선 성례전이 성직주의와 연결되었다고 믿으면서, 성례전이란 명칭대신 '예식'이나 '예전'이란 개념을 선호한다. 또 성례전에서 성직자의 기능을 중요하게 생각하지 않고, 오히려 예식의 가치와 효용성이 신자들의 순종과 참여, 그리고 집행하는 사역자와 회중의 증거에 있다고 믿는다. 침례교나 오순절파 중에서 유행하고 있다.

5. 성례전을 행하지 않는 교회: 구세군과 퀘이커친우회는 하나님께서 성례전이나 물질적 표식 없이도 자신을 계시하신다고 믿으며 성례전을 거부한다. 몰몬교의 경우, 성찬식만 성례로 인정하고, 가톨릭에서 성례전으로 인정하는 관행들을 "예식"ordinance이라고 부른다.

6. 교회 일치운동과 성례전: 세계교회협의회WCC 산하의 '신앙과 직제위원회' Faith and Order가 1982년에 페루의 수도 리마에서 『세례, 성찬, 목회』Baptism, Eucharist, and Ministry, BEM을 채택했다. 『리마문서』라고도 하며, 교회의 가시적 일치는 세례, 성찬, 목회직제에 대한 신학적·실천적 일치에서 가능하다는 전제하에, 1927년부터 55년 동안 수많은 연구와 토론을 거쳐 문서를 작성하고, 회원 교회들의 의견을 수렴하고 수정·보완하여 탄생했다.

한국교회 이야기

1879년 만주에서 백홍준과 이응찬을 포함한 4명의 한국인이 스코틀랜드장로교 선교사 존 매킨타이어에게 세례를 받았다. 한국 개신교 최초의 세례식이었다. 한편, 1882년에 수신사 박영효의 비공식 수행원으로 일본에 갔던 이수정은 1883년 4월 29일에 미국 선교사 녹스G. W. Knox에 의해 노월정교회에서 세례를 받았고, 일본에서 세례받은 최초의 한국인 개신교 신자가 되었다.

1886년 4월 25일 부활주일에는 한국에서 최초의 세례식이 거행되었다. 이날의 세례식에서 알렌의 딸 엘리스, 스크랜턴의 딸 마리온, 서울 주재 일본 공사관 통역원이 세례를 받았다. 아펜젤러가 집례하고 언더우드가 보좌했다. 한국의 첫 세례식 대상자들은 모두 외국인들이었다. 1886년 7월 18일 주일에 노도사魯道士란 별명을 가진 노춘경魯春京이 마침내 한국 땅에서 한국인으로 첫 세례를 받았다. 1884년 가을부터 서상륜, 서경조 형제를 중심으로 예배를 드리기 시작했던 소래교회 신자 중 서경조, 정공빈, 최명오 3인이 서울에 와서 1887년 1월 23일 세례를 받았다. 교회 설립 시기를 고려할 때 한국교회사 최초의 세례교인들이 될 수 있었지만, 선교사들의 여행이 어려워서 세례식이 계속 지연되었던 것이다. 감리교회의 경우, 1887년 7월 24일에 배재학당 학생이었던 박중상이 아펜젤러 선교사에 의해 세례를 받고, 국내에서 이루어진 첫 한국인 감리교 세례자가 되었다. 같은 해 10월 16일에는 아펜젤러의 매서인이었던 최성균의 아내가 최초의 한국인 개신교 여성 세례자가 되었다.

　　반면, 한국 최초의 성찬식은 1885년 10월 11일 주일에 아펜젤러 선교사의 집에서 일본 주재 미국 성서공회 대표 헨리 루미스Henry Loomis 목사의 집례로 외국인 12명이 참석하여 은제 주전자와 포도주를 가지고 거행되었다. 1901년 9월 23일 주일 오전 9시에는 최초로 총회 공의회 성찬식이 정동예배당새문안교회 전신에서 거행되었다. 그때부터 장로교회는 노회나 총회 시에 성찬식을 거행했다. 허호익 교수에 따르면, "단순한 성찬식의 순서는 해당 성경구절을 읽은 후 쌀로 만든 떡이 분급되고 두 개의 단순한 옹기 잔에 포도즙이 분급되었다. 성찬식에 사용된 떡의 종류가 무엇이었는지는 분명하지 않으나 전통적으로 제사용으로 사용하던 시루떡이었을 가능성이 높다."

에필로그

1. 성례전은 예수께서 교회를 위해 직접 제정하신 거룩한 의례다. 주님이 정하셨기 때문에 거룩하다. 그 속에 주님의 생명과 진리가 담겨 있기 때문에 거룩하다. 이를 통해, 2000년의 시간적 차이, 팔레스타인과 한반도의 지리적 거리가 극복되며, 초대교회가 지금 여기에서 재현되기 때문에 거룩하다.

2. 성례전을 둘러싼 신학적 논쟁은 교회의 분열로 이어졌다. 자신의 생명과 진리 위에 진정한 교회가 세워지길 원했던 주님의 소망이 인간의 욕망과 한계에 의해 허물어진 기록들이다. 하지만, 그런 논쟁과 분열을 통해, 성례전의 신비에 대한 이해의 깊이와 체험의 농도가 심화 된 것도 사실이다.

3. 성례전은 특정한 시간과 공간에서 거행되는 특별한 의례임에 틀림없다. 하지만, 신자로서 우리의 삶은 늘 하나님의 현존 속에 거함으로써, 그분의 생명과 진리로 충만해야 한다. 그런 의미에서, 신자의 삶은 본질적으로 '성례전적' 일 수밖에 없다. 성례전의 일상화, 곧 성도의 삶이다.

제8장

설교

베드로가 가로되 너희가 회개하여 각각 예수 그리스도의 이름으로

세례를 받고 죄 사함을 얻으라 그리하면 성령을 선물로 받으리니 (행2:38)

성경은 예수 그리스도를 하나님의 말씀으로 선언한다. 그분은 하나님의 뜻이 이 땅에 이루어지도록 두루 다니며 그 뜻을 전하셨다. 그리고 자신을 따르는 모든 이들에게 같은 사명을 맡기셨다. 그들을 통해, 복음이 온 땅에 전파되고 실현되도록 말이다. 그 과정에서 제자, 전도자, 설교자가 출현했고, 만방에 교회가 세워졌다. 비록, 시대와 문화에 따라, 말씀을 전하는 방법과 강조점은 조금씩 달랐지만, 예외 없이 설교는 교회와 예배의 핵심이었고, 설교를 통해 하나님의 뜻이 이 땅에 전파되고 실현되었다. 그렇게 설교는 영적 매체로 기능 하며, 거룩한 역사history를 이루었다.

초대교회

순교자 유스티누스는 초대교회 예배를 이렇게 묘사했다.

주일이라고 불리는 날에 도시와 시골에 사는 모든 사람이 한자리에 모여, 사도들의 회고록이나 선지자들의 저서들이 시간이 허락하는 동안 읽힌다. 강독자가 강독을 마친 후 인도자가 우리에게 간략히 가르침을 전하고 이렇게

고귀한 일을 본받으라고 훈계한다. 그리고 우리 모두는 일어서서 기도를 드린다.

성경 봉독 후에 설교나 강론 같은 본문 설명이 있었다. 그것은 성경에서 읽은 내용을 회중들의 삶에 적용한 것이다. 초대교회에서 설교는 성경적이었다. 전통적으로, 설교는 성경에서 선택한 한 본문을 주해하는 형태를 취했다. 시간이 지나면서, 주일 예배에서 읽기 위한 성경 본문이 성구집으로 편집되었다. 이것은 성경 봉독을 위해 체계적으로 선택된 성경 모음집이다. 주일에 구약성경에서 한 구절, 사복음서에서 한 부분을 택하여 그날의 주된 본문으로 읽는 것이 관행이었다. 교회력이 발달하면서, 성탄절, 오순절 같은 주요 절기들을 위해 읽을 성경 본문들이 정해졌다.

고대 교회의 대표적 설교자들로 아우구스티누스와 크리소스토무스를 들수 있다. 아우구스티누스는 수도사적 영성과 설교자의 삶을 철저하게 통합시켰다. 그는 수사학적 기교와 신학적 통찰이 진정한 빛을 발하려면, 청빈과 경건에 근거한 설교자의 모범적 삶이 선행되어야 한다고 믿고 실천한 것이다. 아우구스티누스는 설교 주제와 내용에서 균형을 추구했다. 난해한 교리적 가르침과 복잡한 윤리적 실천 사이에서, 현재 실천할 과제와 다가올 내세의 준비 사이에서 균형을 유지하면서, 청중들에게 다양한 가르침을 전하려고 애썼다. 그뿐만 아니라, 아우구스티누스는 설교자로서 자신의 한계를 깊이 인식했다. 히브리어와 그리스어에 능통하지 못했던 그는 자신이 성경의 심오한 의미를 충분히 이해하지 못한다는 사실을 절감하며 괴로워했다. 오히려, 이런 약점을 정직하게 인식함으로써, 더 깊이 기도하고 연구하여 위대한 설교자로 명성을 얻었다.

크리소스토무스Johannes Chrysostomus는 본명이 아니라 사후에 주어진 것이며, 그리스어로 "황금의 입"이란 뜻이다. 이런 별명이 그에게 주어진 것은 그의 뛰어난 설교 때문이다. 비록 그가 콘스탄티노플의 대주교로서 목회와 교회행정에서 뛰어난 능력을 발휘했지만, 그가 교회사에 남긴 최고의 공헌과 유산은 그의 설교다. 그는 비유적 해석을 완전히 배제하지 않았지만, 성경의 본문에 충실하며 문화적·역사적 해석을 중시했고, 복잡한 신학적 주제에 대한 이론적 탐구 대신, 교회와 사회의 현실적 문제들에 대해 성경적 해법을 제시하려고 노력했다. 당시에 교회와 사회에 만연했던 물질적 사치, 도덕적 타락, 세속문화의 탐닉 등을 통렬하게 비판하면서, 동시에 수도원적 이상에 근거해서 영적 가치, 도덕적 순결, 사회적 책임을 강조했다. 특히, 설교를 통해 당대의 기득권세력을 비판함으로써 끊임없이 지배층과 충돌했다. 심지어, 황후에 대한 개인숭배를 "헤로디아가 다시 나타나 요한의 머리를 요구한다"고 비판했을 때, 그에 대한 정치적 보복을 피할 수 없었다. 하지만, 그런 위기상황에서도 그의 예언자적 설교는 멈추지 않았다.

중세

692년 트룰로 공의회Trullo Council에서 설교자들이 그들 자신의 설교를 직접 구성해선 안 되며, 크리소스토무스와 두 명의 카파도키아 신학자들, 즉 나지안주스의 그레고리우스Gregory of Nazianzus와 바실리우스Basil of Caesarea의 설교들을 모델로 삼으라고 지시했다. 결국, 중세 초기의 설교자들은 교부들의 글에 지나치게 매여, 과거의 것을 모방·편집하거나 직접 베끼는 수준에 머물 수밖에 없었다. 예전과 예배 양식이 발달하면서 설교보다 예배의 형식이 더 강조되었으며, 천사와 성인 숭배, 성상과 유물 숭배, 마리아 숭배, 축제와 축일의 유행으로 설교의 가치와 중요성이 하락할 수밖에 없었다. 그래서 설교학자 에드윈 C. 다아간은 중세 초기의 설교에 대해, "모든 역사를 통해 설교가 가장 낮은 상태에 있었다"고 평가했다.

하지만, 중세의 전성기에 들어가면서, 설교에 주목할 만한 변화가 발생했다. 대표적인 예가 발도파와 도미니크회였다. 발도파는 1170년에 프랑스 리용의 부자 발도Waldo 혹은 Valdez에 의해 시작된 운동이다. 발도는 가난한 사람들을 위해 자신의 모든 재산을 포기했고, 청빈을 기독교적 삶의 기본으로 생각했던 사람들을 대상으로 목회했다. 그들은 단지 성직자뿐 아니라, 모든 기독교인이 설교할 소명이 있다고 확신했다. 하지만, 이런 주장을 당대의 성직자들이 받아들일 수 없어서, 발도파는 가톨릭교회로부터 오랫동안 극심한 박해를 받았다.

1215년에 도미니크Domingo de Gezman는 카타리파의 영향을 받은 지역에서 설교운동을 전개하도록 그 지역 주교의 승인을 얻었다. 당시에 카타리파는 영지주의적 신앙에 근거해서 매우 엄격한 금욕적 삶을 실천했고, 대중들의 전폭적 지지를 얻으면서 교회의 위협이 되고 있었다. 이런 상황에서 도미니크는 수도회를 창설하여, 카타리파를 능가하는 청빈하고 사도적인 삶을 실천했고, 설교를 통해 교회가 사랑과 용서의 메시지를 전하도록 했다. 도미니크회 설교자들은 당대에 최고의 교육을 받은 사람들이었다. 그들의 설교는 단순한 메시지를 매우 지적으로 전달하여, 카타리파의 확산을 저지하는데 결정적 공헌을 했다. 그 결과, 1217년에 교황 호노리우스 3세Honorius Ⅲ는 이 새로운 조직을 '설교자들의 수도회'라고 명명했다.

1514년부터 남미에서 원주민들의 인권향상을 위해 영웅적 활동을 벌였던 바르톨로메 데 라스카사스Bartolomé De Las Casas가 노예소유주로서 자신의 삶을 포기하고 그런 일을 시작할 수 있었던 것은 자신과 동료 식민주의자들의 사악한 행동을 비판했던 한 도미니크회 수사의 설교를 들은 후였으며, 그 자신도 후에 도미니크회 수사가 되었다. 또한, 1490년대 이탈리아의 피렌체에서 독재하던 메디치가에 대항하여 공화주의를 주창했고, 당대의 매독과 동성애로 상징되던 성적 타락을 맹렬히 비판했으며, 심지어 타락한 교황 알렉산더 6세에게 저항했던 중세의 대표적 설교자 지롤라모 사보나롤라Girolamo Savonarola도 도미니크회 수사였다. 이런 예들은 중세의 설교와 관련해서, 도미니크회의 중요성을 단적으로 보여준다.

종교개혁 시대

마르틴 루터는 비텐베르크에 있는 동안 주일 아침 5-6시에 바울 서신, 9-10시에 복음서, 오후에는 오전의 교리나 요리 문답을 중심으로 설교했다. 주중에도 설교했는데, 월요일과 화요일에는 요리 문답을 풀어 강해했고, 수요일에는 마태복음을, 목요일과 금요일에는 사도들의 서신을 강해했으며, 토요일에는 요한복음을 설교했다. 루터는 교회력에 맞추어, 매 주일 정해진 순서대로 설교하였고, 교회 절기인 강림절, 성탄절, 주현절, 사순절, 부활절, 성령강림절에는 매년 같은 본문으로 설교했다. 그러나 그의 설교는 매년 달랐고 새로웠다. 루터는 1528년에 가장 많이 설교했는데, 145일에 걸쳐 195편의 설교를 했다고 한다. 현재 그의 설교는 약 2,300편이 남아 있다. 루터는 중세신학이 부패해진 원인이 성경 본문의 알레고리적인 해석에 기인한다고 생각하여, 의식적으로 알레고리를 피하고 문자적인 해석을 추구했다. 그는 약 15-16분 정도 설교했는데, 신학도들에게 "멈추어야 할 때를 알라"고 충고하면서, 지나치게 긴 설교를 경계했다.

장 칼뱅은 매주 성경을 연속적으로 강해했다. 평일에는 구약을 주일에는 신약을, 주일 오후에는 시편을 연속적으로 강해했다. 칼뱅은 성경의 의미를 정확히 파악하기 위해 본문의 문맥, 문법, 단어, 병행 구절을 연구하면서 역사적, 문법적인 해석을 시도했다. 이런 과정을 통해서, 한 편의 설교를 작성하고 약 40분 정도 설교했다. 그는 성경 하나만을 가지고 강단에 올라갔으며, 설교하기 위해 원고나 노트를 사용하지 않았다.

칼뱅의 영향을 받은 대부분의 개혁주의 교회에선 사람들의 미신적 신앙 생활을 막으려고, 예배가 없을 때에는 예배당 문을 잠그는 것이 규범이 되었다. 이것은 설교에 더 많은 관심을 둠으로써 개신교 목회가 대단히 간략해진 것과 보조를 맞추었다. 이제 교회는 설교와 가끔 행하는 공동 성만찬을 위해 존재했다. 그들의 가장 중요한 가구는 제단이 아니라 설교단이었다. 철저한 정도는 달랐지만, 루터교회 내부 장식도 이런 방식으로 재구성되었다.

한편, 영국의 종교개혁 기간 중, 메리 여왕에 의해 영국 교회가 가톨릭으로 회귀했을 때, 추기경 폴Reginald Pole은 교황 특사의 자격으로 잉글랜드에 소집된 공의회에서 개신교인들에 대항하기 위해 설교를 권장하고 설교집을 출판했으며 교구마다 성직자 훈련을 위한 신학교 설립을 추진했다. 이것은 발전하는 개신교 목사들의 교육 수준에 대응할 능력을 교구 성직자들이 갖추도록 가톨릭교회가 진지하게 고민했던 최초의 경우다.

종교개혁 이후

설교사에서 18세기는 특히 중요하다. 이 시대에는 영국과 미국에서 복음주의적 대부흥운동이 발생했고, 새로운 방식의 설교와 위대한 설교자들이 출현했기 때문이다. 먼저, 1739년에 웨슬리는 그의 친구이자 동료 목회자인 조지 휫필드George Whitefield, 1714-1770를 따라 야외에서 설교하기 시작했다. 전통적으로 설교는 예배당 안에서 예배 속에 진행되었으나, 이때부터 예배당을 벗어난 야외에서 설교하기 시작한 것이다. 이것은 후에 영국과 미국에서 크게 유행했다. 존 웨슬리가 야외에서 설교할 때, 수많은 사람이 모여들었고, 그처럼 교육받은 성직자들의 직접적·개인적 설교에 익숙하지 않았던 군중이 대중적 감정, 죄의식, 해방감에 사로잡혔다. 그들은 웃고, 울고, 땅바닥에 굴렀다.

존 웨슬리의 동료였던 조지 휫필드는 "강하면서도 부드러운 목소리, 완벽한 발음, 극적인 것에 대한 날카로운 감각, 그리고 미묘한 어형변화를 통해 거의 모든 단어에 감정을 입히는 능력을 갖추고 있었다. 후에 전해지는 말에 의하면, 그가 '메소포타미아'란 단어만 발음해도, 그의 청중들이 모두 눈물을 흘렸다고 한다." 그래서 휫필드의 전기를 썼던 헤리 스타우트Harry O. Stout는 휫필드를 "하늘이 내린 극작가"Divine Dramatist라고 명명했다.

이들과 전혀 다른 성격의 설교자가 조너선 에드워즈Jonathan Edwards였다. 그는 당대의 가장 명석하고 독창적인 사상가로서, 일반적인 부흥사의 대중적 이미지와 달랐다. 그의 관심사는 전적으로 학문적이었고, 하루 대부분을 서재에서 보냈다. 그의 설교들은 정교한 구조를 갖추었으며, 신학적 교리들에 대한 논리적 해설이었다. 에드워즈는 즉흥적으로 말하기보다는 원고를 차분히 읽어나갔다. 하지만, 그의 설교들은 청중들의 신경을 자극했고, 그의 설교로부터 비범한 능력의 부흥이 일어났다. 특히, 그의 설교, "진노하신 하나님의 손안에 있는 죄인들"은 제1차 대각성운동의 결정적 도화선이 되었다.

19세기에는 미국 흑인들의 설교에 주목할 필요가 있다. 설교는 미국 흑인들 안에서 특별히 중요했다. 흑인 설교자는 영적 안내자와 권면자로 섬겼을 뿐 아니라, 흑인 공동체를 위한 대변자로서, 백인이 유일하게 관용을 베풀었던 인물이었다. 흑인 설교는 19세기의 부흥운동적 감리교와 침례교의 자극을 받아서 독창적 스타일을 발전시켰고, 흔히 소리를 지르거나 격정적이었다. 죄, 중생, 구원 같은 복음주의적 주제들 외에, 유대인의 노예 생활과 궁극적 해방에 대한 구약의 이야기들을 자주 언급했다. 흑인 설교자들의 손안에서, 이런 이야기들은 영적 생활을 도울 뿐 아니라, 미국 역사에서 흑인의 고통에 대해, 특히 인종적 불평등에 대한 그들의 고통에 대한 설명으로 이바지했다. 1960년대에 마르틴 루터 킹 2세가 민권

마르틴 루터 킹 목사는 설교로 민권운동을 이끌었다

운동을 위한 대중적 협력을 끌어낸 것도 바로 설교였다.

20세기

1920년대에 라디오가 출현하면서, 일부 기독교인들이 라디오가 비교적 적은 비용으로 많은 사람에게 특히, 법적으로 선교가 금지된 지역의 사람들에게 복음을 전함으로써, 전통적 선교 사역에 보조적 구실을 할 수 있다고 깨달았다. 파크스 캐드맨S. Parkes Cadman이 선교적 목적으로 라디오를 사용했던 최초의 목회자로 알려졌다. 그는 1923년부터 라디오 설교를 시작했는데, 1928년부터 매주 주일 오후에 NBC 방송국을 통해 전국에서 약 5백만의 청취자들이 그의 강력한 설교를 들었다. 1920년대와 30년대의 대표적 라디오 설교자는 여성 전도자였던 에이미 샘플 맥퍼슨Aimee Semple McPherson이었다. 그녀는 세계 최초의 여성 라디오 설교자였으며, 자신이 세운 '천사성전' Angelus Temple에 라디오 방송국을 설립하여 미국 전역으로 설교 방송을 내보냈다.

텔레비전은 1930년대에 출현했으나, 제2차 세계대전 이후에야 대중화되기 시작했다. 1949년 봄에 잭 윌첸Jack Wyrtzen과 펄시 크로포드Percy Crawford가 개신교 목회자로서는 최초로 텔레비전에서 설교하기 시작했다. 1951년에는 가톨릭교회의 유명한 라디오 설교자 풀턴 쉰Fulton J. Sheen 신부가 텔레비전으로 사역지를 옮겼다. 1952년에 『타임』지는 쉰 신부를 "최초의 텔레비전 설교자"the First Televangelist라고 명했다. 1952년에는 렉스 험바드Rex Humbard 목사가 몇 년간 라디오 방송을 한 후, 매주 예배를 텔레비전으로 방송하기 시작했다. 이후, 빌리 그레이엄Billy Graham, 오랄 로버츠, 로버트 슐러Robert Schuller, 팻 로버트슨Pat Robertson, 짐 베이커Jim Bakker, 제리 폴웰Jerry L. Falwell, 지미 스와가트Jimmy Swaggart, 조엘 오스틴Joel Osteen 등이 텔레비전 설교자로 명성을 얻었다.

한국교회 이야기

1. 1884-1930년

이 시기에 주된 설교자들은 언더우드, 클라크, 모펫, 베어드, 레이놀즈 같은 선교사들이었다. 그들은 주로 복음과 영생, 속죄, 구원, 하나님의 사랑 등을 설교했고, 예화 중심의 주제 혹은 제목 설교가 주된 형식이었다. 1918년에 창간된 평양장로회신학교의 학술지 『신학지남』에 선교사들의 설교가 수록되기 시작했고, 1920년에 선교사 언더우드의 설교집 『원두우 강도취집』이 한국 최초의 설교집으로 출판되었다. 한편, 1901년부터 한국인 목사들이 배출되기 시작했는데, 서경조, 한석진, 양전백, 방기창, 길선주, 이기풍, 송린서, 김익두, 전덕기, 최병헌, 김종우 등이 대표적인 한국인 설교자들이었다. 하지만, 아직 신학 교육이 충분하지 못했고 설교자로서의 경력도 짧았기 때문에, 그들의 설교는 대체로 선교사들의 설교를 모방하는 수준에 머물렀다. 제목 중심의 풍유적 설교와 유비적 설교가 주를 이루었으며 도덕적 요소가 강했다. 아직 유교 및 봉건적 사상의 잔재가 강하게 남아 있어서 충군애국적 성격도 짙었다.

2. 1931-1945년

1907년 평양 대부흥 이후 한국교회는 지속적으로 부흥운동의 영향하에 있었으며, 부흥사들의 "복음적 설교"가 강단의 주류를 형성했다. 하지만, 자유주의 신학의 출현으로, 성경에 대한 문자적 혹은 유비적 해석에 근거한 기존의 설교형식과 달리, 성경 본문에 대한 비판적 연구와 해석의 길이 열렸다. 동시에, 민족주의와 비판적 교회론, 그리고 진지한 성경 연구를 결합한 무교회운동이 당대의 민족적·시대적 상황을 배경으로 성경 이해의 새로운 방향을 제시했다. 신사 참배 강요에 직면했던 목회자들은 민족주의와 종말론을 배경으로 저항적 메시지를 선포했고, 선교사들의 영향력에 반기를 들었던 민족 교회운동도 한국교회의 주체성과 독립을 강조했다. 하지만, 그것이 일제에 대한 조직적 저항으로 발전하진 못했다. 그뿐만 아니라, 원산과 철산에서 시작된 자생적 성령운동과 국외에서 유입된 오순절운동, 그리고 기존의 성결교회 성령운동은 묵시적 종말론을 배경으로 은사주의적·내세지향적 설교를 유행시켰다.

3. 1945-1960년

이 시기에 한국교회도 이념, 신학, 신앙양태에 따라 여러 분파로 분열했고, 그것이 설교에 그대로 반영되었다. 해방 직

한경직 목사

후, 한국교회의 최대 과제는 교회와 국가의 재건이었으므로, 친일의 죄를 반성하고 국가 재건에 협력해야 한다는 내용의 설교가 많았다. 대표적인 경우가 한경직 목사였다. 하지만, 해방 직후 극심한 좌우대립 속에서, 특히 남한 교회가 월남한 북한출신 기독교인들에 의해 재구성되고 한국 전쟁의 참상을 겪으면서, 반공주의가 한국교회 설교의 핵심으로 급부상했다. 물론, 이에 대해 경계하는 목소리들도 있었지만, 이런 흐름을 바꾸진 못했다. 또한, 이 시기에, 나운몽, 양도천, 박태선, 조용기 등의 영향하에 은사주의적 성령운동이 크게 유행했다. 이것이 전쟁 및 구호물자와 만나면서 기복주의가 한국교회에 빠르게 확산되었고, 그것은 부흥사들뿐 아니라 일반 교회 설교자들의 중심 메시지로 급부상했다.

4. 1961년 이후

정부의 전폭적 지원 속에 한국교회는 성장에 총력을 기울였다. 국가적 지원과 경제 성장을 배경으로, 대규모 전도 집회와 부흥회가 전국 교회를 도배했고, 은사 체험과 기복주의를 토대로 한 성령운동이 맹위를 떨쳤다. 이 과정에

서 한국교회 설교는 '축복=물질적 번영, 부흥=양적 성장, 성령=방언' 이란 공식을 일반화·대중화했다. 김동호 목사의 주장처럼, "모이자, 돈 내자, 집 짓자 " 가 시대적 구호가 되었으며, 축복, 성장, 성령이 시대적 키워드로 강단을 지배했다. 하지만, 민중 신학의 영향하에, 정의, 평화, 민주를 외치는 목소리도 만만치 않았다. 수적으로는 적었지만, 영향력은 결코 무시할 수 없었다. 그뿐만 아니라, 1980년대 후반에 이르러, 문자적 해석, 예화 중심, 제목/주제 설교가 지배하던 한국교회의 설교 전통에 대한 비판적 성찰이 심화되면서, 강해 설교에 대한 관심이 급증했다.

에필로그

1. 설교는 이 땅에 복음을 전하고 교회를 세우며 신자들을 양육하는 데 가장 중요하고 유용한 수단이다. 따라서 훌륭한 설교자들에 의해 설교가 역할과 책임을 다했을 때, 그것이 교회와 사회에 끼친 긍정적 영향은 엄청났다. 역으로, 설교자가 부패하고 설교가 길을 잃었을 때, 그것은 모두에게 저주였다.

2. 설교의 지위와 전달 방식도 시대마다 다양하고 역동적으로 변했다. 하지만, 그런 변화와 다양성 속에도 설교의 본질은 바뀌지 않았다. 결국, 불변의 진리를 시대와 문화에 적합한 방식으로 전달하는 것이 중요하다. 진리를 무시하면 부패하고, 적응에 실패하면 소멸하기 때문이다.

3. 설교와 설교자의 관계는 동전의 양면과 같다. 따라서 설교자의 영적, 신학적, 윤리적 자질이 설교에 결정적 영향을 끼친다. 동시에, 설교자와 설교는 성령 및 회중과의 관계 속에서 기능하고 성장한다. 따라서 설교자와 성령과 교회는 공동 운명체로서, 함께 협력하여 작용해야 한다.

제9장

기도

예수는 물러가사 한적한 곳에서 기도하시니라 (눅5:16)

성경 속의 예수는 기도하는 분이셨다. 때로는 홀로, 때로는 제자들을 위해, 때로는 자신의 죽음 앞에서 예수는 기도하셨다. 초대교회도 기도하는 공동체였다. 기도 속에 공동체가 형성되었고, 기도로 박해와 위기를 극복했다. 그렇게 교회사는 기도의 역사로 이어졌다. 교회사 속에 나타나는 수많은 오류와 실책, 탄식과 절망, 왜곡과 변절, 불신과 배교의 기록에도 불구하고, 그 역사가 세속의 역사와 구분될 수 있는 것은 기도하는 사람들의 존재 때문이다. 그들의 거룩한 기도가 "세속의 도시" 한복판에 "하나님의 도성"을 세울 수 있었던 것이다. 기도의 불길이 타오를 때, 교회는 세상의 빛이 되었다. 그러나 기도의 불길이 꺼졌을 때, 교회는 세상의 그늘이 되었다. 세상의 빛이 된 '기도의 사람들' 이 장의 주제다.

성찰의 기도: 아우구스티누스

위대한 교부 아우구스티누스는 북아프리카의 타가스테에서 이교도 아버지와 독실한 어머니 사이에서 태어났다. 유복한 집안은 아니었으나, 부모의 적극적 후원하에 카르타고에서 수사학을 공부하고 수사학 교사가 되었다. 수사학에 대한 관심 외에, 진리에 대한 갈증으로 목말라하던 그는 청년 시절 동안 마니교에 심취했다. 하지만, 그는 오랜 방황 끝에 극적으로 회심했다. 그는 고향으로 돌아가서 친구들과 수도원 공동체를 조직하고 신학 연구와 경건 생활에 몰두했다. 391년에 사제 안수를 받았으며, 395년에 히포의 감독 발레리우스Valerius와 함께 공동 감독으로 추대됐다. 얼마 후 발레리우스가 세상을 떠나자 홀로 감독직을 맡게 되었으며, 생을 마감할 때까지 그 자리를 지켰다.

감독이 된 이후, 아우구스티누스는 더는 학문 연구와 명상 생활에만 전념할 수 없었다. 정치적 격변과 신학적 혼돈의 시절을 통과하면서, 그는 감독으로서 엄청난 양의 행정 사무와 신학 논쟁에 관여했기 때문이다. 그럼에도, 그는 수도사적 삶의 양식을 고수하며 서방 수도원운동의 토대를 놓았고, 펠라기우스Pelagius와 도나투스파 등의 신학적 도전에 맞서 서방 신학의 뼈대를 형성했다. 그 외에도, 삼위일체 같은 신학적 주제, 전쟁 같은 윤리적 문제, 그리고 로마의 멸망 같은 역사신학적 고민에 대해, 위대한 저술들을 남겼다. 그가 이렇게 위대한 기독교 사상가 및 행정가로서 업적을 남길 수 있었던 배후에는 수사학 교사로서의 경력, 심오한 회심 체험, 그리고 신플라톤주의 연구 등의 영향이 컸던 것으로 보인다.

그렇다면, 아우구스티누스는 어떤 기도를 드렸을까? 아우구스티누스와 기도의 관계는 그의 『고백록』에서 확인할 수 있다. 387년에 밀라노에서 감독 암브로시우스에게 세례 받은 아우구스티누스는 397-400년 사이에 『고백록』을 집필했다. 자신의 회심 과정을 상세히 밝히는 과정에서, 아우구스티누스는 자신 안에 내재한 뿌리 깊은 죄성과 하나님의 심오한 은총을 치밀하게 대비하면서, 끊임없이 하나님을 찬양하고"주님은 위대하시고 크게 찬양받으실 만합니다 ", 자신의 죄를 정직하게 고백했다."주 하나님, 나는 죄를 지었나이다" 즉, 아우구스티누스의 기도는 자신에 대한 깊은 성찰을 통해 하나님을 향한 거룩한 찬미와 자신의 죄에 대한 통렬한 회개로 이어졌다. 결국, 아우구스티누스의 기도는 하나님 앞에서 정직한 자아 성찰의 자리였다.

사귐의 기도: 성 프란체스코

중세의 성자 프란체스코는 이탈리아 중부의 아시시에서 부유한 직물 상인의 아들로 태어났다. 유복한 집안에서 성장한 그는 사치스럽고 방탕하게 청춘을 보냈지만, 질병과 군대 생활을 겪으면서 신앙에 관심을 갖게 되었다. 어느 날, 폐허가 된 성 다미아노Son Damiano 성당에서 기도하던 중, 제단 위에 있던 십자가가 "프란체스코, 가서 내 집을 수리하라. 네가 보듯이 그것은 무너지고 있다"라고 말하는 소리를 들었다. 그는 아버지 가게에서 옷감을 팔아 교회에 바쳤다. 그는 이 일로 아버지와 재판까지 하며 결별하고 말았다.

1208년에는 예배 시간에 낭독된 복음서 말씀마10:7-10을 듣고, 자발적 가난을 실천하기로 했다. 곧 그를 따르는 무리가 생겼고, 1210년에 교황 인노켄티우스 3세Innocentius Ⅲ, 1161~1216에 의해 '작은 수사들의 수도회'로 승인 받았다. 그를 따르던 여성들을 위해 그의 친구이자 제자인 아시시의 성 클라라Clara di Assisi가 1212년에 '가난한 여인들'이란 여성 수도회를 설립했다. 후에는 일상적 직업에 종사하면서 프란체스코 수도회의 정신과 가르침을 실천하도록 '제3의 수도회'도 설립되었다.

프란체스코는 가난을 실천하고 자연을 사랑했으며 평화를 추구했다. 따라서 그가 설립한 수도회는 청빈을 최고의 실천 덕목으로 삼았으며, 그는 태양을 형제, 달을 자매라고 불렀다. 그가 새들에게 설교하고, 늑대를 변화시켰다는 이야기가 오늘까지 전설처럼 전해진다. 제5차 십자군 전쟁 기간, 그는 직접 이집트의 술탄을 찾아가서 복음을 전했고, 전쟁의 비극을 종식하려고 노력했다. 죽기 2년 전인 1224년, 그는 라베르나 산의 한 암자에서 철야 기도를 마친 후, 십자가에 달린 그리스도의 상처와 같은 상처가 자신의 몸에 나타났다. 그 상처로 말미암은 극심한 고통 속에 신음하다, 그는 1226년 10월 3일에 포르티운쿨라Portiuncula 근처의 한 오두막에서 조용히 숨을 거뒀다.

이처럼 가난과 자연을 벗으로 삼고, 마지막까지 순결하게 그리스도를 사랑했던 프란체스코는 위대한 기도의 사람이었다. 그는 기도 속에서 수많은 환상과 계시를 체험했다. 기도 중에 제단 위의 십자가가 말하는 소리를 들었고, 기도 후에 성흔stigmata이 나타났던 것이다. 이것은 기도 속에서 그가 하나님과 온전히 연합했다는 명백한 증거다. 동시에, 그는 기도를 통해 주님의 뜻을 생생히 들을 수 있었고, 그 뜻에 성실히 순종하면서 주님을 닮아갔다. 그 결과, 당대의 수많은 사람이 프란체스코의 삶과 가르침에 깊은 감동을 받았고, 교회도 사후 2년 만에 그를 성인으로 선포할 수밖에 없었다. 그렇다면, 프란체스코의 기도는 하나님과의 심오한 인격적 교제였음이 틀림없다.

믿음의 기도: 조지 뮐러(George Müller, 1805~1898)

1805년에 프러시아에서 태어난 조지 뮐러는 어린 시절에 도둑, 거짓말쟁이, 도박꾼이었다. 10살 때는 세무서 직원이었던 아버지로부터 공금을 훔쳤고, 어머니가 임종을 맞을 때는 친구들과 술을 마시며 도박에 빠져 있었다. 그런 아들을 걱정하여, 그의 아버지는 그가 성직자가 되어 안정된 삶을 살길 원했다. 결국, 아버지의 뜻에 따라 할레대학교에 입학한 뮐러는 어느 날 친구의 권유로 한 기도 모임에 참석했다. 그곳에서, 그는 열정적으로 기도하는 사람들의 모습에 큰 감동을 하고, 정기적으로 성경을 읽고 기도하는 삶을 시작했다. 뮐러는 죄를 깊이 자각하고 구원을 위해 기도하며, 술, 도둑질, 거짓말을 단호하게 끊었다. 그 후, 선교사가 되길 소망하며, 가

5만번의 기도응답으로 알려진 조지 뮐러와 고아원

까운 교회에서 정기적으로 설교하기 시작했다.

1829년에 유대인들과 사역하기 위해 런던에 갔던 뮐러는 오래지 않아 질병으로 사역을 중단할 수밖에 없었다. 그는 1832년에 베데스다채플에서 사역하기 위해 브리스톨로 이주했으며, 1834년에 국내외 복음전파를 위해 '성경연구원'을 설립했다. 또한 모교인 할레대학교의 교수이자 경건주의운동의 지도자였던 프랑케August Hermann Francke의 고아원 사역에 큰 감명을 받고, 1836년부터 고아원 사업을 시작했다. 그는 정부기관의 보조나 모금 활동 없이, 오직 성경에 근거한 믿음의 기도로 이런 사업들을 운영했다. 그는 주간학교, 주일학교, 성인학교를 세웠고, 성경과 신앙 서적들을 보급했으며, 허드슨 테일러를 포함한 수많은 선교사를 재정적으로 후원했다. 70세가 되던 1875년부터 17년 동안, 그는 아내 수잔나와 함께 전 세계를 다니며 복음을 전했다. 비행기가 없던 시절에 그의 선교 여행은 그 자체가 경이로운 사건이었다. 그는 평생 117개의 학교를 설립하여 120,000명의 아동을 교육했고, 10,024명의 고아를 돌보았다. 1898년, 뮐러는 자신이 세운 고아원의 한 방에서 조용히 숨을 거두었다.

조지 뮐러는 흔히 "5만 번의 기도 응답"을 받은 것으로 유명하다. 그는 자신의 학업뿐 아니라, 학교와 고아원 사업, 그리고 세계 선교 여행의 모든 경비를 믿음의 기도로 충당했다. 특히, 고아원 아이들이 먹을 빵과 우유가 떨어졌을 때, 기도의 응답으로 기적처럼 제때에 음식이 공급되었고, 항해 중에 짙은 안개로 위기에 처하자 기도로 위기를 넘기기도 했다. 이런 체험은 그의 사역과 삶 전체가 '믿음의 기도'에 의지하게 하였으며, 그런 체험은 수많은 사람에게 큰 감동과 도전이 되었다. 그에게 하나님은 단지 인간의 머릿속에 존재하는 관념적 실재가 아니라, 삶의 작고 구체적인 부분까지 돌보는 전능하신 분이었다. 그런 믿음이 그의 기도에 힘을 불어 넣고, 끊임없이 반복되는 경이적 응답이 그의 기도에 더 큰 동력을 제공했다. 그렇게 그는 기도의 전설이 되었다.

존재의 기도: 이용도

기도의 사람 이용도는
33살에 빈손으로 세상을 떠났다

이용도 목사는 황해도 해주에서 가난한 농부의 아들로 태어났다. 아버지는 술꾼이었고, 어머니는 독실한 기독교인이었다. 그는 어머니의 눈물 어린 기도를 보고 자랐으며, 13세부터 직접 예배당 종각에 올라 밤새도록 기도했다. 15세에 개성의 한영서원에 입학했으나, 4년에 마칠 학업을 가난 속에 9년 만에 끝냈다. 그나마 정식 졸업장도 받지 못했다. 1919년에는 독립운동에 연루되어 3년여간 복역했다. 중학교 교장의 추천으로 협성신학교에 입학한 그는 시, 노래, 연극에 관심을 보였고, 그곳에서 평생의 벗이 될 이호빈과 이환신을 만났다.

1921년 겨울, 이용도는 폐병 3기 판정을 받고, 이환신과 함께 강동으로 요양을 떠났다. 뜻밖에, 그곳에서 교인들의 부탁을 받고, 그는 처음으로 부흥회를 인도하게 되었다. 집회 전에 밤을 새우며 기도했고, 집회에선 눈물과 피를 토하며 설교했다. 이때부터 이용도는 기도의 사람이 되었고, 그의 명성은 빠르게 확산했다. 1929년 한 해 동안 원산, 인천, 평양, 서울을 넘나들며 20여 개의 교회에서 부흥회를 인도했다. 그가 가는 곳마다 사람들이 몰려들었고, 집회마다 감동과 통곡의 물결이 이어졌다.

하지만, 그의 명성이 절정에 달했던 1931년을 기점으로, 그의 건강이 악화되기 시작했다. 그에 대한 교계의 공격도 극에 달했다. 1931년 9월에는 아현성결교회에서 집회도중 쫓겨났고, 장로교 황해노회가 그를 집회에 초청하지 않기로 결의했으며, 평양노회는 그에게 금족령을 내렸다. 특히, 1932년에 발생한 소위 '입류 사건'을 계기로, 가까운 사람들마저 그의 곁을 떠났다. 1933년에는 감리교회

중부연회가 그에게 휴직 처분을 내렸다. "苦는 나의 선생, 貧은 나의 애처, 野는 나의 궁전, 自然은 나의 애인의 집"이라고 고백하며 주님과 더불어 살겠다고 몸부림쳤던 이용도 목사는 그렇게 세상의 오해와 냉대 속에 쓸쓸히 생을 마감했다. 1933년, 예수처럼 꼭 33해를 살고 빈손으로 떠난 것이다.

이용도 목사는 기도와 자신의 관계를 다음과 같이 표현했다.

기도가 없을 때 나의 영이 마르는 때입니다. 가뭄이 오래면 논과 밭 그 바닥은 갈라지고 터지는 것처럼 기도의 가뭄이 오랠수록 나의 마음 밭은 폴삭폴삭 먼지가 날 뿐아니라 갈라지고 터지어 나의 영은 아픔을 느끼고 있다. 왜 그런고 하니 기로도만 나의 영은 윤택하여 지고 은혜의 비에 젖게 되는 까닭입니다. 기도가 없을 때는 나의 영은 괴로운 때입니다. 기도는 나의 기쁨이요 나의 의미요 나의 생명이요 나의 일이외다. 기도가 없어 나의 기쁨도 없고 나의 존재도 의미도 없고 나의 생명도 없고 나의 일도 없습니다. 기도는 곧 나의 생명이요 나의 운동이올시다. 기도보다 더 큰 일이 없는 것 같습니다.

이용도 목사에게 기도는 그의 존재 자체였다. 기도 없는 삶을 상상할 수 없었던 것이다. 그에게 신앙이 삶의 한 영역이 아니라 삶 자체였듯이, 기도는 신앙의 한 형식이 아니라 신앙 자체였다. 그렇게 기도는 그의 삶이었고 존재였다.

한국교회 이야기

한국에 파송된 선교사들은 미국 부흥운동의 영향을 깊이 받은 사람들이었다. 따라서 그들이 한국교회에 기도의 열정과 중요성을 가르친 것은 지극히 당연했다. 이것이 장독대와 정화수로 상징되던 한국인들의 종교적 열정과 만나면서, 한국교회의 독특한 종교 문화로 자리 잡았다. 한국교회사 초기부터, 한국교회는 새벽 기도와 통성 기도의 전통을 형성하기 시작했다. 새벽 기도의 기원은 정확히 알 수 없으나, 1904년 북장로회 평양선교부 보고에 한국교인들이 새벽에 기도했다는 기록이 처음으로 나온다. 평양에서 거행된 겨울 사경회 때 참석자들이 묵는 집마다 "동틀 무렵 기도와 찬양"을 드리는 것으로 하루를 시작했다고 보고한 것이다.

평양 부흥운동 기간을 통해, 통성 기도도 한국교회의 독특한 기도 문화로 급부상했다. 집회 중, 전혀 예상치 못한 상황에서, 한국교인들이 집단적으로 성령의 임재 속에 기도하기 시작했다. 당시의 한 장면이다.

헌트 목사가 설교를 하고 리 목사가 몇 마디 광고를 한 후에 '우리 모두 기도합시다'라고 했더니 그 순간 갑자기 예배당 안에 가득 모여 있던 사람들이 소리를 내서 기도하기 시작했다. 예배당 안에 있는 사람들은 모두 소리를 내서 기도한 것이 분명했다. 그 경이로운 장면이란! 어느 한 사람도 혼자 목소리를 크게 내서 기도하는 것이 아니어서 귀를 기울여 들으면 각자의 기도소리를 분간해낼 수 있을 정도였다. 어떤 사람은 울면서, 또 어떤 사람은 자기 죄목을 나열하며 하나님께 용서를 비는 기도를 드렸다. 모든 사람이 성령 충만을 간구했다. 그렇게 많은 사람이 소리를 내서 기도하였는데도 전혀 혼돈이 없었다.

이런 광경을 처음 목격한 선교사들에겐 이 현상을 설명할 적절한 신학적 용어가 없었다. 그래서 선교사들마다 '소리 내서 하는 기도' audible prayer, '함께 소리 내서 하는 기도' united audible prayer, '제창 기도' prayer of unison라고 다양하게 명명했다.

1930년대에는 평양에서 이용도 목사를 중심으로 은사주의적 성령운동이 강하게 폭발했고, 거의 같은 시기에 오순절파 선교사 메리 럼지가 입국하여 한국 최초의 오순절교회를 세우면서, '방언 기도'가 유행하기 시작했다. 이후, 나운몽 장로의 용문산기도원과 조용기 목사의 순복음교회를 통해, 방언 기도는 한국교회 성령운동의 대표적 현상이자, 한국교회의 중요한 기도 문화로 널리 확산하였다. 하지만, 방언 기도가 대중화되면서, 은사중지론을 신봉하는 보수적 장로교회의 신학적 비판이 제기되었다. 이 논쟁은 지금까지 진행 중이다.

한편, 한국 전쟁 이후, 정치적으로 혼란했던 한국사회에서 새로운 형태의 기도 문화가 출현했다. 하나는 1960년대에 보수적·친정부적 기독교 지도자들이 정부를 위해 '국가조찬기도회'를 시작한 것이며, 다른 하나는, 1970년대에 진보적 기독교인들이 군사 정권의 폭압에 대한 저항의 표시로 '목요기도회'를 시작한 것이다.

국가 조찬 기도회는 미국의 국가 조찬 기도회를 모방해서, CCC의 김준곤 목사 주도로 1965년 2월 27일에 '국회 조찬 기도회'란 이름으로 처음 열렸다. 여기에

CCC 김준곤목사의 주도로 시작한 대통령을 위한 조찬기도회

는 당시의 정치적 실세였던 김종필 공화당 의장, 김영삼 민주당 원내총무, 정일권 국무총리 등이 참석했다. 1966년 3월 8일에 '대통령 조찬 기도회'가 처음 열렸고, 1976년부터는 '국가 조찬 기도회'로 명칭을 바꾸어 지금까지 이어오고 있다.

반면, 1974년에 자생적 공산주의자들에 의한 반정부 용공운동으로 규정되어, 인혁당 재건위를 포함한 관련자들에게 사형과 무기 징역 등이 구형되었던 소위 '민청학련사건'이 발생했다. 하지만, 수사과정에서 고문과 사건 조작이 있었음이 공판 과정에서 드러났다. 이런 상황에서, 1974년 7월 18일부터 서울 종로 5가 기독교회관 2층에서 '구속된 자들과 함께 드리는 목요 정기기도회'가 젊은 목회자들을 중심으로 시작되었다. 매주 목요일 오전 10시에 정례적으로 진행되

다가, 1976년 5월 3일부터 금요일로 요일을 변경해서 기도회를 이어갔고, 1990년 대 이후 민주화와 함께 자연스럽게 중단되었다. 이 기도회가 당국의 사건 조작을 폭로하고, 민주 회복과 인권 회복을 요구하는 부담스런 공간으로 발전하자, 정권의 탄압을 받았다.

에필로그

1. 기도는 말씀과 더불어 우리가 하나님과 소통할 수 있는 또 하나의 결정적 통로다. 보이지 않는 하나님과 관계를 발전시키고, 영적 존재로서 인간의 본질을 유지하기 위해, 우리는 기도해야 한다. 그런 면에서, 교회사는 기도의 역사였다. 기도가 없으면 교회도 없다.

2. 교회사는 기도의 다양한 양식을 보여준다. 기도의 본질은 같지만, 그것이 역사와 문화 속에서 표현된 방식은 다양하고 풍성하다. 기도를 통해 자아를 성찰하고, 하나님과 소통하며, 믿음의 능력을 드러낼 수 있다. 심지어 기도는 인간의 존재 자체이기도 하다. 그래서 기도는 신비다.

3. 한국교회에서 기도의 불이 꺼지면서 부흥의 열기도 시들었다. 자본과 이성의 광풍 속에서, 불신과 세속의 폭우 속에서, 기도의 불꽃은 지극히 위태롭다. 기도의 불길이 온전한 온도, 강도, 방향으로 타오르도록, 우리는 지금 당장 십자가 앞에 무릎을 꿇어야 한다. "기도 외에 다른 것으로는 이런 종류가 나갈 수 없느니라"막9:29.

제10장

음악

시와 찬송과 신령한 노래들로

서로 화답하며 너희의 마음으로 주께 노래하며 찬송하며 (엡5: 19)

하나님의 현존을 경험했던 인간의 원초적 반응은 경외감이다. 인간과 질적으로 완전히 다른, 그야말로 "절대적 타자"를 대면했을 때, 인간은 그의 위대함과 영광에 압도되어 지극한 두려움과 놀라움 속에 전율할 수밖에 없다. 하지만, 그 경험은 단지 충격과 공포에 머물지 않고, 절대적 환희와 탄성으로 이어진다. 이렇게 신비로운 경험에서 기인한 환희는 예배 속에서 성스러운 음악, 즉 찬송으로 표현되었다. 이 찬송이 말씀, 성례, 기도와 함께 교회 예배의 핵심을 구성했고, 기독교 문화의 중요한 축을 형성해왔다.

기원

기독교는 유대교의 한 분파로 시작되었기에, 최초의 기독교인들은 예수처럼 회당과 성전에 참석했으며, 그들의 분리된 모임에서도 유대교와 같은 음악을 사용했을 것이다. 복음서에 기록된 집단적 찬송은 마26:30에 나온다. "이에 그들이 찬미하고 감람산으로 나아가니라." 복음서 외에, 에베소서5:19과 골로새서 3:16 같은 바울서신에서 "시와 찬미와 신령한 노래를 부르라"는 목회적 권면이 있다.

성경 외에, 기독교인들의 찬송에 대한 기록은 비시니아의 총독 플리니가 서기 112년에 로마 황제 트라얀에게 보낸 편지에서 발견된다. 기독교인들을 어떻게 처리해야 할지에 대한 조언을 구하면서, 플리니는 자신이 파악한 기독교인들에 대해 보고했는데, 그 보고서 중에 이런 구절이 있다. "그들은 새벽에도 모여 신에게 하듯이 그리스도에게 교대로 찬송을 불렀습니다." 교대로 찬송하는 것은 고대 이스라엘의 예배에서 기원한 것으로 보인다. 안디옥의 이그나티우스에 의해, 이런 방식이 기독교 예배에 도입된 것으로 보이는데, 그는 천사들의 성가대가 교대로 찬양하는 것을 환상으로 보았다고 한다.

초기 기독교 음악에서 악기의 사용은 환영받지 못했던 것으로 보인다. 4세기 말이나 5세기 초에, 히에로니무스는 기독교인 처녀는 수금이나 플루트가 어떻게 생겼는지, 어떤 용도로 사용되는지 몰라야 한다고 썼다. 교회 오르간 음악은 7세기에 교황 비탈리아노Vitalian 시절에 도입된 것으로 알려졌다.

한편, 초기 교회 음악은 로마의 영향도 크게 받았다. 5세기에 밀라노의 주교 암브로시우스가 교회 음악에 명확한 형태를 부여하는 4개의 유명한 찬가를 만들었다. 이것이 하나의 범례가 되어, 많은 시인과 작곡가들이 좋은 찬가를 쓰도록 유도했다. 많은 교회들이 암브로시우스 찬가를 공식 음악으로 채택하여 사용하게 되었고, 예배의 필수적 요소가 되었다. 이 암브로시우스의 찬가가 중세에 그레고리오 성가로 계승되었다.

중세

9세기부터 쓰이기 시작한 그레고리오 성가Gregorian Chant는 미사와 다른 예배에 동반되었던 라틴어로 된 무반주 종교 음악이다. 『가톨릭 대사전』은 "그레고리오 성가는 교황 성 그레고리오 1세540~604 때 형성된 것으로, 그전까지 구전되어 오던 성가를 집대성하여 정착시켰다는 점에서 그레고리오 성가라 불리게 되었다"고 기술한다. 학자들의 연구에 의해, 그레고리오 성가가 그레고리오 교황의 손에 의해 만들어지거나 집대성된 것이 아니라고 밝혀졌다. 하지만, 그가 이 음악의 발전에 중요한 공헌을 한 것은 사실이다. 교황 그레고리오 1세는 전례 음악에 상당한 관심을 기울여 '가수 학교' schola cantorum를 설립하고 성가대를 육성했으며, 이때부터 전례 성가의 전통이 수립되고 중세 음악 교육이 발전했기 때문이다.

사실, 이 음악 형식은 수도원에서 기원했다. 수도원에서는 『베네딕트 규칙』에 따라 적절한 때에 하루 9번 "거룩한 예배" Divine Service를 드렸는데, 찬송하는 것이 수도원 생활의 중요한 부분을 차지했다. 이 음악의 특징은 현대의 7 음계와 달리 6 음계였으며, 악보는 '네우마' 4)라는 독특한 기보법을 기본으로 삼았다. 이 음악은 남성 성악가만 연주했고, 무반주였으며, 단성 음악한 선율을 한 명 또는 사람 다수가 부르는 성가을 특징으로 했다. 당시에는 음악의 대상이 하나님이었기 때문에 작곡가에겐 관심이 없었다. 세월이 흐르면서, 그레고리오 성가는 많은 변화와 개혁을 겪었다. 12-13세기 동안, 그것은 주로 서부와 중앙 유럽의 프랑크 지역에서 정리되고 체계화되면서 악보가 만들어졌다.

종교개혁

종교개혁은 찬송가에 대해 두 가지 상반된 태도를 가져왔다. 하나는 개혁주의자들의 태도로서, 이들은 성경이 직접 명령하지 않은 것은 권위 있는 것으로 인정하지 않았기 때문에, 성경에서 직접 인용되지 않은 찬송과 일체의 악기 반주를 금지했다. 그래서 교회에서 오르간을 철거했다. 찬송가 대신 성경의 시편을 반주 없이 불렀다. 이런 예는 스코틀랜드 자유교회들을 포함하여 다양한 장

---

4) 지휘할 때의 신호, 손짓을 의미하며, 성가대 지휘자의 지휘 동작을 모방해서 만들어졌고, 강세, 리듬의 뉘앙스, 장식적 효과, 음색과 특수한 발성법 등이 상세하게 기록되어 있다.

소에서 지금도 발견된다. 곡조는 프랑스 민요나 샹송에 맞추어 불렀다.

마르틴 루터로 대표되는 다른 그룹은 많은 찬송가를 작곡하여 즐겨 불렀다. 루터는 독일 회중 찬송인 코랄을 만들어 국민이 부르게 했다. 루터는 회중들이 쉽게 따라 부를 수 있도록 독일어 가사와 쉬운 곡조의 노래를 만드는데 전력했다. 루터와 그의 추종자들은 회중들에 신앙 교리를 가르칠 목적으로 코랄을 자주 사용했다. 세 종류의 코랄이 있었다. 첫째는 새로 창작한 것, 둘째는 당시에 인기 있던 종교적·세속적 민요의 곡조나 가사를 개편한 것, 셋째는 그레고리오 성가의 곡조를 편곡하거나 라틴어 가사를 독일어로 번역한 것이다. 루터의 영향으로, 자작 찬송이 활성화되고 자국어 찬송이 토착화되었다. "내 주는 강한 성이요"새찬송가 585장가 대표적이다. 그는 진정 회중 찬송가의 창시자였다.

근대 찬송가의 등장

종교개혁 이후, 교회 음악은 경건주의자들 사이에서 중요한 변화와 발전을 경험했다. 그들은 루터교회 예배의 웅장함과 음악적 정교함에 반대하며, 비형식성과 감정의 외적 표현을 강조했다. 이런 경건주의의 특성은 그들의 찬송가에도 그대로 반영되어, 종교전쟁으로 폐허가 된 사회에서 성도들의 상처 받은 마음에 큰 위로가 되었다. 그런 전통은 18세기에 모라비안교도들에게 계승되었다. 경건주의자 친첸도르프 백작Nikolaus Ludwig, Graf von Zinzendorf이 이끌었던 모라비안 공동체는 예배를 자주 드렸는데, 그들의 예배는 노래로 가득했다. 설교도 노래로 전달될 수 있을 정도로 말이다. 그들은 새로운 찬송가를 만들었으며, 성가대를 갖춘 회중과 매일 한 시간씩 찬송을 불렀고, 악기에 대한 청교도적 두려움도 갖지 않았다. 한편, 경건주의 영향을 깊이 받았지만, 경건주의 음악의 일반적 흐름과 다른 길을 걸었던 인물로 요한 세바스찬 바흐Johann Sebastian Bach, 1685-1750를 기억해야 한다. 교회사가 디아메이드 맥클로흐Diarmaid MacCulloch는 바흐에 대해 이렇게 평가했다. "그의 칸타타들은 루터교회가 서양의 문화전통에 끼친 가장 위대한 공헌 중 하나였다. 그의 칸타타는 종교개혁의 위대한 찬송 중 일부를 활용하여 정해진 날을 위한 설교와 예배의 주제들에 대해 독일어로 쓴 음악적 주석이었다."

　같은 시기에, 영국에서도 비슷한 변화와 발전이 있었다. 대표적 인물이 아이작 왓츠Isaac Watts였다. 그도 개혁주의 전통을 따랐지만, 동시에 성경을 직접 각색하지 않은 영국 찬송가를 최초로 썼다. 그는 평생 700편 정도의 찬송가를 썼는데, 우리 찬송가에도 '구주와 왕이신 우리의 하나님7장', '목소리 높여서6장', '기쁘다 구주 오셨네115장', '만왕의 왕 내 주께서151장', '웬 말인가 날 위하여143장', '주 달려 죽은 십자가149장', '주 사랑하는 자 다 찬송할 때에249장', '십자가 군병 되어서353장', '천성을 향해 가는 성도들아359장' 등이 실려 있다. 후대의 작가들은 더 자유롭게 찬송가를 썼으며, 다양한 비유도 사용했다.

　왓츠와 모라비안의 영향하에, 찰스 웨슬리Charles Wesley가 찬송가를 통해 감리교 신학을 전파했다. 그는 옛 찬송가 속에 나타난 단순한 예배뿐 아니라, 하나님과의 관계 속에서 개인적 감정을 표현했다. 그는 평생 8,989개의 찬송을 지었는데, 우리 찬송가에 '하나님의 크신 사랑15장', '만입이 내게 있으면23장.' '천사 찬송하기를126장.' '예수 부활했으니164장', '천부여 의지 없어서280장' 등이 포함되어 있다.

웨슬리 이후

　미국의 흑인 노예들이 노예생활의 경험을 신앙적으로 승화하는 방법으로 소위 '흑인영가' negro spirituals를 만들었다. 흑인영가는 백인들의 악보화 된 음악과 달리, 독창적이고 복잡한 리듬이나 멜로디, 그리고 그들만의 불협화음을 쓰며 박수와 몸동작, 합창, 발 구르기 등의 형태로 다양하게 불렸다. 후에 재즈의 탄생에 영향을 주었고, 현대 R&B 음악의 뿌리가 되었다. 18세기 초반에 발생하여 흑인들 사이에서만 불리다가 후에 흑인 교회나 대학 합창단의 공연을 통해서 미국 전역과 유럽 각지로 퍼졌다. 특히, 테네시 주 네시빌에 있는 피스크대학교의 '피스크 주빌리 싱어즈' Fisk Jubilee Singers가 흑인영가보급에 큰 역할을 했다. 대표곡으로 '깊은 강', '그 누가 나의 괴롬 알며', '거기 너 있었는가' 등이 있다.

19세기에 미국에서 일어난 대부흥운동의 영향으로 창작된 곡들이 복음성가Gospel song라고 불리기 시작했다. 대표적인 작사, 작곡가는 패니 크로스비Fanny. J. Crosb, 이라 생키Ira D. Sankey, 필립 블리스Philip P. Bliss, 존 스웨니John. R. Sweney등이다. 부흥운동이 일어난 당시에, 부흥회 외에 여러 교인이 예배 장소가 아닌 곳에서 부르기 시작한 곡들도 오늘날 복음성가로 많이 전해져 온다. 가스펠이란 말은 God+spell로서 1874년에 필립 블리스가 발표한 찬양집의 제목이 *Gospel*이었던 것에서 유래했다.

1960년대에 히피 문화에 깊이 영향받은 젊은이들이 갈보리채플의 척 스미스 Chuck Smith, 1927-2013목사가 주도한 '예수운동' Jesus Movement을 통해 신앙을 갖게 되었다. 이 운동을 통해 조폭, 록스타, 마약 중독자, 청소년들이 교회를 찾게 되었고, 이들을 위해 포크, 록, 재즈, 헤비메탈, 랩과 복음을 결합한 새로운 교회 음악이 탄생했다. 이것이 CCMContemporary Christian Music이다.

한국교회 이야기

한국에 처음 복음을 전한 사람들은 만주에서 세례를 받은 서상륜과 백홍준 같은 매서인들이었다. 그들은 소래와 의주에 교회를 세웠고, 예배에서 중국 찬송가를 중국어 음이나 한글식 음역으로 불렀다. 하지만, 중국식 표현들이 많아서, 의미 전달에 심각한 문제가 있었다. 그러다가 선교사들이 입국하면서, 영어 찬송가들이 번역되어 불리기 시작했다. 초창기에는 찬송가 음악을 제대로 교육할 수 있는 환경이 열악했기 때문에, 곡조를 제대로 부르는 경우가 드물었다고 한다. 한국 최초의 찬송가는 감리교회에서 당시 불리던 번역 찬송가 27편을 모아 1892년에 발행한 『찬미가』였다. 이것은 악보 없이 가사만 수록했다. 1894년에는 장로교회가 『찬양가』를 출판했다. 총 117장이 수록된 이 찬송가에는 한국 최초로 4성부 악보가 실렸으며, 한국인이 작사한 곡도 7장이나 수록되었다.

한편, 한국교회 최초의 성가대는 평양 장대현교회에서 탄생했다. 이 성가대는 전원 남성으로 구성되었다. 당시에 기생을 제외하곤 여성들이 집에서조차 노래하는 것이 금지되었던 사회적 통념 때문이었다. 이런 시대에, 교회는 여성들이 노래 부를 수 있는 유일한 공간이었고, 이런 기회를 통해, 여성도 노래하는 존재가 될 수 있었다. 특별히, 1886년에 설립된 이화학당에서 본격적으로 음악을 가르치면서, 여성들이 교회의 큰 절기 때 대중 앞에서 노래하기 시작했다.

1960년대에 교회 청년들을 중심으로 복음성가가 출현했다. 1965년부터 YMCA가 '싱어송 Y'라는 가창운동을 시작하면서 새로운 복음성가를 보급했고, 1969년에 정신여고 노래 선교단이 최초의 복음성가 앨범을 발표했다. 1970년대에는 예수전도단 화요모임, 연예인교회, 여의도순복음교회, CBS와 극동방송 등을 통해, 복음성가가 빠르고 광범위하게 보급되었다. 한편, 유신정권에 대항한 민주화운동이 진행되면서, '민중복음성가'가 시위현장과 교회에서 불리기 시작했다. "작은 불꽃 하나가"와 "금관의 예수" 등이 대표적이었다.

1980년대부터, 소위 CCM의 시대가 본격적으로 도래했다. 그 길은 최덕신과 주찬양선교단1981이 개척했다. 1986년에 발매된 그들의 제1집 『그 이름』은 이전의 음악과 뚜렷한 차별성을 보이며, 교회 음악의 새로운 시대를 열었다. 이후, 박종호, 최인혁, 다윗과 요나단 등이 인기를 얻으며, CCM은 한국교회 속으로 빠르게 확산하였다. 1980년대 후반부터는, 두란노 경배와 찬양하스데반, 다드림선교단박정관, 찬미선교단최용덕 등을 통해 '경배와 찬양' 운동이 시작되었다. 이를 통해, 예배 찬양에서 CCM이 찬송가의 자리를 위협하고, 전자 악기와 드럼이 예배용 악기로 위치를 확고히 하면서, 예배 자체에 큰 변화가 생겼다.

에필로그

1. 찬송은 하나님을 경험한 인간의 자연스러운 영적 반응이다. 따라서 초대교회부터 성도들은 예배 시에 함께 찬양했다. 그 후, 기독교가 국가의 공인을 받고 교세가 급격히 확장되면서 예배당도 거대해지자, 예배 찬송이 점점 체계를 갖추고 장엄해졌다. 교회 음악이 탄생한 것이다.

2. 찬송의 대상은 하나님이시다. 따라서 찬송은 오랫동안 곡조보다 가사에 더 많은 관심을 집중했고, 가사는 성경적이었다. 하지만, 근대에 이르러, 찬송의 가사가 성경의 틀에서 벗어나고, 새로운 곡이 창작되기 시작했다. 찬송의 중심이 하나님에서 인간으로, 성경에서 감정으로 이동한 것이다.

3. 시대의 변화와 함께 찬송의 형태도 변했다. 문화적 차이도 찬송의 변화에 큰 영향을 끼쳤다. 하지만, 그런 시대의 변화와 문화적 차이에도, 모든 교회가 찬송을 만들어 하나님을 찬양한 것은 경이롭다. 신학과 교리가 분열과 갈등의 원인이 되곤 했지만, 찬송은 시대와 문화의 벽을 넘어 성도들을 하나로 엮어주었다. 찬송의 놀라운 능력이자 신비다.

제11장

절기

만일 우리가 그의 죽으심을 본받아 연합한 자가 되었으면
또한 그의 부활을 본받아 연합한 자가 되리라 (롬6:5)

교회는 주일마다 예배를 드리지만, 절기에 특별한 의미와 가치를 부여하며 성대한 예배를 준비한다. 절기는 교회의 큰 축제이자, 교회의 본질을 일깨우고 유지시키는 은총의 수단이며, 진리의 이론적·관념적 차원을 삶 속에서 지각하고 실천할 수 있는 방법이자 기회다. 그래서 교회가 어떻게 절기를 이해하고 실천하느냐에 따라, 교회의 질과 가치가 결정된다. 교회사에서 절기가 그렇게 중요한 이유다. 특히, 부활절, 성탄절, 추수 감사절은 교회에서 가장 중요하게 지키는 절기들이다. 이 절기들을 중심으로, 교회의 한 해가 구성된다. 하지만, 이 절기들이 교회의 달력 속에 자리를 잡기까지, 그 역사는 결코 단순하지 않았다.

부활절

(1)기원

부활절의 기원에 대한 의견은 다양하지만, 크게 두 가지로 정리할 수 있다. 하나는 이방 출신 기독교인들의 부활절 축제에서 기원을 찾는 것이고, 다른 하나는 유대 기독교인들의 유월절에서 기원을 찾는 견해이다. 학자들의 연구로는,

2세기의 교회에는 일요일에 지내는 '로마식' 부활절 축제와 니산월 14일, 즉 유대교 유월절에 지내는 '소아시아식' 부활절 축제가 공존하고 있었다. 로마식 부활절은 '안식 후 첫날'에 예수 그리스도께서 부활하시고 제자들에게 나타나신 날을 기념하는 것으로서, 기독교인들의 독자적 축제로 간주한다.

반면, 소아시아식 부활절은 구약적-유대교적 유월절에 뿌리를 두고 있다. 학자들은 소아시아식 부활절이 로마식 부활절보다 먼저 있었다고 생각한다. 유대인들처럼 초대 교인들도 유월절을 지켰는데, 중심에는 '유월절의 희생양'이신 그리스도가 있었다. 그들은 유월절 신비를 예수 그리스도에 의한 구속의 역사와 연결하여, 포괄적인 구원의 축제로 만든 것이다. 이처럼, 아직 기독교인들이 유대교 안에 머물던 시절에, 의미와 강조점의 차이는 있었지만, 유월절과 부활절을 분리할 필요가 없었다. 하지만 곧 양자의 동거가 불가능해지면서 분리된 것이다.

(2)논쟁

초대교회부터 부활절 날짜는 교회를 분열시킬 만큼 심각한 논쟁거리였다. 먼저, 소아시아 교회들은 요일과 상관없이 초봄인 유대력의 니산월 14일태양력 4월 1일경로 고정해서 지켰다. 이날 저녁에 예수의 최후의 만찬을 기념하여 성만찬을 거행했다. 반면, 로마 교회는 알렉산드리아 태양력의 영향하에, 그리스도가 부활한 날이 주일이었기에, 니산월 14일 다음의 일요일을 부활절로 지켰다. 이들은 부활 전인 금, 토요일에 '주께서 돌아가시고 무덤에 계신 날'이라고 금식했다.

2-3세기에 동방 교회와 서방 교회가 부활절 날짜를 둘러싸고 논쟁을 벌였다. 155년경, 서머나의 감독 폴리캅과 교황 아니케투스Anicetus 사이에 논쟁이 벌어졌다. 폴리캅은 유월절이 예수님 시절부터 내려온 전승이라고 주장했지만, 아

니케투스는 일요일의 부활절은 유월절과 별도로 '안식 후' 첫날에 지켜지던 사도 시대 이래의 전통이라고 주장했다. 195년경, 교황 빅토르Victor는 유월절 성만찬을 니산월 14일 저녁에 하지 말고, 유월절 다음 첫 일요일에 하라는 칙서를 발표했다. 서방 교회는 그런 결정에 따르기로 했으나, 동방 교회는 거부했다. 결국, 부활절 날짜에 대한 의견차이로 기독교 교회가 분리될 지경에 이르자, 325년에 콘스탄티누스 황제가 니케아에 공의회를 소집하여, 기독교인이 유대인의 역법과 축제를 따르는 것은 적절치 못하다는 결정을 내렸다. 그 결과, 부활절 날짜를 춘분이 지난 만월 후 첫 일요일로 정했는데, 이에 따라 부활절은 유동적으로 3월 22일과 4월 25일 사이에 오게 되었다. 그럼에도, 부활절 날짜는 통일되지 못했다.

525년에 부활 축일 산출표를 만든 디오니시우스 엑시구스Dionysius Exigus에 이르러 간신히 통일되었지만, 1582년에 교황 그레고리우스 13세Gregorius가 새로운 역법을 도입함으로써, 로마 가톨릭교회는 기존의 율리우스 역법을 쓰던 개신교회·동방 정교회와 다른 부활절 계산법을 갖게 되었다. 1700년에 개신교회도 그레고리력을 따르게 되었고, 동방 정교회는 20세기에 그레고리력을 채택했으나, 부활절만은 율리우스력을 따르고 있다. 따라서 그레고리력을 따르는 서방 교회와 율리우스력을 따르는 동방 교회 사이에는 부활절 날짜가 10일간 차이가 난다.

달력의 변천사

기원전 700년경에 고대 로마 2대 왕 '누마' Numa가 종전의 달력을 개정해서 1년을 12달과 355일로 정했다. 이 누마의 달력은 기원전 46년에, 율리우스 카이사르Gaius Julius Caesar에 의해 새로 정비되었다. 그는 태양력을 기준으로 2월은 28일, 나머지 달은 31일, 혹은 30일로 해서 1년을 365일로 정했다. 그리고 4년마다 윤년을 도입하여 2월을 29일로 했는데, 이것을 "율리우스력"이라고 부른다. 하지만, 이 달력의 1년은 평균 365.25일이기 때문에, 128년당 1일씩 늘어나는 약점을 갖고 있었다. 이 차이를 바로잡은 것이 '그레고리우스력'이다. 1582년에 교황 그레고리우스 13세가 10월 4일목 다음 날을 10월 5일이 아니라 10월 15금일이라고 정함으로써, 그동안 누적된 10일의 오차를 수정한 것이다. 그레고리우스력은 윤년 계산법을 조정해서 종전처럼 4년마다 윤년을 두지만, 100으로 나누어떨어지는 해는 윤년에서 제외하고, 400으로 나누어서 떨어지는 해는 윤년이 되게 하여, 대략 3333년마다 하루가 길어지는 편차를 갖게 되었다. 오늘날 세계가 사용하는 역법이 바로 이 그레고리우스력이다.

명칭과 의미의 차이

부활절 명칭도 나라마다 다르고, 그 뜻에도 주목할 만한 차이가 있다. 예를 들어, 영어로 부활절은 Easter, 독일어로 Ostern인데, 각각 이른 아침, 혹은 새벽 시간을 뜻한다. 이 단어는 튜턴족의 아침/새벽 여신인 Eostre에오스터와 관련이 있다는 주장과, 마가복음16:2에서 '태양이 뜰 새벽 무렵' 고고 독일어는 zu den ostarun 의 의미를 반영하는 것이라는 주장이 공존한다. 부활절을 뜻하는 라틴어는 albae 혹은 in albis인데, 이것은 '흰 옷을 입은'이란 뜻이며, 이런 맥락에서 부활절 새벽에 세례를 받는 자의 흰 옷 입기 전통이 생겼다고 추측한다. 반면, 프랑스어로는 Paques파크, 이탈리아어로는 pasqua파스카인데, 이것은 그리스어 '파스카πασχα에서 유래했고, 더 멀리는 아람어 pasha파샤에서 왔다. 이것은 출애굽 사건에 기원을 두는 유월절을 지칭한다. 그래서 위에서 논쟁이 되었던 부활절과 유월절을 동일시하는 전통이 시작되었던 것이다.

성탄절

(1)기원

예수의 탄생일을 정확히 아는 사람은 없다. 그에 대한 어떤 공식적 기록도 남아 있지 않기 때문이다. 누가복음은 로마 황제 아우구스투스Caesar Augustus가 영을 내려 전 제국에 인구조사를 하던 해눅2:1~6로 예수의 탄생일을 기록하고 있으나 역사적으로 입증되지 않았다. 예수 탄생을 축하하는 의식은 3세기에 시작된 것으로 보이는데, 초기에는 탄생 날짜가 일정하지 않았다. 예를 들어, 이집트의 양자론자들은 예수의 탄생과 요단강 세례받은 날은 1월 6일이나 10일로 간주했다. 하나님의 아들로서 예수의 탄생은 세례와 함께 시작되었다고 믿기 때문이다. 어떤 이들은 춘분에 태어나셨다고 주장했고, 어떤 이들은 아예 생일을 지내는 것을 이상하게 생각했다. 이들은 오직 죄인들만 생일을 챙기고, 참된 기독교인은 순교의 날을 '하늘에서 탄생의 날'로 축하해야 한다고 주장했기 때문이다.

336년에 로마 교회가 발행한 순교자 명부에 그리스도의 탄생일을 12월 25일로 기록하고 있다. 성탄절을 12월 25일로 지냈다는 최초의 문헌적 기록이다. 예수의 탄생일을 12월 25일로 잡은 것은 일차적으로 태양신의 소생일과 관계가 있다. 농경 생활을 하던 고대 로마인들은 12월 21일부터 31일까지 농경신 사투르누스Saturnus를 위한 성대한 축제를 벌였는데, 그 기간 중 12월 25일은 동지가 지나고 나서 '태양이 소생하는 날'이라고 하여 특별히 기념되었다. 또한, 이 날은 페르시아의 신 미트라mithra의 탄생일이다. 미트라는 태양이 떠오를 때 태양보다 먼저 빛으로 어둠을 몰아내는 광명의 신이었다. 로마 사람들, 특히 군인들 사이에서 '불패의 태양' Sol Invictus으로 숭배되어 유럽 각지에 전파되었다. 따라서 예수 탄생을 12월 25일로 삼은 것을 '태양신 숭배의 기독교화'로 보는 사람들이 많다.

하지만, 다른 주장도 존재한다. 이 주장을 따르면, 구약의 족장들은 오직 완전한 숫자만을 살았기 때문에, 그들이 태어난 날_{수태된 날}에 죽었다고 한다. 따라서 그리스도도 그의 죽음의 날을 기준으로 그의 탄생의 날이 유추되어야 한다는 것이다. 서방 교회의 경우, 예수가 춘분 후 4일째 되는 날인 율리우스력으로 3월 25일에 십자가에 달려 돌아가셨다고 보기 때문에, 마리아의 수태 날짜도 3월 25일이어야 하며, 임신 후 9개월_{당시 사람들이 생각하던 임시 기간}이 되는 12월 25일이 탄생 날짜여야 한다고 주장했다. 이에 반해 동방 교회는 예수의 십자가 처형일이 4월 6일이고 수태일도 4월 6일이기 때문에, 임신 후 9개월이 되는 1월 6일이 성탄절이어야 한다고 주장한다. 하지만, 이런 계산들은 역사적으로 정확한 것이 아니라, 상징적 숫자 이해에 불과하다. 하지만, 시간이 지나면서 대부분 동방 교회는 서방 교회 성탄절을 수용했다. 다만, 율리우스력을 고집하는 예루살렘 교회, 러시아 교회, 세르비아 교회는 성탄절을 그레고리우스력으로 1월 6일에 지킨다.

(2) 성탄절을 반대하다

동방과 서방 간에는 성탄절 날짜에 대한 불일치가 존재했지만, 성탄절을 지키는 것 자체에 대해선 이견이 없었다. 중세를 거쳐 루터의 종교개혁 때까지 12월 25일은 그리스도의 탄생을 기념하는 날로 계속 이어졌다. 하지만, 종교개혁 당시부터, 성탄절이 태양신을 섬기는 이방 축제에서 기원했다는 이유로, 성탄절 기념을 거부하는 움직임이 꾸준히 출현했다.

먼저, 종교개혁 당시에 스위스 개혁주의자들은 성탄절이 이방 풍습에서 유래했고, 가톨릭교회의 관습과 결부되었다고 생각하여 강하게 반대했다. 격렬한 논쟁이 있었지만, 1550년에 제네바에서 모든 비성경적 축제가 금지되었다. 스코틀랜드에선 1560년에 존 녹스_{John Knox, 1514?~1572}가 성탄절을 지키지 못하게 했으며, 17세기에 영국 청교도와 퀘이커들도 12월 25일을 공휴일로 인정하지 않았다. 반면, 같은 시기에 영국 국교회는 성탄절을 성대히 지켰다. 청교도 혁명 중, 청교도들은 12월 25일에 행해지는 예배와 행사를 전면 거부했고, 1647년에 성탄절과 휴일을 법적으로 폐지했다. 미국의 경우, 청교도들과 퀘이커들이 다수를 이룬 뉴잉글랜드나 펜실베이니아에서 19세기 중반까지 성탄절을 지키지 않았다.

무엇보다, 초기 기독교인들은 기독교 신앙의 핵심을 예수의 탄생이 아니라 부활이라고 생각했다. 따라서 교회의 절기와 예전에서 부활절이 성탄절보다 먼저 생겼다. 아우구스티누스도 성탄절을 하나의 기억의 축제라고 부르며, 최고의 축제인 부활절보다 급이 낮다고 생각했다.

(3)산타클로스와 크리스마스트리

원래, 12월 6일은 성 니콜라우스Saint Nicholas의 날이다. 니콜라우스는 3세기 후반에 소아시아 리키아지방의 파타라에서 태어나, 미라Myra의 주교가 된 사람이다. 그는 특히 어린이와 불우한 사람을 위해 헌신했다. 로마 교회는 그런 그를 성인으로 추대하여 기념했는데, 그의 라틴어 이름이 '상투스 니콜라우스' Santus Nicolaus다. 그런데 미국으로 이주한 네덜란드인들이 이것을 '산테 클레스' 로 불렀다. 이것이 미국식 애칭으로 오늘날의 '산타클로스' 가 된 것이다. 오늘날 우리가 아는 산타클로스의 이미지[5]는 19세기에 시작되었으며, 산타클로스 복장은 1931년에 코카콜라 광고에서 처음 등장했다.

크리스마스트리는 8세기경 독일에 파송된 선교사 오딘이 신성하다는 떡갈나무에 사람을 제물로 바치는 게르만족의 야만적 풍습을 중지시키기 위해 옆의 전나무를 가리키며, "이 나무의 가지를 가지고 집에 돌아가 아기 예수의 탄생을 축하하라"고 설교한 것에서 비롯되었다고 한다. 하지만, 역사적으로 크리스마

---

5) 흰수염, 붉은색 모자, 붉은색 장화, 큰 자루, 8마리 순록이 끄는 썰매, 굴뚝, 선물, 양말, 할아버지

스트리가 처음 등장한 것은 16세기 알자스Alsace지방이다. 이런 관습이 18세기에 독일 루터교회 내에서 널리 퍼졌고, 19세기에 미국을 거쳐 전 세계로 보편화하였다.

추수 감사절

추수 감사절은 미국에서 청교도들에 의해 시작되었다. 영국 국교회에 반기를 든 청교도Puritan 또는 Pilgrim Fathers들 중 102명이 1620년에 신앙의 자유를 찾아서 신대륙으로 떠났다. 그들은 180톤짜리 작은 배 메이플라워May Flower를 타고 63일간의 긴 항해 끝에, 12월 11일 아메리카 대륙 플리머스Plymouth에 상륙했다. 농사를 지을 기회도 없이 그해 겨울을 지내면서, 혹독한 추위와 굶주림, 질병으로 44명이나 굶어 죽거나 얼어 죽었다.

심지어 1621년 3월-5월 사이엔 청교도들과 인디언들 사이에 치열한 영토 다툼이 벌어졌다. 다행히 서로 영토를 정하고 불가침 조약을 맺으면서, 서로 분쟁이 줄어들었다. 이후 인디언들은 청교도들에게 옥수수와 밀을 경작하는 법을 가르쳐주었다. 특히, 인디언들은 청교도들이 음식을 구하지 못한 기간에는 짐승을 사냥해서 그들을 도와주었다. 그렇게 가을이 되었을 때, 옥수수, 보리, 밀 등이 풍작을 이루어, 그들은 첫 추수를 할 수 있었다. 이를 감사하기 위해, 지도자 윌리엄 브래드퍼드William Bradford가 1621년 11월 마지막 주 목요일을 '추수 감사절'로 정했다. 이 축제는 1주일간 계속되었고, 축제 기간 중 인디언들이 초청되었다. 초대받은 한 인디언이 총으로 새를 잡으려다 뜻밖에 야생 칠면조를 잡아 축제 음식물로 내놓았는데, 이것이 지금까지 추수 감사절을 대표하는 음식이 되었다. 청교도들은 인디언들과 함께 제단을 쌓고 하나님께 감사 예배를 드렸다.

처음에는 추수 감사절이 특별한 종교적 절기가 아니었다. 그러나 17세기에 추수 감사절이 코네티컷 주와 매사추세츠 주의 연례적인 성일로 자리 잡았으며,

이후 전국으로 확대되었다. 그러자 정치인, 신학자, 종교인, 일반신자들까지 추수 감사절을 미국 전역의 절기로 지키자는 캠페인을 벌였다. 1789년에 초대 대통령 조지 워싱턴George Washington이 11월 26일을 최초의 전국적 추수 감사절Thanksgiving Day로 선포했다. 하지만, 제3대 대통령 토마스 제퍼슨Thomas Jefferson은 추수 감사절을 '구왕정 시대의 악습'으로 규정하고 폐지했다. 그 뒤로 추수 감사절은 일부 주에서만 비공식적으로 지켜지게 되었고, 기념일도 주마다 달랐다. 그러다가 1863년에 아브라함 링컨Abraham Lincoln 대통령이 당시 『레이디스 메거진』의 편집자이자 시인인 세라 조세파 헤일Sarah Josepha Hale 여사로부터 편지를 받고, 11월 마지막 목요일을 전국의 모든 주가 추수 감사절로 통일하여 지키도록 법률로 정했다. 헤일 여사는 추수 감사절을 공식 휴일로 만들려고, 40년 동안 정치가들에게 편지를 썼다고 한다. 이후, 1941년 12월 26일, 프랭클린 루스벨트Franklin Delano Roosevelt 대통령이 의회와 합의하여, 추수 감사절을 11월 마지막 목요일에서 11월 넷째 목요일로 변경하고, 공휴일로 공포하여 오늘에 이르고 있다.

한국교회 이야기

한국교회의 개척 선교사들인 아펜젤러와 언더우드가 이 땅에 첫발을 디뎠던 1885년 4월 5일은 부활 주일이었다. 한국교회 최초의 부활절 예배는 1886년 4월 25일에 드려졌다. 아펜젤러 부부와 언더우드 선교사가 중심이 되어, 최초의 세례식과 함께 진행된 것이다. 또한 1894년 배재학당 채플에서 최초의 부활절 연합예배가 열렸다. 하지만, 역사가들은 1947년 4월 6일 새벽 6시에 서울 남산공원 옛 조선신궁 터에서 '조선기독교연합회' NCCK 전신와 미군이 함께 예배드린 예배를 한국교회 최초의 부활절 연합예배로 인정한다.

1887년 12월 25일에 한국 감리교 최초의 성탄 예배가 벧엘예배당 정동 제일감리교회에서 있었다. 예배 시작과 함께 김명옥 씨가 세례를 받았고, "이름을 예수라 하라"^{마1:21}란 제목으로 아펜젤러 선교사가 권서인 최선균씨의 도움을 받으며 한국어로 설교했다. 아직 성탄절 찬송가나 캐롤이 한국어로 번역되지 않았기 때문에, 성탄 예배였지만 성탄 찬송 대신 "내 주를 가까이 하게 함은"을 불렀다.

세월이 흐르면서, 성탄 예배 속에 토착적 요소들이 가미되기 시작했다. 대표적 예가 성탄 축하예배 시에 태극등을 단 것이다. 1898년 12월, 강화 교산교회의 성탄 예배 광경이다.

성탄일 경축에 형제가 삼십오인이오 자매가 칠십인인데 본토 전도 선생 김상임씨가 마태복음 이장 일절로 십이절까지 보니 애찬례를 베풀며 저녁예배에 태극등 삼십칠개를 달고 형제·자매와 외인까지 육칠십명이 기쁜 마음으로 하나님의 영광을 찬송하엿더라.

이에 대해 이덕주 교수는, "이는 불교에서 석탄일마다 행하던 '연등'^{燃燈} 문화를 받아들인 것으로 볼 수 있다. 그러면서 강화 교인들은 예배당에 '태극등' ^{太極燈} 37개를 내걸었다. '태극등'은 토착적인 의미와 민족주의 의미가 있는 것이다. 더욱이 태극등 '37개'는 대한제국 고종 황제의 나이를 상징하는 것이었다."라고 그 의미를 해석했다.

한편, 한국교회 최초의 추수 감사절 예배는 1902년 10월 5일에 감리교 이천 지방에 속한 여주 큰고을교회에서 드린 것으로 알려졌다. 이 지방에 속한 속장과 훈장들 74인이 함께 모여, 추수한 것에 대해 하나님께 감사하는 예배를 연합으로 드린 것이다. 장로교회는 1904년부터 조선예수교장로회 공의회의 결의로 같은 해 11월 10일^{목요일}을 첫 추수감사일로 지켰다. 1914년부터는 11월 셋째 주 수요일을 감사일로 지키게 되었고, 모인 헌금은 교단적 차원에서 선교 헌금으로 사용했다. 당시에는 주로 감사의 표시로 쌀을 하나님께 드렸다.

에필로그

1. 교회는 다양한 절기들을 기념하고 있다. 그것들의 형성과 정착 과정에서 많은 논쟁과 갈등이 있었다. 하지만, 절기는 평범한 시간 속에 특별한 신앙적·신학적 의미를 투영함으로써, 우리의 신앙 생활에 리듬과 매듭을 부여한다. 이로써, 우리는 세상의 한복판에서 거룩의 시간을 살아갈 수 있다.

2. 절기의 기원과 날짜에 대한 논쟁이 매우 치열했고, 지금도 일각에서 진행 중이다. 하지만, 중요한 것은 날짜의 정확성이 아니라, 그 절기의 의미와 본질을 교회가 얼마나 온전히 실현하느냐 하는 것이다. 정답을 모르는 소모적 논쟁 때문에, 정작 절기의 가치와 은혜를 상실하는 것은 비극이다.

3. 부활절, 추수 감사절, 성탄절에서 주님보다 헌금이 더 강조된다면, 그것은 종교적 타락의 가장 명백한 증거다. 절기의 기원에 대한 논쟁이 무의미하다면, 절기의 본질이 남용되는 것은 치명적이다. 절기의 핵심은 하나님이지, 감사를 빙자한 돈이 아니다.

제12장

교육

의인의 입술은 여러 사람을 교육하나
미련한 자는 지식이 없어 죽느니라 (잠10:21)

교회는 처음부터 말씀을 전하고 교육하는 데 집중했다. 이단과 이교의 도전에 직면해서, 교회는 정경을 결정하고 신경을 작성하며 신학적 변증에 총력을 기울였다. 이 과정에서, 교회는 교육에 관심을 두게 되었고, 교육기관으로서 중요한 역할을 감당했다. 그 결과, 복음이 전파되고 교회가 세워지는 곳마다, 교육기관이 설립되고 교육 수준이 향상되었다. 복음전파가 교육혁명으로 이어질 것이다. 한국의 근대교육이 선교사들을 통해 시작된 것을 기억할 때, 이것은 명백한 역사적 사실이다. 선교 활동이 제국주의와 오리엔탈리즘이란 불량품도 낳았지만, 문화와 문명의 발전이란 복된 선물도 전해주었다.

로마 시대

로마제국의 군대가 지나간 곳마다 제국의 수도를 모방한 도시가 생겨서 행정과 통치의 중심지가 되었다. 또한 모든 대도시와 대다수의 소도시에는 그 나라 아이들을 위한 '문법 학교'와 '수사학 학교'가 설립되었다. 2세기 무렵에는 로마의 학교가 거의 보편화 되었다. 당시에, 학교에서 통상적으로 가르치는 교과 외에 여러 가지 교과들이 있었다. 그것을 배우려는 사람은 특별한 교사 밑에서 공부하거나 독학으로 공부했다. 아테네, 알렉산드리아, 로마 등이 교육의 중심지로 기능 했다.

당시에 교육의 부흥은 황제들의 적극적인 지원 때문에 가능했다. 대표적으로, 안토니누스 피우스Antoninus Pius 황제의 경우, 모든 지역의 모든 시당국에게 특별교사에게 봉급을 지급하고 특권을 부여하도록 의무를 부과했다. 그는 칙령을 내려, 각 지역의 수도에는 10명의 의사, 5명의 철학자, 5명의 문법학자를 시 당국의 비용으로 두게 했다. 하지만, 4세기 말에 이르면 게르만족의 침입과 함께 이런 학교들이 사라졌다.

한편, 로마제국 안에 기독교의 영향력이 확장되면서, 로마의 전통적 교육과 교회가 충돌했다. 이런 교과 과정 속에 스며들어 있는 이교적 관념과 풍속이 기독교의 정신과 정면으로 충돌하는 경우가 많았기 때문이다. 하지만, 교회는 현실에 굴복하여, 이런 학교 제도를 받아들이기 시작했다. 더욱이 일부 기독교 교부들이 복음과 헬라 철학의 관계성을 적극적으로 주장하면서 이런 경향을 부추기었다, 이 과정에서 출현한 것이 '교리 문답 학교'였다. 원래 교리 문답 학교는 세례 준비자들을 위해 마련된 것으로, 제국 안의 모든 교회에서 흔히 볼 수 있었던 기관이었다. 하지만, 2세기 말경에 이르면, 그 학교의 교육 범위가 확장되어 남녀노소를 불문하고 종교적인 내용과 세속적 학문을 동시에 가르치는 학교가 되었다. 이 학교의 상급반 학생들은 4년 동안 과정을 이수해야 했다. 먼저, 문법과 논리학의 훈련을 받고, 이어서 기하, 물리학, 천문학의 기초를 다지며, 그 후에 철학특히 윤리학을 기독교적 관점에서 비교·연구하고, 최후로 성서를 세밀하게 연구했다. 이런 흐름은 서방 교회에선 별다른 영향을 끼치지 못했지만, 시리아를 중심으로 한 동방에선 큰 영향을 끼쳤다.

중세

중세는 교회가 세상의 중심을 차지했던 시대였다. 이때 교회는 일차적으로 성직자들의 성서 연구와 종교적 의무 수행에 필요한 내용을 교육했다. 하지만, 시간이 지나면서 교회는 교육적 관심의 범위를 넓힐 수밖에 없었다. 종교적 필요를 넘어서 학문 자체를 사랑하는 성직자들이 출현하기 시작했고, 라틴어가 알려지지 않은 지역의 비신자들, 특히 지배계층을 위한 학교의 필요성이 고조되면서 그런 목적의 학교들이 교회와 나란히 설립되었기 때문이다. 그럼에도, 이 시기에 교육의 목적은 본질적으로 현세가 아닌 내세에 있었고, 배운 사람의 전형적 모습은 성직자였으며, 최고의 교육을 받아야 수행할 수 있는 사회의 모든 세속적 직분도 성직자의 손으로 넘어갔다.

이 시기에 중요한 교육기관은 수도원이었다. 수도원에선 노동과 함께 성경 읽기를 강조했다. 원고를 베끼고 성경을 필사하는 일이 행해졌으며, 신참 수도자들에 대한 교육이 강력히 진행되었다. 하지만, 세속 학문에 대한 관심은 적었고, 수도원 밖 사람들에게 교육을 제공하지도 않았다. 다만, 이 시기에 아일랜드 수도원들은 예외였다. 6-8세기 동안 대륙의 수도원에서 교육에 대한 관심이 별로 없었을 때, 아일랜드 수도원에선 높은 수준의 학문의 부활이 일어났다. 그 결과, 이 기간 아일랜드는 유럽에서 가장 교육 수준이 높은 나라가 되었다. 성직자가 아닌 일반 교사들이 가르치는 세속 학교가 교회 학교와 병존했다. 최소한 세 종류의 학교가 있었다. 라틴어와 기독교 문헌을 가르치는 학교, 아일랜드 법률을 가르치는 학교, 그리고 아일랜드의 문학을 가르치는 학교, 나라 안 곳곳에 큰 수도원학교가 있어서 아일랜드인들뿐 아니라, 영국 전체와 대륙에서도 상당히 많은 학생이 모여들었다. 이런 아일랜드 학교들은 세 가지 특징이 있었다. 첫째, 기독교에 속한 사람들만 대상으로 한 것이 아니라, 비신도들에게도 개방되었다. 둘째, 아일랜드 학자들은 희랍 문학과 로마 문학에도 관심이 깊었다. 셋째, 아일랜드 수사들은 자국어와 자국 문학에도 적극적 관심을 보였다. 그러나 795년에 바이킹족의 침입으로 이런 위대한 교육 문화가 종적을 감추게 되었다. 대신, 이 나라의 훌륭한 수사들이 유럽 전역으로 흩어져서 학교와 수도원을 세웠고, 그 덕택에 그 전통이 유럽 역사에 뿌리를 내렸다.

수도원과 함께 주목해야 할 것이 있다. 먼저, '성가 학교'가 있었다. 이것은 학생들에게 노래와 초보 라틴어와 글 읽기를 가르쳐서 교회의 성가대원을 양성했다. 후에 이 학교는 교회에 부속된 영구적 기관이 되었으며, 초등 수준의 교육을 담당하는 학교로 발전했다. 둘째, '주교 학교'도 있었다. 3세기부터 성직자 훈련을 위한 주교 학교가 있었다. 하지만 당시에 문법과 수사학을 가르치는 공공학교가 있었기에 주교 학교의 교육은 주로 신학과 교회 운영에 한정되었다. 그러나 공공 학교가 사라짐에 따라, 주교 학교는 교육의 범위를 넓혀 일반적인 내용도 포함할 필요가 있었다. 이런 주교 학교가 처음 등장한 것은 7세기 초 잉글랜드였으며, 이것은 성직자가 될 사람뿐 아니라, 부유한 영국인 자녀를 위해서도 설립되었다. 8세기 말엽에 이르면, 모든 사원과 그 산하의 연합교회에 성가학교와 문법 학교가 부설되었다. 큰 교회 부설로 성가 학교와 문법 학교가 병립된 것이 중세 교육의 일관된 특징이었다. 처음에는 주교 자신이 교사 역할을 담당했다. 8세기에 이르러서 주교의 역할이 확대되면서, 가르치는 일이 대성당에 상주하는 공회 회원들에게 위임되기 시작했다. 성가학교는 성가자가, 문법 학교는 교사가 책임을 지게 된 것이다. 이 시기의 교과과정은 소위 '3학 4과'였는데, 3학은 문법, 수사학, 논리학이었고, 4과는 음악, 천문, 기하, 대수였다.

중세 교육에서 꼭 언급해야 할 부분은 샤를마뉴Charlemagne 대제와 베네딕트회 영국 수사 알퀸Alcuin of York의 업적이다. 두 사람의 헌신적 노력으로, 소위 "카롤링거 르네상스"가 일어났다. 먼저, 그들은 고등 학문의 조직적 모형으로 3학과 4과를 확립했는데, 이것은 후에 중세 서유럽의 학문과 교육의 토대가 되었다. 이들은 비용이 많이 드는 도서 제작을 통해 고대 문헌들을 재생산했고, 그것들을 보존할 도서관도 세웠다. 이런 영향하에, 모든 성직자가 읽고 쓰는 법을 배워야 했고, 종교적 책임을 수행하기 위해 기초 지식을 소유해야 했다. 따라서 성직자 후보생들을 위해 초등학교reading-schools를 설립했다. 한편, 주교들은 자신의 성 직자들을 주기적으로 점검하면서, 그들이 교육 지침에 맞는지를 확인했다. 왕실 칙령에 따라 마을마다 초등학교가 설립되어, 사제들이 기초 교육을 제공했다.

대학의 탄생

'유니버시티' university라는 말은 원래 단순히 선생이나 학생의 협회 또는 조 합을 의미했다. 이 조합은 12세기에 유럽 전역에서 두드러지게 나타난 장인들의 조합을 본뜨서, 선생과 학생의 상호부조와 보호의 목적으로 조직된 것이다.

최초의 여러 대학은 서로 경험을 참고하면서 공통된 형태로 접근해 갔지만, 그럼에도 초기의 발달에는 뚜렷한 차이가 있었다. 특히, 북부와 남부 사이에 두 드러지게 나타났다. 일반적으로, 이탈리아와 프랑스 남부의 대학들은 볼로냐대 학의 모범을 따랐고, 북유럽의 대학들은 파리대학을 모형으로 삼았다. 북쪽의 교육은 교회의 손안에 들어 있었으며, 젊은 성직자들이 학생 대부분을 이루었 다. 그래서 교회에 관한 공부가 주종을 이루었고, 대학 운영에서 교회 당국의 발 언권이 강했다. 반면, 이탈리아에서는 세속적 학문이 언제나 지배적인 힘을 가 졌고, 대부분의 교사는 비 성직자였다. 따라서 이탈리아 대학에서는 교회 공부 가 부차적인 위치에 있었으며, 가장 중요한 교과는 의학과 법률, 특히 법률이었 다.

종교개혁

종교개혁은 독일의 여러 지역에서 교회의 권위를 무너뜨리고 교육 체계 전체를 혼란에 빠뜨렸다. 그 결과, 행정 관리, 정치 지도자, 성직자를 길러내는 교육뿐 아니라, 일반 대중을 위한 교육도 절실하게 필요해졌다. 특히 개신교의 종교관에 따라 신도들이 성경과 교리 문답에 대해 알아야 했기 때문에, 완전히 새로운 종류의 학교가 필요했다.

기본적으로, 루터는 새로운 교회가 구시대의 교육 사업을 계승해야 한다고 생각했다. 고전어에 대한 올바른 지식은 성경을 제대로 이해하고, 새로운 교리를 지켜나가려면 필요했다. 또한, 루터는 학교가 시당국에 의해 설립되고, 공공 비용으로 유지되며, 남녀 및 사회 계층과 무관하게 교육되어야 한다고 믿었다. 그의 영향하에, 독일에서 행정당국과 학계, 종교계의 대표자들이 협력하여 교육재건사업이 급속도로 진전되었다. 그 결과, 중세의 도시 공공학교들이 재조직되고, 수도 증가했다. 이 학교들에서 '김나지움' 독일의 9년제 중등교육기관이 생겨나서, 오늘까지 독일의 가장 중요한 학교로 발전했다.

종교개혁가 중 최고의 교육자는 루터의 동료였던 필립 멜란히톤Philipp Melanchthon 1497~1560이었다. 그는 고전과 신학강의를 통해 비텐베르크대학을 개신교 연구의 중심지로 만들었다. 장차 문학을 공부할 젊은이들을 위해 사립학교를 운영했고, 훌륭한 문법 교과서 외에도, 다양한 교과서들을 집필했다. 그뿐만 아니라, 그는 여러 도시에서 학교체제를 확립했고, 하이델베르크를 위시한 옛날 대학들을 재조직했으며, 마르부르크, 쾨니히스베르크, 예나 등 새로운 개신교 대학들도 설립했다. 그래서 그는 '독일국민의 교사'라는 칭호를 얻었다. 특히, 그가 설립한 교육체제는 독일의 여러 도시에서 보편화하였는데, 학교공부를 세 학교 혹은 세 단계로 편성했다. 즉, 첫 단계는 초보자 단계로서, 초보 라틴어를 배웠다. 목적은 라틴어를 말하기 위한 충분한 어휘를 습득하는 것이다. 두 번째 단계에서 본격적으로 문법 공부가 시작된다. 세 번째 단계는 변증법과 수사학의 초보단계를 공부하고, 라틴어에 대한 상당한 지식을 소유한 학생들은 희랍어와 히브리어를 공부하기 시작하며, 경우에 따라선 수학과 여러 가지 예술도 공부한다. 이처럼, 그는 인문주의와 개신교를 효과적으로 결합시켰지만, 대중 교육과 모국어에 대한 관심은 약화시켰다는 평가를 받는다.

스위스에서도 종교개혁이 진행되고 있었다. 그 선두주자는 울리히 츠빙글리였다. 그는 1523년에 『소년을 위한 기독교 교육』을 출판했는데, 개신교 관점에서 교육을 논한 최초의 책이다. 그는 이 책에서 라틴어, 희랍어, 히브리어 공부를 강조했고, 성경교육을 위한 체계적인 교육과정도 제시했으며, 자연공부, 산수, 음악, 그리고 여러 종류의 체육을 교과로 권장했다. 하지만, 그의 갑작스런 죽음으로 그가 추진한 교육개혁은 중단되고 말았다.

칼뱅의 경우, 종교 교육과 자유학과 모두를 아이들에게 가르쳐야 한다고 생각했다. 하나님의 말씀은 모든 학문의 기초이지만, 자유학과는 말씀에 관한 완전한 지식을 얻는 데 도움이 되므로, 특히 모국어와 실용산수공부, 문법을 철저히 공부해야 한다고 믿었다. 1541년에 준비한 『교회조례』에는 성직자와 공직자를 위한 준비로서 '언어와 세속적인 학문'을 가르치는 중등교육기관으로 '콜레쥐'의 설립을 강력히 요구했다. 1556년에는 슈트름의 학교를 방문하고, 자신의 학교인 제네바 아카데미를 설립했다. 그는 이 학교에서 한 학년을 10명으로 편성했고, '사학'에선 예비적 성격의 교육을 시행하고, '공학'에선 신학, 법률 등 높은 수준의 교과목을 가르쳤다. 십 년 후에 칼뱅이 사망했을 때, 이 학교의 사학에 1,200명, 공학에 300명의 학생이 있었다.

칼뱅의 영향을 가장 깊이 받은 곳은 존 녹스가 개혁을 주도했던 스코틀랜드였다. 녹스는 교회가 학교 교육에 대해 직접 책임을 담당해야 하며, 성과 사회계층에 상관없이 모든 아동이 같이 교육을 받아야 하고, 교육이 교회와 국가의 봉사에 연결되도록 했다. 교육이 사회적 목적에 이바지하도록 한 것이다. 특히, 녹스는 하나의 통일된 국가 교육 체계를 확립함으로써, 그것을 통해 능력이 입증된 사람들이 나라의 가장 높은 지위에 오르도록 했다. 그에 따라, 산간벽지에 있는 아동은 거기서 2년 동안 읽기와 교리 문답과 문법 초보 지식을 배운 뒤, 작은 도시에 있는 문법 학교로 가서 3-4년 동안 문법과 라틴어를 공부한다. 그다음에 큰 도시에 있는 고등학교로 가서 4년 동안 논리학과 수사학과 고전학그리스어 포함을 배우고, 마지막으로 대학에 가서 3년 동안 철학변증법, 수학, 자연철학 포함을 배운 뒤에 법률, 의학, 혹은 신학으로 25세쯤에 교육을 마치게 했다.

근대 신학 교육

17세기에 미국이 영국 식민지로 개척된 이후, 미국에서 목회자 양성을 위한 대학들이 새로 설립되었다. 1636년에 회중 교인들이 하버드대학교를 세웠다. 당시 뉴잉글랜드에는 케임브리지와 옥스퍼드 대학 출신들 130여 명이 회중교회에서 목회하고 있었는데, 그들의 영향 하에 미국 최초의 대학으로 하버드대학교가 설립된 것이다. 1693년에는 버지니아 주 윌리엄스버그Williamsburg에 윌리엄앤메리대학교College of William and Mary가, 1701년에는 코네티컷 주 뉴헤이븐에 예일대학교가 연속적으로 문을 열었다. 전자는 성공회 목회자 양성을 위해서, 후자는 회중교회 목회자 양성을 위해서 설립된 것이다. 이 대학들에서 목회를 위해 공부한 학생들은 학비가 면제되었지만, 세속적 목적을 위해 공부한 학생들은 등록금을 내야 했다. 하지만, 세월이 흐르면서, 이 대학들이 세속주의화되자, 18세기 말부터 교파별로 대학에서 분리된 신학교seminary를 세웠다. 1784년에 네덜란드개혁교회가 뉴저지 주 뉴브런즈윅New Brunswick에 최초의 신학교New Brunswick Theological Seminary를 설립했고, 1821년에 에마 윌라드Emma Wilardf가 트로이여자신학교Troy Female Seminary를 세웠다. 특히, 1819년에 하버드대학교가 하나의 분리된 기관으로 신학대학원divinity school을 설립했는데, 이것은 미국 최초의 초교파 신학교였다.

한편, 19세기 후반에 미국 신학대학교와 신학교 안에 자유주의적 경향이 확산되자, 이에 대한 반작용으로 성서학원운동이 출현했다. C&MAChristian & Missionary Alliance의 심슨A. B. Simpson이 1882년에 나약대학Nyack College을 처음으로 세웠고, 무디D. L. Moody가 1887년에 무디성서학원Moody Bible Insititute을 설립했다. 1882년부터 1920년까지 총 39개의 성서학원이 연속적으로 설립되어, 신학 교육의 새로운 장이 형성되었다.

1781년에 영국의 로버트 레이크스Robert Raikes는 주일학교운동Sunday School Movement을 시작했다. 그는 슬럼가의 아이들이 범죄자가 되는 것을 안타까워하며, 메러디스Meredith 부인의 집에서 일요일에 첫 번째 학교를 열었다. 즉, 주일학교가 교회 밖에서 시작된 것이다. 빈민가에 살면서 공장에 다니는 아이들에게 성경을 교과서로 읽고 쓰기를 가르쳤다. 4년 만에 영국 전역에서 250,000명의 어린이가 주일학교에 다니게 되었으며, 주일학교 교육에 대한 반응이 긍정적으로 바뀌자, 교회마다 주일학교를 시작했다.

미국에선 1785년에 윌리엄 엘리어트William Elliot 목사가 버지니아에서 최초로 주일학교를 시도했다. 그는 자기 가족들과 하인들이 성경을 읽을 수 있도록 매주일 저녁마다 글을 가르쳤다. 처음에는 주로 백인 소년소녀들을 가르치다, 후에 흑인 아이들까지 받아들였다. 이 모임의 교재도 성경이었다.

한국교회 이야기

한국 최초의 근대 학교는 1885년 8월 3일에 미국 북감리교 아펜젤러 선교사가 시작한 '배재학당' 이다. 스크랜턴 선교사의 집 두 칸 방에서 한국 학생 이겸라, 고영필 두 사람에게 영어를 가르치며 시작된 것이다. 1887년 2월 21일에 고종이 "유능한 인재를 기르는 집"이란 뜻의 "배재학당"培材學堂이란 이름을 지어주었다.

한국 최초의 근대 여성 학교는 '이화학당' 으로서, 스크랜턴 대부인Mary F.

Scranton에 의해 시작되었다. 1886년 5월 31일, 정부 관리의 첩 '김씨 부인'이 찾아와서 첫 번째 학생이 되었다. 1887년 가을에 명성황후로부터 이화학당梨花學堂이란 이름을 하사받았는데, 배꽃은 조선 왕실의 문양이자 동양 미인을 상징하는 꽃이었다. 한편, 1851년 충청도 홍주에서 가난한 선비의 딸로 태어난 이경숙은 신혼 3일 만에 청상과부가 되었는데, 친척의 소개로 스크랜턴 대부인을 만나고 그녀의 인품에 감동되어 이화학당에서 공부했다. 1889년 4월, 그녀는 한국인 최초의 이화학당 교사가 되었다.

또한 미국 북장로회 소속 호러스 언더우드 선교사는 1886년 5월 11일에 경신학교를 세웠다. 이 학교는 처음에 고아원 형태의 기술 학교로 시작했지만, 1915년 4월에 경신학교 대학부가 설립되었고, 이 대학부를 모체로 2년 후 연희전문학교^{교현} 연세대학교가 설립되었다.

한편, 아펜젤러 선교사가 1887년 9월 배재학당에서 멀지 않은 곳에 신학 공부를 위한 공간으로 한옥을 사고 '베델예배당'으로 명명했다. 그는 배재학당 학생 중 말씀을 배우려는 학생 8명을 방과 후 별도로 모아 놓고 성서와 기독교 교리를 가르치기 시작했다. 이것이 한국 땅에서 이루어진 최초의 신학 교육이었다. 정부의 탄압으로 잠시 중단되었던 신학 교육은 1890년대에 부활하여 '신학반'이라는, 목회자 양성을 위한 정규 신학 과정이 마련되었다. 전담 교수진이나 독자건물도 없었지만, 서울, 평양, 인천 등지를 돌며 농한기에 조선 전도인들을 모아 신학을 가르치는 '단기집중교육과정' 형태였다. 이 과정을 거친 사람 중에서 연회자격심사를 거쳐 1901년 5월에 김창식과 김기범이, 그다음 해에 최병헌이 각각 목사 안수를 받았다.

미국북장로회의 언더우드 선교사는 1890년에 신학반을 개설해 16명의 사람에게 성경 공부를 시켰다. 이것이 한국교회 사경회의 기초가 되었고, 몇 사람들을 선발해서 신학 교육을 한 것이 신학교의 바탕이 되었다. 교세가 빠르게 성장하면서 신학교 설립의 필요성이 고조되었다. 결국, 평양에서 활발히 사역하던 모펫 선교사가 1901년에 신학반에서 공부하던 장대현교회 장로 방기창, 김종섭 2인을 목사 지원자로 받아 신학 교육을 시작했다. 1903년 1월에 평양에서 미북장로회, 호주장로회, 미남장로회, 캐나다 장로회가 연합하여 대한예수교장로회 신학교를 정식으로 개교했고, 기존에 신학 교육을 받고 있던 두 사람 외에 양전백, 길선주, 이기풍, 송인서 4명을 신학교에 합류시켰다. 서경조, 한석진은 선교사에게 받았던 개인지도를 인정받아 3학년에 편입했다. 1907년에 이들이 한국 장로교 최초로 목사 안수를 받았다.

한편, 한국교회의 주일학교는 선교사들을 통해 시작되었다. 1897년에 5개의 주일학교가 평양에서 운영되었으며, 1905년에는 주일학교 공과가 미국 교재를 번역해서 출판되었다. 1910년부터 세계 통일 공과가 사용되기 시작했다. 1913년 4월 19일에는 서울 경복궁에서 전국 주일학교 대회가 열려, 1만 4천 명의 어린이들이 모였다고 한다.

에필로그

1. 교회와 교육은 필연적 관계가 있다. 교회는 하나님을 예배하는 신앙 공동체
   이자, 성경의 진리를 가르치는 교육 공동체이기 때문이다. 따라서 교회가 교
   육적 기능을 올바로 수행할 때, 즉 교회 안에서 성경에 대한 진지한 탐구와
   학습이 이루어질 때, 교회는 비로소 진리 공동체로 기능한다.

2. 교회를 통해, 교육의 기회가 더 많은 사람에게 주어졌다. 종교적 진리를 전
   하기 위한 도구로서 교회 안에서 시작된 교육이 교회의 담장을 넘고 신학과
   교리의 영역을 벗어나면서, 세상은 영적 구원과 함께 지적 계몽 및 문화적
   갱신도 경험하게 되었다. 그렇게 교회는 세상의 빛이 되었다.

3. 교회에서 출발한 서양 교육이 교회에 적대적이 된 현실은 고통스러운 역설
   이다. 하지만, 현재 세상이 신봉하는 자유와 평등, 정의와 평화, 관용과 민
   주는 바로 교회가 세상에 전해준 복음의 유산이다. 따라서 교회가 성경적
   진리에 정통하고 충성하는 것이 세상을 계몽하고 구원하는 최선의 길이다.

제3부

교회와 제도

제13장

수도원

그때에 예수께서 성령에게 이끌리어 마귀에게 시험을 받으러 광야로 가사
사십일을 밤낮으로 금식하신 후에 주리신지라 (마4:1-2)

기독교 영성은 도시와 광야의 긴장 속에서 형성되었다. 다수의 신자가 거대한 예배당을 중심으로 모여 있는 도시. 소수의 수사가 완전에 이르려고 몸부림치는 광야. 이 두 종류의 공간과 영성이 변증법적 긴장 관계를 유지하며 기독교 영성의 구조와 내용을 형성한 것이다. 하지만, 다른 관점에서 보면, 기독교 영성의 역사는 도시 속으로 침투하는 광야, 혹은 교회 안으로 들어온 수도원의 역사라고 서술할 수도 있다. 즉, 신자들이 구원을 성직자에게 철저히 의존했던 '소극적 영성'에서, 신자들 스스로 구원을 위해 분투하는 '적극적 영성'으로 발전한 것이다. 그런 영성의 발전 과정에서 수도원이 결정적 역할을 수행했다. 형태와 문화는 변했지만, 영성 공동체로서 수도원의 정체성은 같았다.

기원

2-3세기에 교회 생활에서 금욕주의적 영성운동을 추구하던 사람들이 출현했다. 교회 안에서 은둔 생활을 추구하던 이들은 점차로 '모노코스' μονοχος 라고 불리기 시작했다. 이것은 본래 보통 사람들과 다른 독특한 삶을 사는 사람들을 지칭하던 용어였으나, 곧 기독교 수도자를 뜻하는 말로 자리를 잡았다. 반∗

수사라고 할 수 있었다. 대표적 인물은 오리게네스Origenes로서, 그는 스스로 성욕을 억제하기 위해 거세하고 금욕 생활을 추구했다.

4세기에 로마의 기독교 박해가 끝나고, 스스로 세상과 분리되어 금욕적 삶을 추구했던 사람들이 광야와 사막으로 들어갔다. 엘리야와 세례 요한을 본받아, 작은 셔츠와 야생 짐승의 가죽을 입고, 빵과 소금을 먹으면서 동굴에서 살았다. 그들은 기도와 명상, 그리고 찬양에 힘썼다. 이런 모습은 주로 동방 교회에서 발견되었다. 대표적 인물이 테베의 바울Paul of Thebes, 227-342, 안토니우스Antonius, 251-356, 주상 고행자 시므온Simeon the Stylites, 390-459등이 있었다.

안토니우스의 경우, 90년간 샘물과 나무 밑에서 은둔 생활을 했다. 고등 학문은 무시하거나 경멸했지만, 성경 공부에 몰두하여 대부분을 암기했다. 그는 막대한 땅을 매각하여 여동생을 위해 약간의 재산만 남기고, 나머지 전부를 가난한 자들을 위해 사용했다. 그는 매주 2-5일 금식했고, 식사도 하루 한 끼, 그것도 빵, 소금, 물만 먹었으며, 포도주와 육식은 절대로 먹지 않았다. 그는 웃는 얼굴로 발을 뻗으며 105세에 숨을 거두었다. 죽는 날까지 치아와 시력이 건강했으며, 어린아이 같은 겸손과 소박한 삶을 살았다. 많이 배우지 않았지만, 그 시대의 가장 영향력 있는 인물이 되었다. 당대의 저명한 신학자 아타나시우스Athanasius가 쓴 그의 전기로 인해, 그의 생애가 세상에 널리 소개되었으며, 그 영향으로 수많은 사람이 사막에 몰려들었다.

주상 고행자 시므온은 산속에서 은둔 생활을 하다 안디옥 동쪽에 기둥을 세우고 그 위에서 36년을 살았다. 처음에는 3m의 기둥을 세우고 수행하다, 점차 6m, 10m, 18m 정도로 기둥을 다시 세웠다. 지름 3피트 위에서 눕지도 앉지도 못한 채 서서 지냈다. 머리는 깎지 않아 발까지 닿았고, 음식은 제자들이 사다리를 통해 올려준 것을 먹었다. 하루에 두 번씩 구경꾼들에게 설교했으며, 수천 명의 이방인을 회심시켰고, 왕들에게 하나님의 교훈을 가르쳤다.

공동체 수도원의 출현

공동체로서 수도원운동은 4세기에 이집트에서 시작되었다. 동방에선 파코미우스Pachomius, 290-346와 바실리우스Basil of Caesarea, 329/330~379 등에 의해 시작되었고, 서방에선 아타나시우스Athanasius of Alexandria, 296/298~373, 요한 카시우스John Cassian, 360-435, 베네딕트Benedict of Nursia, 480~543/547 등에 의해 시작되었다.

파코미우스는 은둔 수도자들을 조직하여 체계적인 수도원 공동체를 형성했다. 공동 거주, 공동 기도, 공동 노동, 문서로 규정된 공동체적 규범에 따른 삶, 상급자에 대한 복종 등을 원칙으로 정했다. 그들은 노동으로 수확한 것에서 최소한의 필요를 제외하고, 가난한 자들에게 모두 나누어주었다. 이들에게 수도원은 수행의 장소이자 봉사의 기관이었다.

바실리우스는 이집트, 시리아, 팔레스타인 등을 여행하여 배운 것을 바탕으로『수도규칙』을 저술하고 '동방 교회 수도원의 아버지' 가 되었다. 그는 인간을 더불어 살아가는 존재로 이해했고, 개별적 은둔 생활보다 공동체적 수도 생활이 최선의 길이라고 생각했다. 수도원을 광야가 아니라 도시에 세워 사람들이 자기를 포기하고 사회구제와 교육에 더욱 헌신하도록 유도했다.

아우구스티누스는 아타나시우스가 쓴『안토니우스의 생애』를 읽고 큰 감명을 받았으며, 평생 히포의 감독으로 분주한 삶을 살았지만, 그 와중에도 자신의 집에서 수도원적 삶을 살려고 분투했다. 카시우스는 이집트의 수도원에서 10년간 수도했으며, 후에 마르세이유에 수도원을 세웠다. 그는『수도원 제도와 주된 죄의 극복을 위한 여덟 가지』,『24교부 금언록』을 저술하여 '서방 교회 수도원의 아버지' 로 일컬어지는 베네딕트에게 큰 영향을 끼쳤다.

아일랜드와 베네딕트

아일랜드는 432년경에 성 패트릭St. Patrick에 의해 최초로 선교가 이루어졌고,

그 후 수도원 중심의 독특한 기독교 문화를 이루었다. 이곳에선 교회와 수도원의 차이가 없었고, 지역이 교회가 아니라 수도원 중심으로 형성되었다. 특히, 아일랜드 수도원은 학문과 교육의 중심지로 기능했다. 젊은이들에게 라틴어 문법을 가르쳤고, 성경을 필사했던 것이다. 또한, 아일랜드 수도원은 선교에도 큰 업적을 남겼다. 무엇보다 6세기에 성 콜룸바Columba가 스코틀랜드에 이오나 수도원Iona Abbey을 설립했는데, 이곳은 한 세기 후 켈트 기독교 학문과 영향의 위대한 중심지가 되었다. 이곳에서 스코틀랜드와 아일랜드로 복음이 전파되었다. 한 세대 후에 성 콜룸바누스Columbanus, 543-615가 대륙으로 이동하여 4개의 수도원을 시작했다.

6세기 전반에 베네딕트Benedict가 이탈리아 북부에 13개의 수도원을 설립했으며, 후에 로마 남부의 몬테카시노Monte Cassino에 수도원을 하나 더 설립했다. 베네딕트는 당시에 전해오던 여러 가지 수도 규칙을 참고하여 『베네딕트 규칙』을

베네딕트가 설립한 14개의 수도원은 엄격한 규칙으로 공동소유, 공동 생활을 실현했다

만들었다. 이 규칙은 총 73장으로 구성되었으며, 수도 생활을 '온전한 마음으로 하나님을 추구하는 생활'로 규정했다. 이를 위해 원장 중심으로 수도원을 운영하고, 수도자들에게 규칙 준수, 청빈, 순결독신, 순종을 서약하도록 했으며, 기도와 명상 외에 육체노동과 공부를 부과했고, 공동으로 재산을 소유하며 공동 생활을 하도록 했다.

중세 수도원

중세기는 교황좌를 중심으로 한 정치 싸움과 성직 매매 등 교권이 극도로

타락했다. 이런 상황에서 의식 있는 사람들이 수도원의 삶을 택함으로써, 수도원이 교황청에 맞서 싸울 수 있는 적절한 세력으로 부상했다. 결국, 8세기 카롤링거 왕조 시기에 수도원운동이 절정에 달했으며, 수도원이 엘리트 단체로서 유럽 사회에 주도적인 역할을 담당했다. 수도원은 중세 문화의 종교적 중심지가 되었으며, 유명한 교황들과 교수들을 배출했다. 수도원은 지상 최고의 이상으로 예찬되었다.

교황청과 주교좌가 귀족과 탐욕에 찬 성직자들에 의해 개인적 출세의 도구로 전락했듯이, 세월이 흐르면서, 수도원에도 동일한 현상이 나타났다. 그리하여 수도원과 교회의 개혁운동이 수도원을 중심으로 일어났다. 대표적인 경우가 클뤼니Cluny와 시토Citeaux 수도원의 개혁운동이다. 교황권의 타락에 대한 반작용으로 설립된 클뤼니 수도원은 수도원 내부에서 발생한 최초의 대규모 개혁운동이었다.

클뤼니 수도원은 910년에 아키텐의 윌리엄 공작William I, Duke of Aquitaine에 의해 설립되었다. 클뤼니는 교황의 명을 제외하곤, 수도원 내부의 방침을 따르게 하여 수도원의 자치권을 크게 신장시켰다. 이 수도원은 엄격한『베

클뤼니수도원은 자치권을 크게 신장시켰다

네딕트 규칙』에 따라 수도 생활이 규제되었고, 당대의 스캔들이었던 성직 매매, 성직자들의 결혼도 철저히 금지시켰다. 당시에 성직자의 독신은 강제가 아닌 권장사항이었으나, 수도원 개혁에 성공한 수사들은 성직자들도 수사들처럼 독신을 지켜야 개혁이 된다고 확신했다. 또 하나의 개혁 원칙은 복종의 원리였다. 수도원에서 모든 수사가 수도원장에게 절대복종함으로 개혁할 수 있었듯이, 기독교권은 교황에게 복종해야 한다는 원리였다. 그러나 이러한 수도원 중심의 개혁

운동은 수도원과 교회 양쪽에서 모두 실패하고 말았다.

시토수도회는 프랑스 중동부 디종Dijon 인근의 시토에서 시작했다. 몰렘Molesme 수도원 출신의 베네딕트회 수사 무리가 『베네딕트 규칙』을 엄격히 지킬 목적으로 1098년에 시토에 대수도원을 건립했다. 초창기 구성원들 가운데 가장 잘 알려진 인물들은 몰렘의 로베르Robert of Molesme, 시토의 알베릭Alberic of Citeaux, 잉글랜드에서 온 스티븐 하딩Stephen Harding이었는데, 모두 초창기 시토 대수도원의 아빠스를 지냈다. 클레르보의 베르나르Bernard of Clairvaux, 1090~1153는 30명의 동료와 함께 1110년대 초기에 시토 대수도원에 입회하여, 수도희의 성장에 크게 이바지했다. 시토회는 가톨릭교회의 봉쇄 수도회 중 하나다. 시토회 수사들은 하얀색 수도복 위에 검은색 스카풀라레를 걸치는데, 이 때문에 '백의白衣 수도자들'로 불리기도 했다. 시토회 생활의 역점은 수작업과 자급자족이었다. 그래서 시토회 소속 수도원들이 전통적으로 농업이나 맥주 제조 등의 활동을 통해 경제적 자립을 이루었다. 12세기 말엽까지 시토회는 프랑스에서 뻗어나가 잉글랜드, 웨일스, 스코틀랜드, 아일랜드, 스페인, 포르투갈, 이탈리아, 동유럽 등지로 진출했다.

탁발 수도회

13세기에 들어 유럽 사회의 급격한 변화는 교회와 수도원운동에도 새로운 흐름을 요구했다. 즉, 봉건제와 기존의 교회 조직 그리고 수도원 체제의 틀이 서서히 깨지기 시작했고, 아울러 클레르보 수도원이 세워진 지 100년 만에 도미니크와 프란체스코에 의해 탁발 수도회들이 창설되었다. 이 탁발 수도회들은 거리로 자리를 옮겨 그리스도의 사랑을 구체화 시켰다. 그들은 수도원 개혁자들이라기보다 그 시대의 사회 개혁자들이었다.

도미니크Dominic de Guzm는 스페인의 칼레루에가Caleruega에서 태어나 발렌시아대학교를 졸업하고 주교가 되었다. 스페인인답게 굳건한 의지와 불굴의 정신에 불타서 도미니크회를 조직하여 이교도와 이단의 개종에 힘썼다. 청빈과 봉사를 통한 이웃 사랑을 수도회의 양대 원칙으로 삼았다.

프란체스코Francesco d'Assisi는 도미니크보다 12년 늦게 태어났지만, 도미니크보다 앞서 수도회를 교황으로부터 허락받았다. 프란체스코는 나사렛 예수의 생생한 화신이었다. 그는 가난의 길을 살며 선을 베푼 성자였다. 많은 추종자가 생기자, 그는 1209년에 간단한 수도회칙을 작성했고, 1212년에 교황 인노켄티우스 3세로부터 수도회를 승인받았다.

프란체스코는 1223년에 모든 공직을 사임하고 1223년에 몬테 아베르노의 암자에 들어가서, 기도로 여생을 마쳤다. 그는 빈곤, 독신, 순종의 삼대 서약을 강조하며 봉사와 전도에 힘썼다. 사도적인 단순성과 가식 없는 온유한 인격 때문에, 그는 인류 역사에서 가장 존경받는 인물 중 한명이 되었다. 그의 뜨거운 사랑에, 날아다니는 새까지도 그의 온기를 느끼고 날아들었다고 한다.

수도원과 수도회가 진실하게 사도들의 삶을 살려고 노력했지만, 점차 탁발 수도회도 하나의 배타적인 세력과 조직으로 변모되어, 13세기 이후로는 급변하는 유럽 사회에서 교회가 뒤처지는 요소가 되기도 했다. 특히, 교회 갱신과 신앙적 노력에도 불구하고, 동방 문화의 유입과 유럽 사회의 변혁에 효과적으로 대응하지 못했고, 특히 르네상스의 기틀이 된 고대 그리스 문명과 학문에 대해 폐쇄성을 보임으로써, 마녀사냥, 종교 재판, 유대인 박해라는 종교적 광기도 드러냈다.

종교개혁 이후

아우구스티누스회 수사로서 극심한 내면적 갈등을 겪은 후, 오직 하나님의 은혜와 믿음만으로 의롭게 된다는 종교개혁의 원리를 발견한 루터는 수도원과 수도규칙을 복음에 반하는 것으로 비판했다. 수도원과 규칙은 양심의 자유와 복음으로 얻어진 그리스도인의 자유를 억압할 수 없었다. 종교개혁을 지지했던 제후들은 수도원을 폐쇄하거나 압류했다. 루터는 수도원을 탈출한 수사와 수녀들을 결혼시켰다.

루터의 종교개혁에 대한 반작용으로, 가톨릭교회 내에서 교황에게 충성을 맹세하는 새로운 수도회, 즉 예수회Society of Jesus가 이그나티우스 로욜라Ignatius Loyola에 의해 1534년에 창립되었다. 이들은 아시아나 라틴아메리카에 진출하여, 선교와 교육 분야에서 큰 성과를 거두었다. 일본에 복음을 전한 프란치스코 하비에르Francis Xavier, 중국에서 선교하며 『천주실의』를 집필했던 마테오 리치Matteo Ricci,는 예수회가 배출한 위대한 선교사들이며, 우리나라의 서강대학교도 예수회에 의해 설립된 대표적 대학이다.

이런 상황에서, 개신교는 전통적으로 수도원운동에 대해 부정적 입장을 고수해왔다. 하지만, 20세기말부터 일어난 소위 "영성신학"의 영향 하에, 중세 수도원운동에 대한 관심이 급증

프랑스 떼제공동체의 모습

했다. 이것은 토머스 머튼Thomas Merton이나 헨리 나우웬Henri Nouwen같은 가톨릭 수사와 신부들의 저서가 개신교인들 안에서 인기를 얻으면서 더욱 고조되었고, 개신교 안에서도 다양한 형태의 수도원적 공동체들이 출현했다. 대표적인 것이 프랑스의 '떼제 공동체'와 스위스의 '라브리 공동체'다. 최근에는 미국에서 쉐인 클레어본Shane Claiborne의 심플웨이 공동체를 중심으로 소위 신수도원운동New Monasticism이 인기를 얻고 있다.

한국교회 이야기

우리나라에도 기성 교회와 달리, 청빈, 기도, 노동, 구제, 독신을 실천하며, 그리스도를 닮으려고 온전히 헌신했던 영적 흐름이 존재했다. 흔히, 이런 흐름의 시작은 이세종에게서 찾는다. 이세종은 교회에서 교리나 신학을 배우기 전, 스스로 성경을 읽으면서 예수와 바울의 금욕적 삶, 하나님만을 향해 나아가는 헌신된 삶에 매료되었다. 프란체스코처럼, 그는 자신의 재산을 가난한 이들에게 나눠주고 수도 생활에 몰두했다. 누더기를 입고 쑥에 밀가루를 섞은 범벅을 먹으면서, 오직 성경만 읽었다. 그는 수도원적 삶을 추구하면서 아내와 성적 관계를 끊고 남매처럼 살았다. 부인 문순희는 이런 남편을 두 번이나 떠나 다른 남자에게 가 버렸으나, 그때마다 이세종은 부인을 심방하며 하나님을 떠나지 말라고 권면 했다. 훗날 부인은 이세종과 마지막을 같이했고, 그의 무덤을 3년이나 지켰다. 이런 이세종의 영성은 강순명, 이현필 등으로 이어졌다.

이현필은 이세종 때문에 수도적 영성을 추구하게 되었다. 그는 스승의 소망을 어기고 결혼했다가 2년도 안 되어 부인과 남매처럼 지냈다. 이현필은 30세 전후에 수년간 산에 은거하며 금식과 명상 생활을 실천했다. 남원에서도 몇 십리 들어가는 산중서리내골에서 수도 생활을 추구하며, 그와 같이 거룩한 삶을 사모하는 10여 명의 소년·소녀를 제자로 삼아 성경을 가르치고 훈련시킨 것이다. 이렇게 수도 공동체 '동광원'이 탄생했다. 이곳에 사는 동안 이현필은 쌀가루에 물을 타 마시며 주로 생식을 했고, 며칠씩 굶기도 했다. 산중에서 받는 교육은 경건 생활과 노동이 엄격하게 병행되었고, 제자들은 탁발을 했다. 그는 보통 맨발로 다녔기 때문에 '맨발의 성자'로 불렸다. 그가 세운 동광원

맨발의 성자라 불린 이현필은 동광원을 세웠다

은 공동 생활을 하면서 순결, 청빈, 순명, 사랑, 봉사, 노동을 서원했고, 농사를 지으면서 기도, 성경 공부, 구제 사업에도 힘썼다. 동광원은 처음에 남원에서 시작했다가, 광주 방림동 밤나무골로 이주하여 고아, 걸인, 환자 등 오갈 곳 없는 이들을 하나님 사랑으로 돌보며 수도 생활과 은혜의 복음을 전했다. 이들은 고아원 동광원도 운영하기 시작했는데, 이 고아원이 현재 광주의 대표적 사회 복지 시설인 '귀일원'이 되었다.

그 외에도, 1940년 무렵 장흥교회에서 목회하던 박경룡 목사가 기도처를 찾아다니다 한탄강 계곡에서 적절한 장소를 발견하고 이곳에 '대한수도원'을 설립했다. 1940년대부터 한국교회의 성령운동을 주도했던 나운몽 장로는 1960년에 경북 김천의 용문산에 남녀 수도원을 설립했다. 후에, 이 용문산 출신들이 전국에 기도원을 세우며, 기도원의 대중화에 크게 이바지 했다. 한편, 성공회 소속 대천덕 신부와 성미가엘 신학교 학생들이 1965년도에 강원도 태백의 산골짜기에 '예수원'을 설립하고, 베네딕트 수도원을 모델로 공동체 생활을 시작했다. 1979년에는 엄두섭 목사가 경기도 포천에 '은성 수도원'을 설립했다. 그 외에도, 민중 신학자 안병무의 영향 속에 5명의 여성으로 1980년에 전남 무안에서 시작된 '한국디아코니아자매회', 영락교회와 주님의교회에서 목회했던 임영수 목사의 주도 하에 2003년에 경기도 양평에 세운 '모세골 공동체'도 있다.

에필로그

1. 광야는 혼돈과 죽음의 공간이었다. 예수는 그곳에서 마귀의 시험을 극복했다. 예수의 길을 예비했던 세례 요한도 광야 출신이었고, 예수의 뒤를 이은 사도 바울도 회심 후 아라비아 광야에서 여러 해를 보냈다. 이런 성경의 기록들은 후대 교회의 영성 훈련을 위한 중요한 전거가 되었다.

2. 교회가 국가적 후원을 받으며 세계의 중심부로 진출했을 때, 소수 사람이 자발적으로 사막에 수도원을 세웠다. 도시가 보장했던 번영과 권세를 포기하고, 사막에서 금욕하며 묵상과 기도에 몰두한 것이다. 세상과의 단순한 분리가 아니라, 이 땅에서 참된 구원과 자유를 추구했기 때문이다.

3. 수도원운동은 묵상과 기도에 힘쓰면서 노동과 봉사에 헌신했다. 중세 교회가 타락하며 위기에 처했을 때, 수도사들이 개혁과 변화의 주체가 되었다. 근대에 접어들어, 수도원운동은 도시와 일상 속으로 스며들었다. 그렇게 수도원은 소극적 금욕주의를 넘어, 적극적 행동주의로 진화했다.

제14장

교황

또 내가 네게 이르노니 너는 베드로라 내가 이 반석 위에 내 교회를 세우리니

음부의 권세가 이기지 못하리라 (마16:18)

종교개혁을 통해 가톨릭교회와 결별한 개신교회는 로마 가톨릭교회와 관련된 일체의 것에 대해 비판적 입장을 고수해왔다. 교리와 제도, 예배와 관행 면에서 양자 간엔 극심한 차이가 존재한다. 하지만, 차이점보다 공통점이 훨씬 더 많다. 기독교의 핵심 교리와 16세기 이전의 역사를 공유하며, 심지어 현재에도 다양한 방식으로 영향을 주고받기 때문이다. 이런 맥락에서, 교황은 여전히 뜨거운 감자다. 종교개혁의 핵심 문제가 바로 교황이었고, 양측의 관계가 많이 회복되었지만, 이 문제에 대한 양측의 견해차가 여전히 명백하기 때문이다. 개신교인들에게 가장 불편하면서, 동시에 가장 무지한 주제가 교황이다. 교황의 실체는 무엇일까? 비판하기 전에 알아보는 것이 예의다.

기원

교황Pope, 라틴어 papa은 그리스어 **pappas**아버지에 대한 아이의 호칭, 아빠에서 유래했다. 교황청 연감인 *Annuario Pontificio*은 교황직을 다음과 같이 표현한다. "로마의 주교, 예수 그리스도의 대리자, 사도들의 계승자, 서방 교회의 최고 성직자, 서방의 총대주교, 이탈리아의 수석주교, 로마의 총대주교, 바티칸 시의 군

주.' '포프' 혹은 '파파' 약자로 PP.는 공식적으로 덜 엄숙한 뜻으로만 쓰인다.

로마 주교의 중요성은 자신이 베드로의 계승자라는 것에 근거한다. 예수께서 시몬에게 베드로반석란 이름을 주시고, 그 위에 "내 교회를 세우리니"라고 말씀하셨으며, 그에게 "천국의 열쇠"를 주시겠다고 말씀하신 마태복음16:18-19 이 교회에서 베드로의 위치를 보증하는 구절이다. 이 칭호는 3세기 이후 모든 주교와 일반 사제들에게 사용되었으며, 동방 교회에선 오늘날 알렉산드리아 총대주교와 사제들에게 사용한다. 하지만, 6세기부터 이 칭호는 오직 로마 주교에게 한정되어 사용되기 시작했고, 11세기에 공식화되었다.

가톨릭교회는 교황을 베드로의 계승자로 인정하며, 예수께서 베드로 위에 세우신 교회가 "하나의 참된 교회"one true Church라고 가르친다. 베드로는 "교황"이란 칭호를 사용한 적이 없지만, 전통적으로 로마 가톨릭교회는 베드로를 최초의 교황으로 인정한다. 사도와 감독/주교를 구별하고, 후자가 전자의 계승자라고 주장한다. 베드로가 사도 중에서 우두머리였던 것처럼, 교황도 주교들의 우두머리라고 믿는 것이다.

로마의 클레멘트는 96년에 고린도인들에게 쓴 편지에서, 로마에서 기독교인들의 박해에 대해 쓰면서, 베드로와 바울을 "가장 위대하고 정의로운 기둥들, "선한 사도들"이라고 칭하면서 교회의 영웅들로 소개했다. 180년에 쓴 이레니우스의 글에는, "베드로가 로마 교회를 설립하고 조직했다"란 내용이 나온다. 이런 기록들을 근거로, 많은 학자는 베드로가 네로 치하에서 로마에서 순교했다고 동의한다. 물론, 어떤 학자들은 베드로가 팔레스타인에서 순교했을 가능성도 제기한다.

개신교인들은 예수께서 교황제를 제정하셨거나, 베드로를 최초의 교황으로 임명하셨다는 증거가 없다고 주장한다. 어떤 이들은 예수께서 베드로가 아니라 자기 자신을 교회의 토대로 삼으셨다고 주장하고, 어떤 이들은 교회가 예수와 믿음 위에, 그리고 로마서와 에베소서에서 바울의 가르침에 근거하여 교회의 뿌리와 토대로서 사도들 위에 지어졌다고 주장한다.

1세기 기독교 공동체에선 일군의 사제와 주교들이 공동으로 지역 교회를 이끈 것으로 추측되며, 점차 대도시에서 주교직이 확립된 것으로 보인다. 로마보다 안디옥에서 이런 행정적 발전이 먼저 이루어진 것 같다. 일부 학자들은 로마에서 단일한 주교가 출현하기 시작한 것이 대략 2세기 중반이라고 주장하지만, 어떤 학자들은 안디옥의 이그나티우스와 이레니우스가 자신들의 시대까지 로마 주교의 계보를 기록하는 것에 근거해서, 그런 주장에 반대한다.

교황제의 발전

처음에는 로마와 다른 도시들이 기독교 세계에서 함께 지도력을 발휘했고, 예수의 형제 야고보가 이끌었던 예루살렘이 교회의 중심이었다. 그래서 동방 전통은 지금도 예루살렘 교회를 "어머니 교회"로 존경한다. 한편, 유대인 학문의 중심지였던 알렉산드리아가 기독교 학문의 중심지가 되었다. 로마도 바울의 로마서를 통해 추측할 수 있듯이, 일찍부터 큰 교회가 있었던 것 같고, 1세기대략 30-130에, 제국의 수도 로마가 기독교의 또 다른 중심지로 부상했다.

2세기 후반에 이르면, 다른 교회들에 대한 로마의 우월한 권위를 보여주는 예들이 더 많이 나타났다. 189년에 이레니우스의 책, 『이단논박』Against Heresies에서 "로마 교회의 우월한 기원 때문에, 모든 교회가 그 교회에 동의해야 한다. 그리고 모든 곳에서 신자들이 사도 전통을 유지해온 것은 바로 그 교회 안에서다."라고 썼다. 195년에 교황 빅토르 1세가 니산월 14일유대인의 유월절 전날에 부활절을 지켰던 사람들, 소위 "14일주의자들"quartodecimans을 파문했다. 그 결과, 교황의 주장에 따라 부활절을 일요일에 지키는 것이 우세하게 되었다. 특히, 476년에 서로마 제국이 멸망하고, 이 지역에선 교황이 강력한 힘과 영향력이 생겼다.

반면, 같은 시기에 동로마 제국에선 황제가 교회를 통제했기 때문에, 콘스탄티노플의 총대주교는 교황과 비교하면 상대적으로 많은 제약을 받을 수밖에 없었다.

영웅들

(1)그레고리우스 1세(540-604, 재위 590~604)

그레고리우스Gregorius 1세는 최초로 수도 생활을 체험한 교황이자 라틴 교부 중 한 사람으로서, 교회 학자의 칭호를 받았으며 이전의 어느 교황보다 많은 저서를 남겼다. 전례 분야에서는 로마식 미사 전례를 개혁하여 미사 전문을 오늘날의 형식으로 만들었고, 각 지방에서 제각기 불리던 성가들을 정리해서 전례와 전례력에 알맞게 맞추는 업적을 남겼다. 그리하여 그는 "기독교 전례의 아버지"라고 불린다.

그레고리우스 1세는 북유럽의 비기독교 백성에 대한 선교 활동을 조직화하고 독려했다. 그 가운데 대표적인 것이 바로 '그레고리우스 선교'라고 불리는 잉글랜드의 앵글로색슨족에 대한 선교활동이었다. 그레고리우스는 수도원장으로 있었을 때, 로마 시내 광장을 거닐던 중 우연히 잉글랜드에서 온 포로들이 노예 시장에서 매매되는 것을 목격했다. 이후로, 그레고리우스는 그 장면을 한시도 잊은 적이 없었고, 교황이 되고서도 잉글랜드를 잊지 않았다. 597년에, 그는 자기 수도원의 수사들을 선교사로 임명하여 잉글랜드에 파견했다. 그리하여 캔터베리의 아우구스티누스Augustine of Canterbury와 그의 동료 수사 40명이 잉글랜드 교회의 창시자들이 되었다. 잉글랜드 교회는 대교구 두 곳과 교구 열두 곳을 설정했고, 캔터베리 교구를 수좌 교구로 결정했다. 그레고리우스 1세는 잉글랜드에서의 선교 활동이 성공하자, 네덜란드와 독일에도 선교사들을 파견했다.

한편, 그레고리우스 1세 이전에는 성당에 조상彫像을 두는 것이 금지되어 있었다. 하지만, 그레고리우스 1세는 그림과 조각상이 글을 모르는 이들에게 책의 역할을 할 수 있다고 생각하여, 교리나 성경 내용의 예술적 표현을 지지했다. 한편, 서양의 단선율 성가의 주요 양식은 9세기 말엽에 표준화되었는데, 이는 그레고리우스 1세가 주도적으로 행한 것이다. 그러한 연유로 그의 이름을 따서 '그레고리오 성가'라는 이름이 붙었다.

그레고리우스 1세는 로마에서 가난한 사람들, 특히 랑고바르드족의 침략을 피해 온 사람들을 구제하기 위해 자선 사업을 시도했다. 그가 자선 사업을 한 이유는 모든 재산이 가난한 자들의 것이며, 교회는 단지 그들의 재산을 관리할 뿐이라고 생각했기 때문이다. 로마의 부유층들은 자신들의 재산을 그레고리우스 1세에게 기부하여 가난한 사람들을 돕게 했다. 그럼으로써, 하나님으로부터 자신들이 저지른 죄를 용서받고 싶었기 때문이다. 그레고리우스 1세는 구호품을 개개인은 물론 집단에게도 넉넉하게 골고루 나누어 주었다. 그와 그의 가문은 빈민 구제를 위해 음식과 옷 등의 소모품을 포함하여 부동산과 예술품, 투자 자산, 농토 등 다양한 종류의 재산을 교회에 기부했다. 교회는 교구마다 부제들을 배치하여 가난한 자들에게 구호품을 배분하는 정책을 이미 실행하고 있었다. 그레고리우스 1세는 가난한 자들이 언제라도 도움을 청할 수 있는 사무소를 설치하도록 지시했고, 성직자 및 수도자들이 빈민들을 찾아가서 구제하라고 적극적으로 요청했다. 이에 응하지 않은 이들은 책망을 받았다. 그는 식사할 때, 12명의 빈민을 초대해서 함께 식사했다. 그때 사용한 대형 식탁이 오늘날까지 보존되어 있다. 사후에 대중의 강력한 지지로 즉시 성인으로 시성되었고, 로마 가톨릭교회와 동방 정교회, 성공회, 루터 교회 등에서도 공경을 받고 있다. 상징물은 교황관, 비둘기 모습을 한 성령, 책 등이며, 음악가와 가수, 교사, 학생의 수호성인이다. 종교 개혁자인 장 칼뱅도 그레고리우스를 존경하여, 자신의 저서

『기독교강요』에서 그레고리우스가 최후의 훌륭한 교황이라고 선언했다.

(2)그레고리우스 7세(1020-1085, 재위 1073~85)

그레고리우스 7세는 교황의 절대권을 확립하기 위해 무력과 피도 불사했던 독재자형 교황이었다. 그는 수많은 전쟁에 사령관으로 직접 참가했고, 세속군주들과의 대결도 마다하지 않았다. 하지만, 그는 당대에 만연했던 교회의 부패를 없앰으로써, 중세의 교회개혁을 주도했던 대표적 인물이기도 하다. 그가 주도했던 교회개혁은 흔히 "그레고리우스의 개혁"으로 알려졌다.

7세기부터 군주들과 귀족들이 자신들의 영지에서 성직자들을 임명하거나 해임하는 일에 관여해왔다. 이 과정에서 성직 매매와 세습이 만연했다. 이런 상황에서 교황으로 선출된 그레고리우스 7세는 성직 매매와 세습을 금지하고, 성직자들의 독신 생활을 법으로 규정했다. 이 과정에서 소위 세속 군주들의 성직 임명에 반대하여, 당시에 신성 로마제국 황제인 하인리히 4세Heinrich IV와 대결을 벌였다. 그는 독단적으로 성직자들을 임명한 하인리히 4세를 1076년에 파문했고, 교황의 권위에 눌린 하인리히는 1077년에 아내와 자식을 데리고 이탈리아 카노사 성 앞에서 사흘 동안 맨발에 양모 셔츠만 입고 얼음장 같은 추위에 떨며 교황에게 사죄를 간청했다. 하지만, 몇 년 후엔 상황이 역전되어, 하인리히가 새로운 교황 클레멘스 3세Clemens를 세웠다. 전쟁에서 패한 그레고리우스 7세는 이탈리아 남부 살레르노Salerno에서 망명 중 쓸쓸하게 생을 마감했다.

스캔들

로마 교황청은 교황의 권위를 확보하기 위해, 위조 문서를 무수하게 만들어 냈다. 대표적인 예가 480년~490년에 익명의 저자가 만들어낸 『거룩한 실베스터 교황에 관한 전설』이다. 이에 따르면, 기독교 박해자였던 콘스탄티누스 황제가 나병에 걸렸는데, 실베스터 교황이 로마에서 그의 병을 고쳐준 후, 회개하고 세례를 받게 했다는 것이다. 콘스탄티노플로의 천도를 독단적으로 계획하던 그가 황제 예복과 표장을 벗고 교황의 발아래 엎드려 사죄를 받고, 교황의 동의를 얻어 천도를 시행했다고 한다.

이 전설을 토대로『콘스탄티누스의 증여』라는 위조문서가 탄생했다. 이 문서는 콘스탄티누스가 천도하기 전 실베스터 교황에게 교황청 내의 명칭과 조직을 황궁에 상응하게 하고, 집정관과 귀족을 임명할 권한을 주었으며, 로마와 이탈리아, 그리고 서방지역을 교황에게 주었다는 것이다. 이 문서를 토대로 교황은 세속적 지배권을 강화할 수 있었다. 하지만, 15세기에 인문주의자 로렌조 발라Lorenzo Valla에 의해 이 문서가 위조된 것으로 밝혀졌다.

에스파냐 세비야의 이시도루스Isidorus가 편집하였다는 교령집이 850년에 프랑스에서 출판되었다. 소위『위 이시도루스 교령집』으로 불리는 이 문서의 내용은, ① 니케아 공의회이전의 교황 서한전부 위작임, ② 공의회의 회의록태반은 사실임, ③ 실베스터 1세로부터 그레고리우스 2세까지의 교황, 즉 로마 주교의 서한집그 중 35통은 위작임, ④ 기타『콘스탄티누스의 증여』, 프랑크 국법 등이 들어 있는데, 진짜와 가짜를 교묘하게 배열 구성하고 있다. 이의 목적은 주교구에 대한 주교의 권리를 옹호하고, 교황권의 권위를 요구하는 데 있었다. 에라스무스 등의 학자들이 이 문서가 위작임을 밝혀냈다.

다른 예는 교황제의 타락상이다. 867년부터 1049년까지 교황제는 침체기를 맞이했다. 경쟁하는 정치집단들의 통제 하에 놓이면서, 교황들이 투옥, 굶주림, 살해, 강제 폐위 등을 겪은 것이다. 대표적인 예가 마로치아Marozia라는 여인과 연루된 스캔들이다. 그녀는 매우 아름다우면서 사악했는데, 교황의 연인이자, 어머니, 할머니였다. 그녀는 890년에 태어나 15세의 나이에 아버지의 사촌인 교황 세르지오 3세Sergius III의 정부가 되었다. 그와의 사이에서 태어난 아들이 후에 교황 요한 11세가 되었다. 세르지오와 요한 11세John XI사이에 등극했던 5명의 교황 중 2명이 마로치아의 꼭두각시였다. 그 사이에 세 번째로 등극했던 요한 10세 John X는 마로치아의 맘에 들지 않았는데, 결국 산타첼로 성에 갇혔다가 베개에 눌려 질식사했다. 그녀는 자신의 아들을 교황으로 세우고 싶었지만, 아직 18살로 어렸기 때문에, 그 사이에 두 명의 꼭두각시 교황을 세웠다. 그러는 중에, 그녀는 전도유망한 프로방스 출신의 우고와 사랑에 빠져서, 자신의 두 번째 남편인 귀도를 제거하고 우고와 결혼했다. 그들의 결혼식을 주관한 사람이 요한 11세였다. 역사상 교황이 자신의 어머니 결혼식을 집행한 사례는 이때가 처음이자 마지막일 것이다. 후에 마로치아와 우고의 손자가 요한 12세John XII로 등극했다. 그는 종교적인 사안에는 전혀 관심이 없었고, 교황청을 최대의 창부 정치로 오염시켰다. 역사가 에드워드 기번Edward Gibbon은 그에 대해 이렇게 썼다.

> 놀라움을 금할 수 없지만, 마로치아의 손자는 로마의 기혼녀들과 공개적으로 간통을 저지르며 살았다. 라테란 궁은 매춘의 훈련장으로 바뀌었고, 그가 처녀들과 과부들을 강간하니 독실한 마음으로 베드로 성지를 방문하려던 여성들이 그에게 당하지 않기 위해 순례를 단념하기도 하였다.

종교개혁 이후

종교 개혁자들은 가톨릭교회의 타락과 부패의 핵심이 교황제에 있다고 생각하여, 교황을 적그리스도라고 비판했다. 종교개혁에 충격을 받은 가톨릭교회는 자체 내의 부패를 척결하고, 종교 개혁자들이 공격한 교리들을 더욱 정교하게 다듬으려고 자체 개혁을 추진했다. 이것을 '반종교 개혁' 혹은 '가톨릭 종교개혁'이라고 한다. 특히, 트리엔트 공의회를 통해, 성직자들의 교육과 주교들의 엄격한 직무수행 등을 법률로 규정하여, 종교개혁의 공격으로부터 자신들의 교회를 지켜냈다.

이후, 교황은 점차 세속 권력을 포기하면서 종교문제에 집중하게 되었다. 1870년에 열린 제1차 바티칸 공의회는 교황 무오설 교리를 선포했는데, 이것은 교황의 인격이 아니라, 믿음과 도덕문제에 대해 공의회·주교회를 통한 교황의 결정에 한해서 무오하다고 주장한 것이다.

20세기에는 교황 요한 23세John가 출현하여 1962년에 제2차 바티칸 공의회를 소집했다. 이 공의회를 통해, 로마 가톨릭교회는 1054년에 분열했던 동방 정교회와 화해했고, 1517년에 종교개혁으로 분리되었던 개신교를 형제로 인정했다. 또한, 타 문화와 타 종교에 대해 열린 입장을 갖게 되었으며, 라틴어 미사 대신 자국어 미사를 허용하고 교회의 사회 참여를 독려했다. 이 공의회를 통해, 그동안 세상으로부터 분리되어 있던 로마 가톨릭교회가 세상과 화해하기 시작했다.

한편, 1978년에 폴란드 출신 카롤 유제프 보이티와Karol Józef Wojtyla. 가 요한 바오로 2세John Paul II로 취임했다. 그는 역사상 국외 순방을 가장 많이 다닌 교황이자, 가장 인기가 많았던 교황으로 평가된다. 그는 한국에도 두 차례84, 89년 방문했으며, 사형선고를 받았던 김대중 대통령의 구명운동을 해서 한국과 인연이 깊다. 그는 피임과 여성 사제 반대, 반공주의, 해방 신학 반대 등 보수적인 색채가 강했으나, 정교회 및 이슬람과 적극적으로 대화함으로써 종교 간의 화해를 위해 힘쓰기도 했다.

2013년 3월 13일에 아르헨티나 출신의 교황 프란체스코 1세Francesco I 가 제266대 교황으로 취임했다. 2013년에 타임지가 '올해의 인물'로 뽑은 그는 역사상 최초의 남아메리카 남반구 예수회 출신 교황이자, 시리아 출신인 제90대 교황 그레고리우스 3세Gregorius III 이후 1282년 만에 비유럽권 출신 교황이다. 그는 취임 직후부터 교황청의 개혁과 사회적 약자들에 대한 애정과 자본주의의 부정적 측면에 대해 강력히 비판하여 세계적 주목의 대상이 되었다.

한국교회 이야기

우리나라가 가톨릭교회와 최초로 접촉한 것은 1594년 초였다. 1592년에 시작된 임진왜란 중, 스페인 출신의 예수회 신부 세스페데스가와 일본인 수사 후칸 에이온Foucan Eion이 일본군 종군 사제로 조선 땅을 밟은 것이다. 그들은 고니시 유키나가小西行長 부대가 주둔해 있던 웅천을 중심으로 일본군 진지를 순방하며 성사를 베풀었다. 한국인들과의 접촉은 없었던 것으로 알려졌다.

한국에서 가톨릭교회는 17세기 초부터 서학의 형태로 도입되어, 학자들 사이에서 연구되기 시작했다. 그 후, 이벽의 제자 홍유한이 이를 신앙적 차원에서 실천하기 시작했고, 그 후 권철신, 정약전, 정약용 등이 이에 가담했다. 이벽의 권유로 베이징에서 북 천주당을 방문했던 이승훈이 그라몽J. J. de Grammont 신부에게 1784년에 '베드로'란 영세명으로 세례를 받았다. 귀국 후, 이승훈은 이벽과 권철신에게 세례를 베풀었고, 채 1년도 되지 않아서 경기도 마재, 양근, 포천 지방, 충청도 내포, 예산 지방, 전라도 전주, 진산 지방으로 가톨릭 신앙이 확산되었다. 당시에 신자들은 세례 베푼 자를 신부神父, 교리를 가르쳐 준 사람을 대부代父라고 불렀다. 얼마 후, 성사 집행의 필요성을 절감하고, 연장자인 권철신이 주교로 지명되고, 이승훈, 이존창, 유항검, 최창현 등이 신부로 선출되었다. 아직 이런 조직이 베이징 주교의 허락을 받지 않았기 때문에, 이것은 '가성직제, '가교계제도'라고 부른다.

선교를 목적으로 우리나라에 파송된 최초의 신부는 중국인 주문모였다. 그는 1794년 12월 23일에 국내에 잠입했다. 그의 활동으로 천주교 교세가 급성장했으나, 1801년 신유박해 때 체포되어 처형되었다. 1845년에는 한국인 최초의 신부가 배출되었다. 1836년에 마닐라로 유학을 떠났던 충청도 솔뫼 출신의 김대건이

1845년에 사제 서품을 받은 것이다. 그는 같은 해 10월 12일에 충청도 강경을 통해 입국했으나, 1846년에 체포되어 처형당하고 말았다[병오박해]. 1926년에는 뮈텔 Gustave Charles Marie Mutel 주교가 한국교회 최초의 대주교로 임명되었다. 반면, 최초의 한국인 주교는 1942년 12월 서울 교구장으로 서품된 노기남 신부다. 1962년 3월에 로마 교황청이 한국에 교계제도를 설정하고 서울, 대구, 광주를 관구로 설정했을 때, 노 주교가 서울 대교구장으로 임명되면서 한국인 최초로 대주교로 승품되었다. 1969년에는 김수환 대주교가 우리나라 최초의 추기경으로 임명되었다. 당시 47세였던 김 추기경은 전 세계 추기경 136명 가운데 최연소자였다.

교황의 존재가 우리 민족에게 처음으로 소개된 것은 1610년대이다. 우리나라에 최초로 한역 서학서를 도입했던 이수광이 그의 저서 『지봉유설』에서 마태오 리치가 쓴 『천주실의』를 소개하며, "그 풍속에 군을 교화황이라 하고 혼취하지 않으며 습사함이 없고 현자를 택립한다"고 소개한 것이다. 반면, 역대 교황 중 우리 민족에 관한 보고를 처음 접한 교황은 알렉산데르 7세Alexander VII였다. 그는 당시 중국 예수회 선교사들의 요청을 받아들여 1660년에 조선 지역을 '남경대목구'에 예속시켜 조선 선교를 권장했다. 비오 6세Pius VI는 구베아Gouvea 주교에게 조선 교회를 돌보고 보호할 임무를 위임하면서, 은화 500냥을 조선 교회 선교 자금으로 내놓았다. 비오 9세는 페레올Ferreol 주교가 프랑스어로 작성하고 최양업 신부가 라틴어로 옮긴 『기해박해 순교자록』을 접한 후, 1857년 9월 24일에 조선 순교자 82명을 '가경자'[6]로 선포했다. 비오 11세Pius XI, 1857~1939는 1925년 7월 5일 로마의 성 베드로 대성당에서 시복식을 열어 한국 순교자 82명 중 79위를 복자로 선포했고, 1931년에는 조선대목구 설정 100주년을 맞아 개최된 한국교회 최초 공의회에 무니 대주교를 교황사절로 파견했다.

---

6) 可敬者(Venerabilis). 시복과 시성으로 이어지는 3단계 가운데 첫 단계. 죽은 사람에게 부여 된다.

교황 요한 23세John XXIII는 1962년 3월 10일 교령을 통해 한국교회의 '교계제도 설정'을 공포함으로써, 한국교회가 130여 년간의 선교지 교구에서 벗어나 정식 교구의 자격을 갖추게 되었다. 교황 바오로 6세Paul VI는 1968년 10월 6일 로마의 성 베드로 대성당에서 한국 순교자에 대한 두 번째 시복식을 거행하고, 순교 복자 24위를 탄생시켰다. 바오로 6세는 시복식에 앞서 1963년 12월 대한민국과 정식 외교관계를 수립했고, 1969년에 김수환 추기경을 임명하여, 한국교회가 교회의 최고 통치에도 참여할 수 있도록 길을 열었다. 교황 요한 바오로 2세John Paul II는 1984년 5월 한국 천주교 200주년을 기념해서 사상 최초로 한국을 방문한 교황이 되었다. 그는 서울 여의도 광장에서 시성식을 주례하며, 103위 한국 순교 성인을 탄생시켰다. 이것은 한꺼번에 1백 명이 넘은 성인을 교황청 밖에서 시성하는 첫 기록이 되었다. 끝으로, 2014년 8월 14일부터 4박 5일 일정으로 방한한 프란체스코 1세는 서울 광화문 광장에서 순교자 123위 시복미사를 집전했고, 특별히 세월호 유족을 비롯하여 위안부 피해자, 쌍용차 해고 노동자, 용산참사 피해자 등 한국 사회의 소외된 이들을 만나는 등 고통받는 자들의 소리에 귀 기울이는 모습을 보여주어, 우리 사회에 큰 감동을 안겨주었다.

에필로그

1. 교황은 가톨릭교회의 가장 중요한 특징 중 하나다. 1054년에 동방 교회, 1517년에 개신교회와 각각 분열하면서, 그리고 중세 동안 왕/황제와 수임권 논쟁을 벌이면서, 교황은 가톨릭교회 정체성의 핵심으로 입지를 확고히 했다. 교황은 항상 분열의 원인이자, 결집의 동력이었다.

2. 교황 한 사람의 행보에 의해 가톨릭교회의 운명이 극명하게 갈렸다. 훌륭한 교황들은 교회를 절체절명의 위기에서 구하며 역사를 다시 썼다. 반면, 부패한 교황들은 교회를 치명적 파국으로 몰아넣었다. 그래서 교황은 가톨릭교회를 이해하는 결정적 키워드다.

3. 종교개혁은 교황에 대한 도전으로 시작하여, 만인 사제설을 신학적 유산으로 남겼다. 그 결과, 개신교는 교권주의를 배격하고, 지역 교회의 자율성을 보장하는 전통을 발전시켰다. 이것은 교회에 동력과 성장을 선물했지만, 분열과 이단의 범람이란 부작용도 낳았다. 하나를 얻고 하나를 잃었다.

제15장

종교회의

바리새파 중에 어떤 믿는 사람들이 일어나 말하되 이방인에게 할례를 행하고
모세의 율법을 지키라 명하는 것이 마땅하다 하니라 사도와 장로들이 이 일을
의논하러 모여 많은 변론이 있은 후에 베드로가 일어나 말하되 (행15:5-7)

예루살렘 공의회, 니케아 공의회, 제2차 바티칸 공의회, 에딘버러 세계 선
교 대회, 세계 복음화 국제대회로잔회의가 없었다면 교회사는 어떻게 되었을까?
이 땅에 교회가 세워진 이후, 교회는 수많은 문제에 직면해 왔다. 예기치 않았던
문제들로 고민했고, 풀 수 없는 난제들과 씨름했다. 자기 방식대로 믿으면 그만
인데, 함께 믿으려고 치열하게 논쟁하며 싸웠다. 한 번도 쉬운 적이 없었고, 모
두를 만족시킨 적도 없다. 하지만, 그런 과정을 통과하면서, 교회는 자신의 역사
와 문화를 개척했다. 한 영웅의 천재적 능력이 아니라, 수많은 신자의 성실한 시
행착오를 통해서 말이다. 종교회의는 기독교의 치부와 천재성이 신비롭게 공존
했던 현장이었다.

제1차 니케아 공의회

325년에 로마 황제 콘스탄티누스Constantinus의 주도 하에 250-300명의 주교
들이 니케아Nicaea, 현 Iznik에 모였다. 이것은 7차례의 세계 공의회 중 최초의 것이
었다. 참석자 대부분은 동방에서 왔고, 7명만 서방에서 참석했다. 이 자리에는

로마의 박해 때 고문으로 불구가 되었던 신앙고백자들도 일부 참석했고, 산타 클로스의 원형으로 알려진 미라의 주교 니콜라우스도 참석했다. 필립 샤프Philip Schaff에 따르면, 주교와 수행원을 포함하여 약 1,500−2,000명이 참석했다.

이 공의회의 최대 쟁점은 당시 교회를 분열시키고 있던 기독론 논쟁이었다. 당시에, 알렉산드리아의 장로 아리우스Arius와 그의 추종자들이 "예수가 존재하지 않았던 때가 있었다"고 주장하면서, 예수 그리스도의 신성을 부정하고 그리스도를 피조물이요, 하나님과 본질이 다른 분이라고 천명했던 것이다. 결국, 격렬한 논쟁이 반복되는 가운데, 황제의 종교 고문이었던 코르도바의 호시우스 Hosius of Cordoba가 '호모우시오스' ὁμοούσιος, 동일본질란 단어를 제시하여, 성자와 성부가 본질적으로 같다고 선언했다. 결국, 황제가 정통파의 입장을 지지하고 아리우스파를 유배 보냄으로써 논쟁을 종식했고, 니케아 신경이 작성되어 공포되었다. 그 내용은 다음과 같다.

우리는 모든 보이는 것과 보이지 않는 것들의 창조자이신 전능하신 하나님 아버지를 믿습니다. 또한 한 분이신 주 예수 그리스도를 믿사오니, 그는 성부에게서 나신 하나님의 아들, 곧 성부의 본질로부터 나신 독생자, 하나님으로부터 오신 하나님, 빛에서 오신 빛, 참 하나님으로부터 온 참 하나님이시고 지음을 받지 않으시고, 성부와 하나의 본질에서 나음을 입으셨으니, 그로 말미암아 만물, 곧 하늘에 있는 것들과 땅에 있는 것들이 지음을 받았으며, 우리 인간들을 위해 오셨고, 우리의 구원을 위해 강림하여 사람이 되셨습니다. 고난을 받으시고 사흘 만에 부활하셨습니다. 그리고 하늘로 올라가서 거기로부터 산 자와 죽은 자를 심판하기 위해 영광 중에 다시 오실 것입니다. 성령을 믿사오며, 그가 존재하지 않았던 때가 있었고, 그가 태어나기 전에 그가 없었으며, 존재하지 않은 것으로부터 존재했으며, 그가 본질, 그리고 위격과 다르고 혹은 변형 혹은 변질될 수 있다고 말하는 자들에게는 저주가 있을지어다.

그 외에도, 이 공의회에서 교회 규율과 20개의 교회법을 제정했는데, 그중에는 "거세된 자들이나 불구자들은 성직자가 될 수 없다."제1조 "고리대금업을 하는 성직자는 성직에서 물러나야 한다."제17조 "배교한 자 중에서 진정으로 회개한 자들은 백성과 함께 3년을 지내야 하고, 7년 동안 땅에 엎드려 살아야 하며, 2년 동안 봉헌할 수 없다. 다만, 사람들과 기도는 할 수 있다."제11조 "주일이나 오순절 기간에는 무릎을 꿇지 말고 서서 기도해야 한다."제20조란 조항이 흥미롭다. 끝으로, 당시 로마 교회와 소아시아 교회들 사이의 큰 분쟁거리였던 부활절 날짜에 대해, 로마의 관례를 따라 춘분 이후 첫 만월이 지난 첫 주일에 부활절을 지키기로 했다.

콘스탄티노플 공의회(381)

이 공의회는 제2차 에큐메니컬 공의회로서, 황제 테오도시우스 1세Theodosius I 의 명령에 따라 381년에 콘스탄티노플의 이레네 성당에서 나치안주스의 그레고리우스를 의장으로 소집되었다. 이 공의회에선, 성령을 하나님의 힘이라고 주장하며 성부와 성자 두 위격만 생각했던 마케도니우스Macedonius, 그리스도는 하나님의 로고스가 예수의 영에 임한 것이라고 주장하여 예수의 신성만을 주장했던 아폴리나리우스Apollinarius of Laodicea 문제를 다루었다. 이 공의회는 마케도니우스를 이단으로 파문하고 하나님의 세 위격 즉 성부, 성자, 성령을 확인하였다. 성부와 성자가 하나님인 것처럼 성령도 하나님이라고 확정하여 성령에 관한 가르침을 발전시킨 것이다. 또한, 아폴리나리우스에 대해선, 예수가 완전한 하나님이며 완전한 인간이라고 확인하였다. 그리고 제국의 수도가 된 콘스탄티노플을 로마 다음, 알렉산드리아 바로 앞으로 지위를 격상시켰다. 끝으로, 제1차 공의회에서 채택한 니케아 신조를 재확인하고 니케아-콘스탄티노플 신조를 채택하였다.

> 한분이신 하나님, 유일무이하시고 전능하시며, 천지와 모든 보이는 것과, 보이지 않는 것을 창조하신 하나님 아버지를 믿사오며, 유일하신 주 예수 그리스도를 믿나이다. 그 분은 하나님의 독생자이시며, 온 우주에 앞서 나셨고, 참 신이시며, 참 빛이시며, 참 신 가운데 신이시며, 하나님에게서 나셨고, 창조함을 받지 않으셨고, 성부 하나님과 같은 본질이시며, 그로 말미암아 모든 만물이 창조되었고, 모든 인간들과 우리의 구원을 위하여 하늘에서 내려 오셨고, 성령으로써 동정녀 마리아에게서 인간으로 나셨으며, 우리를 위하여 본디오 빌라도 치하에서 십자가에 달려 죽으셨습니다. 그는 고난을 받으시고, 무덤에 묻히셨으나 삼일째 되는 날, 성경에 기록된 말씀에 따라 다시 살아 나셨고 하늘에 올라 가사, 성부의 오른편에 앉으셨으며, 장차 산자와 죽은 자를 심판하러 영광 가운데 다시 오실 것을 믿나니, 그의 나라는 영원무궁합니다. 저는 성령을 믿습니다. 그는 주이시며, 생명을 주시는 분이시며, 성부와 성자에게서 나시고, 성부와 성자와 더불어 예배와 영광을 받으시며, 그에게 관하여, 이미 예언자들이 말씀하셨나이다. 저는 유일하고 거룩한 그리스도와, 사도의 교회를 믿사오며 죄의 용서를 위한 세례를 인정하며, 죽음에서의 부활을 소망하며, 장차 올 하나님나라에서 누릴 영생을 믿나이다.

칼케돈 공의회(451)

451년 10월 8일부터 11월 1일까지 황제 마르치아누스Flavius Marcianus에 의해 소아시아 비시니아의 도시 칼케돈현재의 터키에서 열렸다. 이 회의는 그리스도의 신성만 인정했던 449년 에베소 공의회를 불법으로 규정한 교황 레오 1세Leo I, 400경

~461가 황제에게 요청하여 소집된 것이다. 전승에 의하면 약 600여 명의 주교가 공의회에 참석했고, 교황 레오 1세가 3명의 주교와 2명의 사제를 특사로 파견하여 회의를 주도했다. 이 공의회는 그리스도의 신성과 인성이 분리되지 않는다는 내용의 칼케돈 신조를 통해, 예수 그리스도가 완전한 인간이요, 완전한 하나님이라고 고백했다. 또한, 칼케돈 신조에 '하나님의 어머니'테오토코스, Theotoskos라는 단어를 넣음으로써, 예수 그리스도의 신성을 강조하는 신모설神母說을 정통 교리로 재확인했다. 칼케돈 공의회의 정통 교리 확립으로 콥트 교회 등 단성론을 따르는 교회나 그리스도의 인성을 강조하는 네스토리우스파 교회는 이단으로 단죄되어, 기존 교회에서 분리되었다. 칼케돈 신조다.

그러므로 거룩한 교부들을 따라서, 우리는 모두가 일치하여 하나님의 아들이시고 우리 주이신 동일하신 한 분 예수 그리스도를 고백하도록 가르치니, 그 동일하신 분은 신성에서도 완전하시고 동일하신 분이 인성에서도 완전하시다. 동일하신 분이 참 하나님이시며 이성적인 영혼과 육체로 이루어지신 참 사람이시다. 신성을 따라서는 아버지와 동일본질이시고, 동일하신 분이 인성을 따라서는 우리와 동일본질이신데, "모든 점에서 우리와 같으시나 죄는 없으시다." 그분은 신성을 따라서는 시간 이전에 성부로부터 나셨으며, 그리고 동일하신 분이 인성을 따라서는 우리를 위하여, 그리고 우리의 구원을 위하여 마지막 날에 하나님의 어머니인 동정녀 마리아로부터 나셨다.

한 분이시요 동일하신 분이신 독생자이시고, 주님이시며, 성자이신 그리스도께서는 혼합되지 않으시고, 변화되지 않으시고, 분할되지 않으시고, 분리되지 않으시는 두 본성으로 시인되어야 한다. [위격의] 연합으로 인하여 본성의 차이가 제거되는 것이 아니며, 오히려 본성의 고유한 특성이 그대로 보존되어 있고, 하나의 위격과 위격적 존재로 연합되어 있다. 두 위격으로 나누어지거나 분할되지 않으시며, 한 분이시요 동일하신 성자이시고, 독생자이시며, 하나님의 말씀이신 주 예수 그리스도이시다. 이전에 선지자들의 가르친 바와 같이, 예수 그리스도께서 친히 우리에게 가르치셨으며, 그리고 교부들이 우리에게 신조를 전하였다.

마르부르크 회담(1529)

1529년 10월 1~4일에 마르부르크Marburg에서 성찬식에 대한 신학적 해석을 둘러싸고 독일과 스위스 종교 개혁자들 사이에 개최된 회담이다. 제2차 슈파이어 제국의회1529. 4가 종교개혁에 대한 반대결의안을 다수결로 통과시키자, 헤세의 영주 필립은 프로테스탄트 연맹을 조직하고 싶었다. 루터교도들이 연맹을 조직하기 위한 조건으로 공동 신앙고백을 고집했기 때문에, 필리프는 1524년 이래 종교 개혁자들 사이에서 여러 갈래로 나뉘어온 성찬식에 관한 논쟁을 수습하기 위해 모임을 소집했다. 4명의 참석자 마르틴 루터, 필립 멜란히톤, 요한네스 외콜람파디우스Johannes Oekolampadius, 울리히 츠빙글리가 예비토론을 한 뒤 영주 필립, 뷔르템베르크의 공작 울리히, 참가 지역들에서 보낸 대표들, 그리고 60명에 이르는 참관인들이 모여 4차례 회의를 열었다.

이 회의를 준비하기 위해 루터의 동료 멜란히톤, 부처, 그리고 츠빙글리의 동료 불링거Heinrich Bullinger가 사전에 만나 이 회담에서 논의할 개혁 신학 15항목을 선정하고 두 개혁자 앞에 내놓았다. 두 개혁자는 한 조항씩 검토하고 14개 항목에는 이의가 없어 쉽게 합의했다. 그런데 한 항목, 즉 성찬식 때 그리스도가 빵과 포도주에 임재臨在하는지에 관한 문제에서 두 사람의 의견이 달라 합의에 이르지 못했다. 그리스도께서 성찬식을 시작하면서 "이것은 내 몸이다"라고 말씀하셨는데, 루터는 이 말을 문자 그대로 받아들였지만, 츠빙글리는 성찬식이 상징적인 기념 의식이라고 주장했다. 다만, 성찬식 때 그리스도가 영적으로 임재 한다는 교리는 받아들일 용의가 있다고 밝혔다. 결국, 루터와 츠빙글리는 성찬에 대한 자신들의 견해차를 극복하지 못했고, 회담은 결렬되었다. 그리하여 가톨릭교회와 투쟁하는 긴박한 상황에서 내적으로 분열됨으로써, 종교개혁의 힘이 분산되고 말았다.

트리엔트 공의회(1545-1563)

트리엔트 공의회는 1545년 오스트리아의 트리엔트^{현 이탈리아의 트렌토}에서 교황 바오로 3세^{Paul III} 주관으로 개최되어, 1563년까지 진행되었다. 이 회의는 개신교의 진전을 막고 로마 가톨릭교회의 교리적·도덕적·행정적 기준을 확립할 필요성 때문에 열렸다. 회의장이 한때 이탈리아 볼로냐^{Bologna}로 옮겨지곤 하여, 오랜 시간을 끌며 3회에 걸쳐 진행되었다. 제1기는 1545년부터 1548년까지 3년간, 제2기는 교황 바오로 3세의 후계자 교황 율리우스 3세^{Julius III}가 1551년 개회하여 다음 해 독일 제후들의 봉기로 좌절될 때까지 1년간, 제3기는 제2기가 끝나고 약 10년 후인 1562년에 개회되어 이듬 해에 폐회되었다.

이 회의에서 '니케아-콘스탄티노폴 신경'을 신앙의 기초로 재확인했고, 성서와 교회의 전통을 동등하게 규정했으며, 교회가 계시 해석의 유일한 권리를 갖는다고 선포했다. 구원은 하나님의 은혜와 신앙의 실천을 통해 성취된다고 천명했으며, 7개의 성사와 화체설을 확인했고, 직위의 겸임을 금지했다. 『70인경』에 따라 구약성서가 제2경전인 토빗기, 유딧기, 마카베오기 상·하권, 집회서, 지혜서를 포함한 46권임을 확인했다. 미사 집전 시 라틴어만을 사용하도록 했고, 만인사제설 등 개신교 교리들을 이단으로 단죄했다. 면죄부 판매라며 비판의 대상이 되었던 각종 사면이 대폭 폐지되었고, 사제의 독신이 강조되었다. 개신교에 맞서 로마 가톨릭교회 자신이 자신을 개혁한 것이 아닌, 반종교개혁의 하나로 개신교에 대한 탄압을 공식적으로 결의한 공의회로 평가된다. 이 공의회 이후 가톨릭교회의 개신교에 대한 탄압은 날로 극심해져서 성 바르톨로메오 축일의 학살1572과 30년 전쟁1618-48의 원인이 되었다.

웨스트민스터 회의(1643-49)

1643년 7월 1일부터 1649년 2월 22일까지 웨스트민스터 대수도원에서 총 1,163회나 회의가 열렸는데, 가끔 열린 것까지 포함하면 1652년까지 계속된 셈이다. 웨스트민스터 회의는 교회개혁을 추구하던 영국 의회가 주도했다. 의회는 1643년 6월 12일, "영국 교회의 정부 형태와 예배를 정착하고, 그릇된 교훈과 해석으로부터 영국 교회의 교리를 정화하며 옹호하기 위해" 교회 회의로 모일 것을 결의하고, 영국 전역의 경건한 청교도 목사 121명과 상하원에서 파송한 30명의 의원으로 회의를 구성했다. 그뿐만 아니라, 뉴잉글랜드 및 스코틀랜드와의 일치를 표하려고 3명의 뉴잉글랜드 청교도들과 8명의 스코틀랜드 장로교인들이 초청되었다. 스코틀랜드 장로교인들은 회의에 참석하여 많은 공헌을 하였으나, 뉴잉글랜드 청교도들은 당면한 문제로 회의에 불참했다.

회의는 30명의 평신도20명은 하원 의원, 10명은 상원 의원, 121명의 잉글랜드 성직자, 그리고 스코틀랜드 장로교 대표단으로 구성되었다. 참석자는 교리적 측면에서 모두 칼뱅주의자였으나, 교회 행정 면에선 감독파, 독립파, 장로파, 에라스투스파Erastians, 교회는 국가에 예속되어야 한다고 주장하는 이들로 분리되어 있었다. 하지만, 회의에 참석한 청교도들은 칼뱅의 신학 전통에 따라 성경의 권위를 최종적으로 간주하고, 그것을 역사적·문법적으로 해석하여, 그것에 근거한 교리, 예배, 교회 정치 원리를 확립하고자 했다. 그들은 토요일과 주일에는 모이지 않았으며, 그 외의 날들엔 매일 9시에 회의를 시작하여 오후 1시나 2시까지 논의를 계속했다. 오후에는 소위원회별로 모여 분과별 토의를 진행했다. 이 회의에서 "개혁주의 신학의 정수"라고 불리는 '웨스트민스터 신앙고백서, '대교리 문답'

과 '소교리 문답, '교회 행정 지침서', '공예배 지침서'가 작성되었다. 영국에서는 1660년에 감독 중심제가 재확립되면서 장로파가 억압을 받았지만, 이 회의에서 나온 결론들은 전 세계 장로교인들에게 일반적으로 받아들여졌다.

20세기

(1)에든버러 세계 선교대회(1910)

에든버러 세계 선교대회The World Missionary Conference는 1910년 6월 14일부터 23일까지 약 160개 선교회에서 파송된 1,200명의 대표가 "이 세대 안에 세계 복음화"The Evangelization of the World in this Generation란 주제로 모였다. 한국 대표로 모펫과 존스 선교사, 그리고 윤치호가 참석했으며, 대회 의장은 존 모트John R. Mott, 1865~1955였다. 이것은 예수 그리스도의 복음으로 전 세계를 정복하기 위한 선교대회로서, 이를 위한 전략을 논의하고 조언하려는 목적이 있었다. 이러한 목적을 가진 본 대회는 8개 분과로 나뉘었다. 1년 반 동안 분과 위원들이 편지와 설문지를 보내고 자료를 취합하여 조직적으로 분류하는 등 엄청난 노력을 기울여서 그 내용을 8권의 보고서에 담았다. 매 권 평균 200~300쪽이 되는 보고서 8권이 천명이 넘는 대표들에게 개회 수주일 전에 발송되었다.

제1분과는 "복음을 비기독교 세계 모든 민족에게 전하려는" 분과인데, 나라마다 통계와 데이터, 그리고 복음화를 위한 전략과 방법이 제시되었다. 제2분과는 "선교 현장에서 교회"를 다루었는데, 비기독교적 배경이란 관점에서 교회를 정의하려 했다. 제3분과는 "민족적 삶의 기독교화와 관련된 교육"을 다루었으며, 기독교 학교가 비기독교인을 개종시키기 위한 기관이나 도구로 이해되었다. 제4분과는 "타종교들에 관련된 선교 메시지"를 다루었다. 무슬림권, 힌두교권, 불교권, 유교권 및 에니미즘권 등에서 활동하던 선교사들의 설문을 기초로 보고서가 작성되었다. 제5분과는 "선교사 준비"에 대한 분과로서, 선교사업을 수행하기 위해 준비할 사항들, 예컨대, 비교 종교학, 선교학과 선교 역사, 사회학, 교수법, 언어 공부 등을 지적하면서 선교 훈련의 혁신을 강조했다. 제6분과는 "선교의 국내기반"을 주제로, 선교사들을 파송하는 국내 기관에 대해 토론했다. 제7분과는 "선교회와 정부 관계"를 다루면서, 인도, 중국, 일본 등을 예로 들었다. 제8분과는 "협력과 일치의 증진"에 집중하면서, 특히 협력과 일치의 주요 과제로서 비기독교 국가에 하나의 연합 교회를 세울 것을 강조했다. 이러한 8개 분과 보고서 이외에 제9보고서가 대회 2년 후에 작성되었다. 그것은 에든버러 대회의 진행 역사와 대회에서 발표된 자료와 문건들을 모은 것이다.

1910년 대회의 진정한 의미는 이른바 '교회의 일치'에 대한 인식이 이 대회를 통해 싹트기 시작했다. 이 대회 안에선 교회가 분열되어 있다 하더라도, 교리가 아닌 선교와 봉사 분야에선 협력할 수 있다는 인식이 자리 잡았고, 이런 인식은 1921년 국제 선교 협의회International Missionary Council, IMC가 창설되는 밑바탕이 되었다. IMC는 1948년에 세계 교회 협의회World Council of Churches, WCC가 창립되면서 '세계 선교와 전도 위원회' Commission on World Mission and Erangelism, CWME로 통합되었다. 따라서 1910년 에든버러 세계 선교대회를 '현대 에큐메니컬운동의 출발점' 으로 간주한다.

(2) 제2차 바티칸 공의회(1962-65)

제 2차 바티칸 공의회The Second Vatican Council는 1962년부터 1965년까지 4회기 동안 로마에서 개최된 로마 가톨릭교회의 제21차 세계 공의회다. 교황 요한 23세의 재위 기간에 첫 번째 회기가, 교황 바오로 6세Paul IV의 재위 기간에 나머지 세 회기가 진행되었다. 이 공의회는 역대 세계 공의회 가운데 가장 규모가 컸고참가자 2,800명, 가장 생산적이었다. 16개의 중요한 문서 제2차 바티칸 공의회의 가르침은 세계 전역에 있는 교회에 심대한 영향을 미쳤다. 공의회에서 확정된 16개의 문서 가운데 4개가 교회 전체를 위해 매우 중요한 헌장constitution이고, 9개는 교회 내의 특정 집단을 위한 특정 주제들에 대한 교령decretum이며, 나머지 3개는 선언declaration이다.

이 공의회의 결과로서, 트리엔트 공의회 이후 라틴어로 봉헌되던 미사가 각 국의 언어로 봉헌되기 시작했고, 신자들과 함께 제단을 바라보며 드리던 미사를 신자들과 마주 보며 드리는 미사로 바꾸었으며, 최초로 소녀 복사가 인정되었다. 그동안 개신교를 깎아내리는 표현이었던 "열교"분열되어 나간 교회를 "분리된 형제"로 순화했다. 하지만 종교기독교로서의 독립적 지위는 여전히 인정하지 않았다. 1054년에 분열되었던 동방 교회동방 정교회와도 화해했다. 다른 종교에도 배울 점이 있으나, 그리스도의 복음을 전해야 한다는 종교관을 고백했고, 사회적 불의에 하나님의 말씀으로 저항하는 예언자적인 책임에 더 많은 관심을 두게 되었다.

(3)제1차 세계 복음화 국제대회(로잔회의, 1974)

제1차 세계 복음화 국제대회The First International Congress on World Evangelization는 1974년 7월 16일부터 25일까지 10일 간, 세계 150여 나라, 135개 개신교단에서 약 2,700여 명이 "온 땅으로 복음을 듣게 하자Let the Earth Hear His Voice"란 주제로 스위스 로잔에서 모였다. 대회가 열린 장소의 이름을 따서 로잔회의Lausanne Congress라고 부르며, 빌리 그레이엄 목사가 의장을 맡았다.

에큐메니컬 진영WCC의 '세계 선교와 전도 위원회' CWME의 1973년 방콕대회가 "오늘의

1974년 로잔회의는 150여 나라 135개 교단이 참여했다

구원Salvation Today"이란 주제로 폭넓은 구원과 선교의 모라토리움moratorium까지 주창하자, 복음주의자들이 큰 충격을 받았다. 이러한 상황에서, 전 세계 복음주의자들이 세계복음화의 공통된 과업을 위해 로잔에 모인 것이다. 존 스토트 John Stott가 초안을 작성했으며, 총 15개 항으로 정리된 『로잔 언약』Lausanne Covenant 은 노예제 해방 등 사회참여를 활발히 했던 근대복음주의자들과 달리, 현대복음주의들이 사회참여에 소홀했다는 비판도 수용했다. 특히, 이 언약의 제5항이 "그리스도인의 사회적 책임"인데, 복음전도와 사회참여의 관계를 다음과 같이 천명했다.

> 사람은 하나님의 형상대로 창조되었기 때문에 인종, 종교, 피부색, 문화, 계급, 성 또는 연령의 구별 없이 모든 사람은 천부적 존엄성을 지니고 있으며, 따라서 누구나 존경받고 섬김을 받아야 하며 착취당해서는 안 된다. 이 사실을 우리는 등한시해왔고, 때로 복음 전도와 사회 참여를 서로 상반된 것으로 여겼던 것을 뉘우친다. 물론 사람과의 화해가 곧 하나님과의 화해는 아니며 또 사회 참여가 곧 복음 전도일 수 없으며 정치적 해방이 곧 구원은 아닐지라도, 우리는 복음 전도와 사회·정치적 참여가 우리 그리스도인의 의무의 두 부분임을 확언한다.

한국교회 이야기

한국교회의 신학적·신앙적 정체성을 결정한 중요한 회의들이 교회사 초기에 있었다. 먼저, 1893년 1월 28일에 재조직된 '장로교 연합 선교 공의회' 제1차 회의를 주목해야 한다. 이 공의회는 미국 남북 장로교와 호주 장로교 선교사들의 협의체였는데, 이날 회의에서, 두 가지 중요한 결정이 내려졌다. 하나는 교파

간의 선교 지역 분할 협정을 맺은 것이다.[7] '교계예양' 이라고도 불리는 이 협정은 교파별 선교 사역의 중복과 경쟁을 피하면서 선교 활동의 효율성을 향상시키기 위해, 인구 5,000명 이상의 도시나 개항장開港場은 공동 선교 구역으로 하고, 5,000명 이하 지역의 경우, 이미 선교를 개시한 선교부의 선취권을 인정해 준다는 내용을 골자로 했다. 그 결과, 남장로교는 충청·전라지역, 북장로교는 황해·평안·경상도를 담당하게 되었고, 서울은 공동 선교 지역으로 개방했다. 둘째, 앞으로 한국교회 선교 활동의 기본 틀이 되는 네비어스 선교 정책을 채택하여, 10가지 정책을 발표한 것이다. 그중에는 "한국인 대중을 그리스도에게로 인도하는 일은 한인 자신들이 하여야 한다. 그러므로 우리 자신들이 대중에게 전도하는 것보다 적은 수의 전도사를 철저하게 훈련시킨다"는 내용도 있었다.

1901년 9월, 선교사들의 주도 하에, '조선 예수교 장로교 공의회' 에서 결의한 '교회와 정부 사이에 교제할 몇 가지 조건' 은 앞으로 정교 분리에 대한 한국교회의 의식과 행동에 결정적 영향을 끼쳤다. 선교사들만 참여했던 '장로교 연합 선교 공의회' 와 달리, '조선 예수교 장로교 공의회' 는 선교사와 한국인 대표가 함께 참여했다. 이 결의를 통해 제시한 조건은 총 5가지였고, 두 번째 조건에서 "대한국과 우리나라들과 서로 약조가 있는데, 그 약조대로 정사를 받으되 교회일과 나라일은 같은 일이 아니라 또 우리가 교우를 가르치기를 교회가 나라일보는 회가 아니오, 또한 나라 일은 간섭할 것도 아니오"라고 정교 분리를 명시했다. 여기서 정교 분리는 교회의 정치 참여 배제란 의미로 사용된 것이다. 이런 공의회의 결의가 이후 일제의 한국 강점 과정에서 한국교회가 철저하게 침묵했던 가장 근원적인 이유가 되었을 것이다.

---

7) 선교지 분할 협정 혹은 교계예양은 1892년에 미감리회와 북장로회 선교회 선교사들이 모여 최초로 협의한 내용이다. 하지만 이 협정은 1893년 8월에 열린 미감리회 선교 연회에서 공식적으로 채택되지 않았다. 후에, 미감리회는 1901년에 남감리회, 1905년에 북장로회, 그리고 1907년에 남장로회와 각각 선교지 분할 협정을 맺었다.

한편, 한국교회에 큰 영향을 끼쳤던 국제 회의들은 어떤 것이 있었을까? 먼저, 1910년에 열린 '에든버러 세계 선교대회'에 모펫Samuel A. Moffett, 존스G. H. Jones, 윤치호가 한국교회 대표로 참석했다. 이 대회에서 발표한 논문에서, 모펫 선교사는 한국의 선교 상황을 보고하면서, "한국은 현재 비기독교 국가 가운데서 복음화되는 첫째가는 국가가 될 가능성이 충분히 있다."라고 한국 선교에 대한 낙관적 전망을 하였다. 윤치호는 유창한 영어로 한국 선교에 끼친 선교사들의 공헌을 치하하면서, 불교와 유교의 발흥, 서양철학의 유입으로 초래된 위협, 그리고 훈련된 선교사와 국내 전도자들의 필요성을 역설하여, 대회 참석자들에게 깊은 인상을 남겼다.

1974년 스위스 로잔에서 열린 세계 복음화 국제대회에도 한국에서 65명이 참석했다. 당시, 한국은 군부 독재의 절정기였다. 1972년 10월 17일 발표된 유신과 1974년 4월 3일에 의결된 긴급 조치 4호 속에서 박정희 정권의 철권 통치가 절정에 달한 것이다. 이런 상황에서 한국 대표 중 서울신대 조종남 교수가 그 내용을 1974년에 학술지에 발표했으나, 학계나 교계에서 별다른 반응을 일으키지 못했다. 하지만, 1985년에 대학생선교단체 ESF의 이승장 목사가 잡지 「소리」를 통해 로잔 언약을 다시 소개했다. 당시에는 전국 대학에서 민주화운동의 열기가 고조되고 있었으며, 복음주의자들 안에서도 사회 참여에 대한 고민이 깊어가고 있었다. 이런 때에 국내에 소개된 로잔 언약은 개인 전도와 사회 참여를 이분법적으로 이해하며 고민하던 뜻있는 복음주의자들에게 신선한 충격과 강력한 자극이 되었다.

에필로그

1. 교회는 시대와 문화의 변화에 따라, 끊임없이 새로운 난제들에 직면했다. 그때마다 교회 지도자들이 함께 모여, 문제 해결을 위해 치열하게 노력했다. 흔히, 교회사가 뛰어난 엘리트들의 개인적 영웅담으로 가득하지만, 다수의 지도력이 힘을 모았던 종교 회의들도 소중한 전통으로 간직하고 있다.

2. 회의를 통해 교회의 문제들이 모두 완벽하게 해결되지는 못했다. 오히려 화합과 일치를 위해 모인 회의가 또 다른 분열과 갈등의 원인이 된 경우도 적지 않다. 그럼에도, 지극히 다양하고 독특한 사람들이 모여 형성된 전 세계 교회들이 그런 회의들을 통해 창조적 연합을 이룬 것은 진정 하나님의 은혜였다.

3. 한국교회가 많은 난제에 직면해 있다. 지역, 교파, 이념, 교리, 계급에 따라 교회가 사분오열되었고, 대형 교회와 유명 목회자들을 둘러싼 각종 스캔들로 세상의 비판과 내부의 갈등이 극에 달한 상태다. 어느 때보다 교회 지도자들의 집단적 지혜와 협력, 그리고 헌신이 필요하다.

제16장

종교개혁

하나님의 율법책을 낭독하고 그 뜻을 해석하여 백성에게 그 낭독하는 것을
다 깨닫게 하니 백성이 율법의 말씀을 듣고 다 우는지라 (느8:8-9)

6세기 종교개혁은 정말 교회를 개혁했을까? 종교개혁 이후, 기독교는 더 나은 종교가 되었을까? 아니면, 개신교회Protestantism를 탄생시킨, 교회 분열의 또 다른 예에 불과한 것인가? 이 질문들에 대한 대답은 다양하고, 논쟁은 아직도 진행 중이다. 하지만, 분명한 것은 종교개혁 이전과 이후로, 역사, 특히 교회사가 근본적으로 변했고, 그것의 영향은 오늘날까지 지속하고 있다. 그런 의미에서, 종교개혁은 16세기에 종료된 역사적 사건이 아니라, 오늘도 여전히 진행 중인 치열한 현실임이 틀림없다.

개혁의 전야

종교개혁이 일어난 16세기에는 유럽 사회가 여러 측면에서 중요한 변화를 겪고 있었다. 1347년-51년까지 유럽에 흑사병이 창궐하여 당시 유럽 인구의 30%가 목숨을 잃었다. 이것은 하나님의 심판으로 이해되어, 고행을 강조하는 신앙이 유행했다. 1453년에는 이슬람 제국인 오스만튀르크에 의해 비잔티움동로마제국이 멸망했다. 이것은 두 가지 중요한 변화를 가져왔다. 첫째, 이슬람 세력이 지속적으로 유럽을 침략함으로써, 유럽은 늘 전쟁 위협 속에 살아야 했다. 둘째,

이슬람의 지배를 피해서 서유럽으로 이주한 비잔틴 학자들에 의해 고대 그리스 로마 문헌들이 서유럽으로 유입되어 르네상스가 발생했다. 르네상스는 기독교와 달리, 인간의 이성, 육체, 도덕에 대한 긍정적 해석을 유럽 사회에 확산시켰고, 문학, 미술, 건축 등이 비약적으로 발전했다. 경제적 측면에서, 장원을 중심으로 한 중세 농업이 도시 및 원거리 무역의 발달로 점차 해체되기 시작했고, 그 결과 장원에서 영주들의 지배하에 살던 농노들의 삶은 더욱 어려워졌으며, 유럽에서 도시와 상업을 중심으로 한 중상주의 시대가 시작되었다. 그뿐만 아니라, 1492년에 크리스토퍼 콜럼버스Christopher Colombus가 신대륙을 발견하면서 식민지 개척 시대가 시작되었고, 스페인과 포르투갈이 유럽의 신흥 강자로 급부상했다.

이런 유럽 사회의 급격한 변화가 유럽의 종교 생활에도 중요한 변화를 가져왔다. 흑사병과 전쟁은 유럽 사회 전체에 하나님의 심판과 죽음에 대한 공포를 강화시켰다. 그 결과, 연옥 교리가 발전했고, 사후 세계 및 구원에 대한 관심이 더욱 고조되었다. 동시에, 유럽의 경제적 호황과 르네상스의 유행으로, 유럽의 왕실과 교회에서 성당을 포함한 대규모 건축 사업이 붐을 이루면서 예술이 전성기를 맞이했다. 그뿐만 아니라, 고대 그리스 문헌들에 대한 관심을 촉발시킨 르네상스의 영향으로, 그리스어로 된 신약성경 원전 연구가 유행했다. 그 결과, 당시 유일한 권위를 인정받던 라틴어 성경 『불가타』 안에서 많은 번역의 오류가 발견되었다. 이것은 교회의 권위에 상당한 위협이 되었다. 또한, 신대륙의 발견으로 그동안 '세계는 네모'라고 주장했던 교회의 가르침이 오류로 판명되었다. 이것도 종교와 과학 영역 모두에서 절대적 권위를 누렸던 교회에 큰 충격과 위협이 될 수밖에 없었다.

이런 상황에서 교황 레오 10세Leo X가 낡고 오래된 바티칸의 베드로 대성당을 재건축하기로 했다. 레오 10세는 부족한 건축비 마련을 위해 탐욕스런 마인츠 대주교 알브레히트Albrecht von Mainz, 1490-1545에게 또 다른 교구를 매매했다. 알브레히트도 매매 대금을 마련하기 위해, 교활한 선동가 요한 테첼Johann Tetzel, 1465~1519을 고용해서, 필요한 자금을 모금하도록 했다. 테첼은 당시 교회에서 유행했던 면죄부 판매를 기금 마련 방법으로 사용했다. 그는 교황의 축복 속에 과거와 현재와 미래의 모든 죄를 사해주는 면죄부를 판매한 것이다. 그는 "당신이 가진 돈을 낭비하는 동안 당신의 죽은 친척들이 연옥에서 고통으로 신음하는 소리가 들리지 않는가?"라고 설교하며, "금고 안에 동전 한 닢이 떨어질 때, 한 영혼이 연옥에서 솟아오른다."란 광고 문구까지 만들었다. 결국, 경제적 호황과 건축과 미술의 유행, 그리고 죽음에 대한 공포가 합작하여, 과거와 현재와 미래의 모든 죄를 사해주는 기만적 면죄부 판매를 낳았다. 이것이 바로 루터의 종교개혁을 촉발했던 불씨였다.

길을 예비한 사람들

(1)존 위클리프(John Wycliffe, 1320-1384)

위클리프는 옥스퍼드대학교를 졸업했으며, 1374년에 교황이 납세 문제로 영국왕 에드워드 3세Edward III를 불러들였을 때 사절단으로 동행했었다. 그 후 교구장이 되어 로마 교회의 부패를 탄핵하기 시작했다. 교황 그레고리우스 11세Gregorius XI로부터 이단이라는 비난을 받았지만, 계속해서 교황의 권력과 교회의 교리를 비판했다. 즉, 그는 교황을 적그리스도, 거만하고 세속적인 로마의 사제, 가장 저주받은 절음발이로 묘사했고, 주교와 사제의 물질적 욕망과 세속성도 꾸짖었다. 교회의 재

존 위클리프

산은 사제의 것이 되어서는 안 되며, 사제는 세속 재산을 소유해서도 안 되고, 오로지 십일조로 생활해야 한다고 주장했다.

1378년에, 그는 『성경의 진리』라는 책을 저술하여 진리의 근원은 교회가 아니라 성경이라고 주장했다. 교회가 오직 라틴어 번역인 『불가타』만 고수하던 때에, 그는 목숨을 걸고 옥스퍼드 내의 뜻있는 이들과 성경 번역에 착수해서, 1382년에 최초의 영어 성경 『위클리프 성경』The Wycliffe Bible을 출판했다. 이런 사역이 종교개혁의 기초가 된 것이다. 또한, 그의 영향으로 윌리엄 틴들과 마일즈 커버데일Myles Caverdal이 영어 성경을 연이어 간행하여, 영어 성경이 널리 보급되는 데 크게 이바지했다. 그뿐만 아니라, 위클리프는 교회의 계급 제도에 대해 연설과 글로 항거했고, 교황도 평신도들에 의해 법적으로 탄핵받을 수 있다고 주장했다. 그는 로마 가톨릭교회의 화체설을 반대하여 그리스도의 몸이 상징적으로 현존한다고 강조했다.

교황은 위클리프를 정죄하기 위해 세 번이나 재판을 열고자 했으나, 존 공작John of Gaunt, duke of Lancaster, 1340~1399과 민중의 지지로 번번이 좌절되었다. 그는 1384년 12월 29일, 중풍으로 쓰러진 지 3일 만에 세상을 떠났다. 그가 죽은 후 21년이 지난 1415년, 콘스탄츠 공의회의 결정에 따라 그의 시신이 무덤에서 끌려 나와 유죄 판결을 받고 부관참시를 당했다. 그들은 그의 시신을 태우고 남은 재를 세 번 강에 뿌렸다.

(2)얀 후스(Jan Hus, 1372-1415)

후스는 보헤미아, 즉 현재 체코의 프라하대학교 총장으로서 교회 개혁을 주도했다. 존 위클리프의 영향을 받고, 후스는 성경을 기독교 신앙의 유일한 권위로 인정했으며, 교황 등 로마 교회 지도자들의 부패를 강력히 비판했다. 그는 라틴어뿐 아니라 체코어로도 저술 활동을 했는데, 체코어를 개량하고 체코어 철자

얀 후스의 개혁정신은
보헤미안공동체로 이어졌다

법을 개혁하여 지금까지 이어지게 했으며, 체코어로 찬송가도 보급했다. 후스는 설교와 저술활동을 통해, 교회가 타락을 청산하고 초기 기독교정신으로 복귀해야 한다고 주장했다. 그의 주장은 프라하대학교 교수들과 왕실, 일부 귀족, 그리고 대중의 지지를 받았다. 하지만, 고위 성직자들과 프라하의 독일인들이 강력히 반발하여, 프라하대학교의 독일인 교수와 체코인 교수 사이에 갈등이 시작되었다. 후에 독일인 교수들이 분리하여 라이프치히Leipzig에 대학을 세웠다.

그에게 영향을 준 영국인 개혁자 존 위클리프와 달리, 후스는 대중 앞에서 설교를 통해 가르침을 설파하고, 이를 실행에 옮기라고 촉구했다. 그는 교회의 재산권을 박탈해서 청빈한 교회를 만들어야 한다고 주장하여, 소귀족과 대중의 지지를 받았다. 1412년에 교회의 면죄부 판매를 공개적으로 비난하자, 교회와 국가의 박해를 받게 되었다. 이런 상황에서, 후스는 프라하를 떠나 체코 남부의 코지흐라데크Kozihrádek에서 소귀족들의 보호를 받으며 지냈는데, 이 시기에 농민들에게 복음을 전하며 계몽했고, 교회를 비판하며 개혁을 요구했다.

1414년 10월에 스위스의 콘스탄츠Konstanz에서 공의회가 열렸을 때, 신성 로마 제국 황제 지기스문트Sigismund Luxemburg가 안전을 보장하며 후스에게 종교회의에 참석하라고 요구했다. 후스는 교회의 고위 성직자들에게 자신의 주장을 이해시킬 기회라 판단하고 회의에 참석했다. 하지만, 그는 콘스탄츠에 도착하자마자 체포되어 고문을 당했다. 그는 끝까지 자신의 소신을 지키다가 1415년 7월 6일에 화형을 당했다. 하지만, 그가 화형 당하고 나서도 그의 정신은 '보헤미안공동체'를 통해 이어졌고, 종교 개혁자들에게도 큰 영향을 끼쳤다.

(3)데시데리우스 에라스무스(Desiderius Erasmus, 1466-1536)

에라스무스는 네덜란드에서 사제의 사생아
로 태어났다. 그는 안수 받은 사제요 최고의 인문
주의 학자였지만, 평생 교회와 학교에서 자리를 얻
지 않고, 저술을 통한 수입과 후원자들의 후원에
의존하며 프리랜서로 살았다. 친구 존 콜레트John
Colet의 성경지식에 감동하고, 그리스어와 신약성
경, 교부들의 저작을 집중적으로 연구하기 시작해
서 이 분야의 대가가 되었다.

에라스무스. 그는 인간의 창조성과
존엄성을 중시한 평화주의자였다

1516년에, 그는 그리스어 신약성경을 출판했다. 이것은 그리스어 성경과 자
신이 새로 번역한 라틴어본을 함께 묶고, 성경 본문에 대한 자신의 주석을 포함
한 것이다. 후에, 마르틴 루터가 이 성경을 토대로 성경주석과 번역을 시도했다.
에라스무스는 성경에 대한 문법적 오류나 잘못된 독서가 잘못된 신학의 원인이
라고 생각했다. 특히, 과도한 비유적 해석이 성경에 대한 오해와 신학적 오류를
가져온다고 주장했다. 이런 확신에 근거해서, 당시 교회가 지지하던 면죄부, 성
지순례, 성직자 계급, 죽은 자를 위한 미사 등을 전적으로 거부했고, 연옥, 성모
마리아, 참회도 성경적 근거가 빈약하다며 비판했다.

특별히, 에라스무스는 모든 사람이 성경을 읽을 수 있어야 하고, 모든 사람
이 성경을 소유할 수 있을 때 비로소 기독교가 온전히 이해될 수 있다고 확신했
다. 이미 가톨릭교회는 1080년경부터 평신도들이 성경을 볼 수 있는 자격을 박탈
했는데, 에라스무스는 이런 관행에 정면으로 도전한 것이다.

평신도들이 성경을 읽는다고 해서 그리스도께서 화를 내실까요? 저는 농사
꾼들은 물론이고 대장장이와 석공들, 심지어 창녀나 포주, 터키인들도 성경

을 읽을 수 있도록 허용해야 한다고 봅니다. 그리스도께서 이런 사람들을 거부하지 않은 이상 저 역시 그들이 성경을 읽는 것을 거부하지 않겠습니다.

그 외에도, 에라스무스는 인간의 창조성과 존엄성을 중시했으며, 전쟁에 반대하여 평화주의를 주창했다. 그의 이런 입장은 후에 루터와 결별하는 결정적 원인이 되지만, 평화주의를 옹호했던 재세례파에겐 긍정적 영향을 끼쳤다. 그가 쓴 『격언집』*Adagia*, 1500, 『엔키리디온』*Enchiridion*, 1501, 『우신예찬』*Encomium Moriae*, 1511, 『대화집』*Colloquies*, 1518, 『야만에 대항함』*Antibarbari*, 1520 등은 인문주의 문학의 정수일 뿐 아니라, 종교개혁의 길을 예비한 기념비적 작품들이다.

개혁의 전사들

(1) 마르틴 루터(Martin Luther, 1483–1546)

루터는 한때 광부였으나 후에 광산업으로 성공한 한스 루터Hans Luther의 아들로 태어나서, 법률가가 되려고 에어프루트대학교에서 법학을 공부했다. 어느 날, 고향으로 가던 길에 벼락이 바로 옆에 떨어지는 경험을 하면서, 아버지의 강력한 반대에도 수사가 되기로 했다. 그는 당시에 가장 엄격한 규율과 훈련으로 유명했던 성 아우구스티누스 수도회에 들어가서, 누구보다 철저하게 수련에 정진했다. 하지만, 극단적 고행에도 불구하고, 루터는 하나님 앞에서 죄책감을 떨쳐버릴 수 없었다. 수행에 정진할수록, 그는 더 깊은 죄책감 속에서 하나님을 두려워하고, 심지어 미워하게 되었다.

그런 와중에, 그를 아끼던 선배 수사 요한 폰 슈타우피츠Johann von Staupitz의 권고로, 그는 새로 생긴 비텐베르크대학교에서 신학을 공부했고, 박사학위를 받은 후엔 그 곳에서 가르치게 되었다. 루터는 비텐베르크대학교에서 아우구스티누스의 저서들과 바울 서신들을 연구했다. 처음에는 이 글들을 읽으면서, 의

로우신 하나님이 마치 폭군처럼, 불의한 백성에게 그들이 줄 수 없는 어떤 것을 요구하신다고 생각했다. 수도원 탑에 있던 자신의 방에서 고민 중에 시편과 로마서를 연구하다, 루터는 하나님의 의에 대해 새로운 깨달음을 얻었다. 특히, 로마서 1장 17절 "복음에는 하나님의 의가 나타나서 믿음으로 믿음에 이르게 하나니 오직 의인은 믿음으로 말미암아 살 것이다"는 말씀을 통해, 하나님의 의는 우리가 성취해야 할 목적이나 심판의 근거가 아니라, 하나님께서 예수 그리스도를 통해 성취하시고 우리에게 은총으로 주시는 것이라고 이해하게 되었다. 즉, 예수 그리스도에 의해 성취된 하나님의 의가 믿음을 통해 우리에게 전달되는 것이며, 따라서 하나님은 심판의 주가 아니라, 사랑의 주라는 사실을 깨달은 것이다. 이것이 루터 사상의 핵심인 "칭의" 교리의 뼈대가 되었다. 루터는 이 깨달음을 얻는 순간, "천국 문이 열리고 내가 거기로 들어가고 있다는 생각이 들었다"고 당시의 기쁨을 표현했다.

이런 상황에서 루터는 테첼의 면죄부 판매를 목격했고, 즉각 이 문제에 대한 신학적 토론을 학생들에게 제안했다. 테첼의 궤변에 설득된 군중들이 면죄부를 사려고 몰려드는 모습을 보고, 루터는 더는 참을 수 없었던 것이다. 결국, 루터는 1517년 10월 31일, 비텐베르크대학교 성곽예배당 정문에 "95개 논제"를 게시했다. 종교개혁이 시작된 것이다. 물론, 루터는 종교개혁을 일으키고, 그 운동의 지도자가 될 생각이 추호도 없었다. 하지만, 자신의 의도와 상관없이, 그가 라틴어로 작성했던 95개 논제가 얼마 전 구텐베르크에 의해 발명된 인쇄술의 도움으로 순식간에 전 유럽으로 퍼졌다. 루터의 "95개 논제" 중 제50조는 다음과 같다. "만일 교황이 면죄부를 퍼뜨리는 자들의 강제 징수 행위를 알고 있다면, 그는 성 베드로 성당을 양 떼들의 가죽과 뼈로 건축하느니 차라리 잿더미로 만드는 것이 더 낫다고 그리스도인들은 배워야 한다." 그리고 제62조는 "교회의 참된 보화는 가장 거룩하신 하나님의 영광과 은혜의 복음이다"고 천명했다.

루터는 1517년부터 1521년까지 종교개혁의 핵심사상을 정립하는 중요한 글들을 연속적으로 발표했다. 대표적인 것이 1520년에 발표한 『독일 그리스도인 귀족들에게 고함』, 『교회의 바벨론 포로에 대하여』, 『그리스도인의 자유』다. 이 세권의 논문은 소위 "3대 종교개혁 문서"라고 불린다. 먼저, 『독일 그리스도인 귀족들에게 고함』에선, 교회가 스스로 개혁할 능력과 의사가 없을 때, 세례받은 황제나 독일 귀족이 그리스도인의 자격으로 교회개혁을 수행해야 한다고 주장했다. 특히, '교회는 그리스도를 믿는 모든 신자들의 모임'이라고 정의하고, 세례받은 모든 그리스도인은 원칙상 같은 영적 신분을 갖는다는 '만인사제설'을 주장하며, 교황이 성경해석과 공의회 소집의 권한을 독점한 것에 대해 강력히 비판했다. 둘째, 『교회의 바벨론 포로에 대하여』에선, "성례를 성례답게 만드는 것은 오직 하나님의 말씀과 성도 개개인의 믿음뿐"이라고 주장하면서, 가톨릭 교회의 7성례를 비판하고, 오직 세례와 성찬식만 성서적 근거가 있는 성례로 인정했다. 셋째, 『그리스도인의 자유』에선, 복음 안에서 획득된 그리스도인의 자유의 진정한 의미를 탐구했는데, "신앙 안에서 그리스도인은 더 할 수 없이 자유로운 만물의 주이며 아무에게도 예속되지 않는다. 그러나 사랑 안에서 그리스도인은 더 할 수 없이 충실한 만물의 종이며 모든 사람에게 예속된다."고 천명했다.

이렇게 1517년부터 1521년까지 루터와 교황의 불화는 점점 더 커졌다. 교황은 루터를 파문했고, 멧돼지라고 불렀다. 루터도 교황을 적그리스도라고 부르며 응수했다. 최후의 결전은 1521년 보름스 의회에서 벌어졌다. 루터는 두 가지 질문을 받았다. 루터를 고발한 사람들은 루터 앞의 탁자에 수북이 쌓인 책들을 가리키며, 루터에게 그것들이 모두 그의 것인지 물었다. 루터는 그렇다고 대답했다. 그러자 그들은 루터에게 자신의 주장을 철회하라고 요구했다. 루터는 이 문제에 대해 하루 동안 생각할 여유를 달라고 요청했다. 다음날 같은 사람들 앞에서 다시 한 번 자신의 저작들을 부정하라는 요청을 받자, 루터는 이렇게 대답했다고 한다.

> 전하와 각하들에게 간단한 답변을 요구하시니 저도 그런 식으로 평이하게 있는 그대로 답하겠습니다. 저는 교황이나 공의회만을 신뢰하지 않습니다. 그들이 종종 오류를 저지르고 자기모순을 일으킨다는 사실이 잘 알려져 있습니다. 그래서 성경의 증거나 분명한 이성을 통해 납득할 수 없으면 저는 제가 인용한 성경에 속박되어 있고 제 양심은 하나님의 말씀의 포로입니다. 저는 어떤 말도 취소할 수 없으며 그렇게 하지도 않을 것입니다. 양심에 어긋나는 행동은 안전하지도, 옳지도 않기 때문입니다. 어쩔 수 없습니다. 여기 제가 서 있습니다. 하나님, 저를 도와주소서. 아멘.

그 후, 루터는 작센의 선제후 현자 프리드리히 3세Frederick the Wise 같은 독일 귀족들의 지원과 필립 멜란히톤Philipp S. Melanchthon 같은 뛰어난 신학자들의 도움 속에 종교개혁을 이끌었다. 수많은 난관과 위기, 그리고 실패와 오류를 겪었지만, 루터의 종교개혁은 부패한 로마 가톨릭교회를 개혁했고, 근대 유럽의 문을 활짝 열었다.

(2) 울리히 츠빙글리(Ulrich Zwingli, 1484-1531)

울리히 츠빙글리는 1484년 1월 1일에 아버지 울리히와 어머니 마르가레타의 슬하에서 태어났다. 마르틴 루터가 1483년 11월 10일에 태어났으니, 루터보다 2달 정도 늦게 태어난 셈이다. 그의 아버지는 농부이자 지방 행정관이었고, 아들을 교육할 정도의 능력은 충분히 갖추고 있었다. 츠빙글리는 베른과 비엔나에서 잠시 공부하고, 바젤에서 학사와 석사 학위를 받았다. 학업을 마치고, 자신이 어릴 적에 다녔던 글라루스 주 교회의 사제가 되었고, 종종 군목으로 섬겼다. 당시 스

츠빙글리

위스 용병들은 유럽 전역에서 인기가 높았는데, 그는 용병들과 함께 여러 전투에 참여하여 전쟁의 참상을 몸소 체험하고, 용병 제도를 열렬히 반대하게 되었다. 하지만, 그런 입장은 교인들의 반감을 사게 되어, 교회에서 쫓겨나고 말았다.

그는 1514년에 바젤에 방문 교수로 와있던 에라스무스와 깊이 교제하며 영향을 많이 받았다. 특히, 에라스무스가 출판한 『신약성경』을 탐독하면서, 주변의 모든 것에 대해 다시 생각하기 시작했다. 1516-18년 사이에, 츠빙글리는 복음을 발견했다. 즉, 성경을 연구하면서, 성경 안에서 은혜의 복음을 발견한 것이다. 1518년에 취리히Zurich의 그로스뮌스터 대성당의 설교 담당 사제가 되고 나서, 츠빙글리는 6년 동안 신약성경 전체를 설교했다. 그의 영향 속에, 결국 취리히는 가톨릭과 결별하고 종교개혁 도시가 되었다.

츠빙글리의 종교개혁은 1522년 3월, 사순절 기간에 본격적으로 시작되었다. 그와 일군의 친구들이 사순절 기간에 금지된 소시지를 먹은 것이다. 이것은 성경에서 언급하지 않은 것은 절대 따르지 않는다는 그의 성경 해석에 기초한 행동이었다. 즉, 그는 성경에서 사순절에 소시지를 금지한다는 조항을 발견할 수 없었기에, 이런 교회의 금지가 성경이 아니라 사람들이 만든 것이라며 저항한 것이다. 같은 원칙에 근거해서, 츠빙글리는 사제의 독신생활도 성경적 근거가 없어서 반대하고, 안나 라인하르트Anna Reinhard와 결혼했다. 1523년에는 츠빙글리가 시의회와 시민 앞에서 로마가톨릭 고위 성직자들과 두 차례의 공개 토론회 중 첫 토론회를 주도했다. 그는 날카로운 기지와 탁월한 성경 지식으로 논쟁에서 승리했고, 취리히 시는 공식적으로 가톨릭과 관계를 단절하고 개혁주의 도시가 되었다.

츠빙글리는 성경의 세 가지 주요 속성을 개괄하여, 성경은 강력하고 확실하며 명료하다고 주장했다. 그런 이해를 토대로, 그는 참된 종교와 거짓 종교를 구별했다. 그 차이는 하나님 말씀에 대한 충실함이었다. 그는 로마 가톨릭교회가 미신과 인간의 전통에 기반을 둔 거짓 종교라고 믿었고, 참된 종교는 오직 성경에서 나온다고 확신했다. 츠빙글리는 미사를 거부하고 7성례를 둘로 축소했으며, 연옥 교리를 배격하고 교황의 역할도 부정했다. 성상과 악기 사용에 대해서도 반대했다.

하지만, 츠빙글리는 한때 자신의 제자였던 콘라드 그레벨이 주도한 재세례파들과 유아세례, 국가와 교회의 관계 등의 문제로 결별했고, 종교개혁을 이끌었던 마르틴 루터와도 성찬식에 대한 해석의 차이로 갈라섰다. 루터가 떡과 포도주 속에 그리스도의 몸과 피가 공존한다는 이른바 '공재설'을 주장했지만, 츠빙글리는 떡과 포도주는 단지 그리스도의 몸과 피를 상징한다는 '상징설' 혹은 '기념설'을 주장했기 때문이다.

츠빙글리는 1531년 10월 11일, 가톨릭 연합 군대와 취리히시 간의 치열한 전투에서, 즉 제2차 카펠 전투에서 군목으로 참전했다가 모든 병사와 함께 전사했다. 그가 사순절에 소시지를 먹었던 1522년부터 전쟁터에서 전사했던 1531년까지, 그가 종교개혁에 관여했던 기간은 채 10년도 안 되었다. 하지만, 그가 교회사에 남긴 영향은 놀랍고 지대했다.

(3) 재세례파(Anabaptism)

재세례파는 여러 이름으로 불린다. 예를 들어, 어떤 이들은 재세례파를 '급진적 종교개혁' Radical Reformation이라고 부르고, '종교개혁 좌파' Refirnatuib Keft라고 부르는 사람들도 있다. 흔히, 재세례파의 기원은 1525년 1월 21일에, 조지 블라우록George Blaurock이 그레벨과 만츠 등 몇 사람에게 세례를 준 것에서 찾는다. 이들

조지 블라우락

은 가톨릭 사제였고 이미 유아세례를 받았지만, 성경에 기록되지 않은 것은 진리로 인정할 수 없다는 츠빙글리의 가르침에 따라, 유아세례는 성경에서 찾아볼 수 없다는 결론에 도달했다. 그래서 그들은 유아세례가 진정한 세례가 아니었으므로, 이제 그리스도에 대한 온전한 신앙고백을 수행한 사람들에게 온전한 세례를 베푼 것이다. 하지만, 이들을 비판하는 사람들은 그들이 유아세례를 받았음에도 또다시 세례를 받았다며, 그들을 '재세례파'라고 명명했다. 재세례파는 영어로 Anabaptists라고 하는데, 접두사 Ana는 "다시"를 뜻한다. 그레벨과 그의 추종자들은 취리히에서 츠빙글리와 이 문제를 놓고 공개 토론을 벌였지만, 논쟁의 대가인 츠빙글리에게 무참히 패배하고 취리히에서 추방되었다. 그 후, 그들은 유럽 어디에서도 환영받지 못한 채, 나그네요 순례자로, 결국엔 순교자로 살아야 했다.

재세례파 신앙의 핵심은 1527년 2월 24일에 확정된 '슐라이트하임 신앙고백' The Schleitheim Confession에서 확인할 수 있다. 이것은 미카엘 자틀러Michael Sattler의 주도 하에 작성되었는데, 총 7개 항으로 구성되었다.

제1항 세례: 유아세례 대신 신자의 세례를 옹호함.
제2항 파문: 개인적으로 두 번 책망 받고 나서 실족하여 오류에 빠진 자는 파문
제3항 성찬: 성찬은 신자들만을 위한 의식
제4항 악에서 분리: 교황적인 모든 것과 결별, 술집 및 공무와의 결별
제5항 목회자: 목회자의 자격으로 교육을 언급하지 않음. 후에 루터의 공격을 받음.

제6항 평화주의

제7항 맹세 금지

이 신앙고백을 작성한 자틀러는 체포되어 잔인한 고문을 받고 화형을 당했으며, 그의 아내는 익사 당했다.

자틀러 외에도 기억해야 할 중요한 인물들이 있다. 먼저, 1525년에 독일에서 농민 전쟁을 이끌었던 토마스 뮌처Thomas Müntzer가 있다. 그는 루터의 영향을 많이 받았지만, 곧 루터와 결별하고 종교개혁을 혁명으로 바꾸었다. 환상과 예언에 심취했던 뮌처는 군대를 이끌고 프랑켄하우젠Frankenhausen 전투에 참전했다가 참패하고, 1525년 5월 27일에 참수되었다. 그는 신자 세례를 신봉했고 재세례파와 자신을 동일시했지만, 교회와 국가, 전쟁에 대한 견해에선 대부분의 재세례파들과 달랐다.

뮌처와 정반대의 인물이 네덜란드에서 재세례파를 이끈 메노 시몬스Meno Simons였다. 그는 1524년에 가톨릭 사제가 되어 12년간 사제로 지내고, 재세례파가 되었다. 사제로 있는 동안, 시몬스는 화체설과 유아세례 교리에 반대하고, 교회와 국가의 분리, 평화주의를 신봉하게 되었다.

야콥 후터Jacob Hutter도 중요하다. 그는 현재 체코인 모라비아에서 메노 시몬스와 비슷한 이상을 추구했다. 그도 유아세례, 평화주의, 공산 사회를 추구했다. 신자들을 모으기 위해 전도 여행을 하다가 체포되어, 1536년 2월 25일에 가톨릭교회에 의해 화형을 당했다. 후터처럼, 재세례파들은 그리스도가 당한 고난과 핍박에 동참할 기회를 준다고 생각하여, 순교를 마다하지 않았다. 1660년에 네덜란드에서 틸레만 J. 반 브라흐트Thieleman J. van Braght가 『순교자의 거울』*Marbyrs Mirror*이란 제목의 책을 출판했다. 이 책에는 재세례파들의 순교와 관련된 많은 이야기가 기록되어 있으며, 현재 우리나라 말로도 번역·출판되었다.

(4) 장 칼뱅(John Calvin, 1509-1564)

칼뱅은 종교개혁을 집대성한 인물이다. 그는 제라르 코뱅과 잔 코뱅 슬하에서 다섯 아들 중 넷째로 프랑스 누와용에서 태어났다. 처음에는 파리대학교에서 신학을 공부했지만, 후에 오를레앙대학교에서 법학을 공부했고, 1534년 무렵에 회심했다. 그는 종교개혁에 우호적이었던 소르본대학교의 학장 니콜라 콥 Nicolas Cop의 연설문 작성을 도왔다가 당국의 추적을 받고 망명을 떠났다. 그 와중에, 종교개혁의 최대 걸작인 『기독교강요』Institutes of the Christian Religion 초판을 1535년에 완성하여, 다음 해 3월 스위스 바젤에서 출판했다. 이 책은 프랑스 왕 프랑수아 1세Fransois I에게 대상으로, 개신교에 대한 탄압을 중지하여 달라고 요청하면서, 개신교가 타락한 로마 가톨릭교회나 급진적인 재세례파와 다르다고 항변했다.

칼뱅은 1536년 스위스의 스트라스부르에서 종교 개혁자 마틴 부처Martin Bucer, 1491-1551와 협력하기 위해, 그곳을 향해 가던 중 제네바를 경유하게 되었다. 그때, 제네바에선 기욤 파렐Guillaume Farel, 1489~ 1565이 종교개혁을 추진하고 있었는데, 당시에 심각한 난관에 부닥쳐서 어려움을 겪고 있었다. 마침, 『기독교강요』의 저자인 장 칼뱅이 제네바에 도착했다는 소식을 듣고, 파렐은 칼뱅에게 제네바에 남아 함께 종교개혁을 완수하자고 제안했다. 하지만, 스트라스부르에서 학자로서의 평온한 삶을 꿈꾸던 칼뱅은 그의 제안을 거절했다. 그러자 파렐은 "당신이 내 청을 거절하면 하나님이 틀림없이 당신을 벌하실 거요"라고 협박했다. 당시 상황을 후에 칼뱅이 이렇게 기록했다. "기욤 파렐은 조언과 간곡한 경고로서가 아니라 무시무시한 저주로서 나를 제네바에 붙들어 두었다. 이는 마치 하늘에 계신 하나님께서 자신의

마틴 부처

손을 나에게 얹어 잡으시려는 것 같았다."

칼뱅은 파렐과 함께 제네바의 종교개혁을 시작하면서, "교회 행정에 관한 조례"를 시의회에 제출했다. 여기에는 4개 조항의 개혁안이 포함되었다. ①바울의 가르침대로, 찬송할 때 시편을 사용할 것, ②매주일 성찬을 행할 것, ③어린이를 위한 교육을 시행할 것, ④결혼법을 개혁할 것. 하지만, 이렇게 제네바교회를 개혁하려던 칼뱅의 노력은 곧 시민들의 반발로 물거품이 되고, 1538년에 제네바에서 추방되었다. 1542년까지 본래 꿈꾸었던 스트라스부르에서 마틴 부처의 영향하에, 프랑스 이민자들을 위해 목회했다. 부처의 소개로, 칼뱅은 세 자녀를 둔 과부 이델레트 드 부레Idelette de Bure와 1540년에 결혼했다. 그 사이에, 제네바의 사정이 더욱 악화하여 가톨릭으로 회귀할 위험에 처하자, 그들은 다시 칼뱅에게 도움을 청했다. 결국, 칼뱅은 1542년에 제네바로 돌아가서, 세상을 떠나는 1564년까지 제네바를 종교개혁의 중심지로 변모시켰다.

칼뱅은 제네바의 교회를 진정한 교회로 만들려고 온 힘을 기울였다. 칼뱅은 츠빙글리처럼, 성경에 명시적으로 언급된 것만을 행해야 한다고 믿는, 이른바 "규제 원리"를 신봉하여 악기 사용을 금지했고, 교회에서 불러야 할 유일한 찬송은 성경 말씀 자체라고 생각해서 시편 찬양만 인정했다. 그뿐만 아니라, 교회의 참된 특징을 말씀과 성례에서 찾았으며, 가톨릭의 7성례를 부정하고 오직 세례와 성찬만 인정했다. 루터처럼, 칼뱅도 직업이 곧 소명이라고 가르쳤으며, 이 세상은 하나님의 세상이고, 우리는 하나님의 영광을 위해 이 세상을 발전시키고 누려야 한다고 주장했다. 그런 의미에서, 칼뱅은 교인들을 위해 예배가 끝난 후에는 교회 문을 잠갔다. 교회가 세상 안에 있어야 한다고 생각했기 때문이다. 칼뱅의 지도하에, 제네바 시는 가족을 옹호하는 법을 통과시켜서, 배우자 학대를 불법화하고, 결혼을 하나의 제도로 격상시켰으며, 공공연한 음주 행위와 미풍양속을 저해하는 행위를 금지했다. 병원이 세워졌고, 제네바 시의 모든 아이가 교육을 받을 수 있도록 했다. 하지만, 저명한 의사이자 신학자였던 스페인 출신의 세르베투스Michael Servetus, 1511-1553가 삼위일체를 반대하는 이론을 주장하자, 시 당국이 체포하여 처형하도록 한 것은 그의 생애에 오점으로 남았다.

한국교회 이야기

20세기와 함께 한국교회는 본격적으로 제도화되기 시작했다. 한국인 목회자들이 배출되고, 신학 교육이 본격화되며, 총회를 비롯한 다양한 조직이 정비되기 시작한 것이다. 동시에, 한국교회도 서양의 교회들이 경험했던 제도화의 부정적 증상들을 노출하기 시작했다. 그 무렵에, 한국교회의 갱신을 촉구하는 비판적 목소리들이 터져 나왔다. 그 포문을 연 사람은 감리교 목사 이용도였다. 1930년대 초반에, 한국교회를 성령의 불길에 휩싸이게 했던 이용도 목사는 한국교회가 본질을 상실하고 형식화되는 현상에 대해 추상같은 비판을 쏟아냈다.

아, 조선 교회의 영들을 살펴 주소서. 머릿속에 교리와 신조만이 고목같이 앙상하게 뼈만 남았고 저희의 심령은 생명을 잃어 화석이 되었으니 저희 교리가 어찌 저희를 구원하며 저희의 몸이 교회에 출입한다고 하여 그 영이 어찌 무슨 힘과 기쁨을 얻을 수 있사오리까

1970년대에 박정희의 유신 체제 하에서 민주화의 선봉에 서서 평화운동을 주도했던 함석헌은 역사 변혁의 주체로서 자신의 사명을 망각하고, 체제 유지에 몰두하는 한국교회를 통렬하게 비판했다. 그는 『사상계』와 『씨알의 소리』 같은 잡지들을 통해 자신의 예언자적 비판을 쏟아 놓았다.

황금이 무엇인가? 이미 있는 질서, 제도, 권력의 심볼이다. 한국가톨릭 2백년, 개신교 백년 역사에 한 가지 환한 사실은 올 때는 밑층 사회로 불쌍한 민

중의 종교였던 기독교가 지금은 중류계급의 종교가 돼 버렸다는 것이다… 그들은 사회악과 겨루는 역사의 싸움에서 뒤를 빼고 금송아지 앞에서 절을 하고 둘러 앉아 노래 부르고 춤추는 것을 예배하고 한다. 그러니 하나님의 발가락인 아래층 사회가 교회에서 빠져나간 것은 당연한 일이다. 빠져나간 것이 아니라 내쫓긴 것이다.

하지만, 1980년대에 들어와서, 더욱 빈번하고 치명적으로 한국교회의 내적 모순이 외부로 표출되기 시작했다. 그 결과, 개인적 차원의 비판을 넘어, 한국교회를 개혁하려는 조직적 움직임이 출현하기 시작했다. 기독교윤리실천운동과 교회개혁실천연대가 대표적인 경우다.

한국 사회의 민주화 열기가 절정에 달하던 1987년 12월, 손봉호, 김인수, 이만열, 장기려, 원호택, 이장규, 강영안 등이 주축이 되어 기독교윤리실천운동이 탄생했다. 민주화운동이 진보 진영에 의해 주도되던 상황에서, 보수적 기독교인들이 윤리적 차원에서 사회와 교회를 위한 자신의 역할을 모색한 것이다. 공명선거운동과 함께 깨끗한 총회운동을 벌였고, 국정감사모니터시민연대와 민주시민교육포럼을 진행하면서, 담임목사직 세습 반대운동과 교회 재정 건강성운동도 동시에 추진했다. 특히, 기윤실은 1998년 10월 31일에 '한국교회 개혁을 위한 98 선언문'을 발표했다. 이 선언문에서, 한국교회의 갱신과 지도력 회복을 위해, 교회 내의 권위주의 척결, 목사·장로의 임기제와 평가제 도입, 노회와 총회의 금권 선거 배격, 교회 재정 사용의 건전성과 투명성 확보, 개교회 성장주의 배격과 협력 구축, 교회의 사회적 책임과 교회의 연합과 일치, 목회자 자질 향상과 신학 교육의 정상화를 요구했다.

한편, 2002년 11월 24일에 교회개혁실천연대가 창립되었다. 창립선언문의 일부다.

우리는 기독교의 본질이 일상적으로 훼손되는 현실을 목도하면서, 한국교회의 현 상황이 면죄부로 구원의 은혜를 모독하던 중세의 상황과 크게 다르지 않다는 점을 새삼 확인한다. 교계정치가 금권에 의해 좌우되고, 무허가 신학교들이 무자격의 목회자를 양산하며, 대표적 신학교들이 신학적 독단과 편견에 의해 장악되고, 기성교회들이 비성경적, 비복음적 관행과 타성에 젖어온 지는 이미 오래되었다.

교회개혁실천연대는 한국교회 개혁을 위해 활동하고 있다

이런 문제의식하에, 교회개혁실천연대는 한국교회의 개혁을 위해 가장 치열하게 활동했다. 민주적 교회 운영을 위해 교회 정관을 보급하고, 각 교회의 목회자·장로의 임기제를 도입하도록 돕고, 교회 재정의 건강성을 강화하기 위한 다양한 방안도 모색했다. 그뿐만 아니라, 한국교회에 점점 만연해가던 교회 세습을 저지하고, 금권 선거로 타락하던 교단 총회를 감시하는 운동도 수많은 반대와 위협에도 불구하고 전개했다.

이처럼, 기독교윤리실천운동과 교회개혁실천연대의 활동이 중첩되는 부분이 적지 않았다. 특히, 교회 재정과 세습은 한국교회가 당면한 가장 급한 문제였기에, 두 단체가 함께 힘을 모았던 것으로 보인다. 최근에는, 사랑의교회 건축, 전병욱목사 스캔들, 그리고 한기총의 파행 등으로 한국교회의 치부가 드러나면서 교회를 향한 사회적 비난이 거세지자, 이 두 단체는 다른 기관들과 연대하여, 사랑의교회 건축반대, 전병욱목사 처벌, 그리고 한기총해체를 위한 운동을 주도했다.

에필로그

1. 하나님의 형상으로 창조된 인간이 뱀의 유혹에 굴복했듯이, 이 땅에 존재하는 모든 존재는 유한하며, 그래서 언제든지 타락할 가능성을 갖고 있다. 성령에 의해 탄생한 믿음의 공동체, 교회도 세상에 존재하는 인간의 모임이기에 본질적으로 한계를 지닐 수밖에 없다.

2. 기독교가 세상의 변두리에서 중앙으로, 분파sect에서 교회church로 신분과 위상이 변했을 때, 본질을 상실하고 타락하기 시작했다. 하지만, 그런 변화에 저항하며 개혁을 추구했던 사람들 덕택에 교회는 다시 건강을 회복하고, 세상의 빛과 소금으로 기능 할 수 있었다.

3. 한국교회가 개혁의 주체에서 대상으로 추락하고 있다. 정치 권력과 거리 유지에 실패하고 물질적 탐욕을 제대로 통제하지 못할 때, 그리고 자신의 한계와 실수를 철저히 반성하지 않을 때, 교회는 순식간에 '세상의 빛' 에서 '민중의 아편' 으로 퇴화한다. 현실이다. '환골탈태' 없이, 한국교회의 미래는 없다.

제17장

종말

이것들을 증언하신 이가 이르시되

내가 진실로 속히 오리라 하시거늘 아멘 주 예수여 오시옵소서 (계:22:20)

세상이 교회를 감당하지 못했던 때가 있었다. 황제의 절대 권력도 한 사람의 믿음을 어찌할 수 없었던 때가 있었다. 교회가 예수의 재림을 확신하며 앙망했을 때 말이다. 그런 신앙 때문에 교회가 세워졌고 박해도 극복했다. 하지만, 교회가 왜곡된 종말론에 감염되고, 그 부작용이 교회 담장 밖으로 확산하였을 때, 교회는 분열과 갈등에 시달렸으며, 세상의 조롱거리로 전락했다. 교회의 본질적 특성이기에 간과할 수 없으나, 끊임없는 왜곡과 오해의 원천이었던 것, 바로 교회의 종말신앙이다.

의미

종말론은 말세에 관한 교리이며, 흔히 죽음, 중간 상태, 천국, 지옥, 예수의 재림, 죽은 자들의 부활에 관심을 둔다. 복음주의 교단들은 휴거, 대환란, 천년 왕국, 세상의 종말, 최후의 심판, 새 하늘과 새 땅, 그리고 하나님의 모든 목적의 성취 등도 중요하게 다룬다. 종말론과 관련된 성경 구절들은 이사야, 다니엘, 에스겔, 마태복음, 바울서신, 그리고 요한계시록에 주로 나타난다. 기독교 종말론에선 예수의 재림이 가장 중요한 사건이며, 요한계시록이 가장 중요한 성경적 토대를 제공한다. 요한계시록 연구는 크게 4가지 입장으로 나뉜다. 첫째는 미래주의적 입장이다. 이것은 요한계시록에 예언된 사건들이 아직 일어나지 않았으며, 종말에 성취될 것이라고 믿는다. 두 번째는 과거주의적 입장이다. 이것은 요한계시록의 예언들이 로마의 박해, 예루살렘의 멸망, 성전의 파괴처럼 1세기에 이미 다 이루어졌다고 믿는다. 세 번째는 역사주의적 입장이다. 이것은 과거주의보다 역사를 더욱 폭넓게 해석하면서, 계시록의 사건들을 역사 속의 인물들 및 사건들과 일치시키려고 한다. 끝으로, 관념적^{영적, 혹은 상징적} 입장으로서, 이것은 요한계시록의 사건들이 과거나 미래의 것이 아니라 순전히 상징적이라고 주장하며, 선과 악 간의 지속적인 투쟁과 선의 궁극적 승리를 다룬다고 믿는다.

천년 왕국론: 전천년설, 후천년설, 무천년설

천년 왕국론millennialism은 종말론의 하부 구조다. 천년 왕국은 이땅에 실현될 완전한 평화와 정의의 시기로서, 흔히 예수의 재림과 관계가 깊다. 그리스도의 재림 시기가 천년 왕국 전이냐 후에 따라, 전천년설premillennialism과 후천년설post millennialism로 구분되며, 천년 왕국의 존재를 부정하는 견해를 무천년설이라고 한다.

좀 더 상세히 말하면, 후천년설은 교회가 천년 왕국을 건설하고 나서 예수께서 재림하신다는 믿음으로서, 천년 왕국을 비유적으로 해석한다. 이 주장을 따르는 사람들은 역사가 점진적으로 발전할 것이라고 기대하며 교회의 적극적인 사회 참여를 요청한다. 이것은 미국에서 제1차 대각성 이후 크게 발전했고, 루터교회, 장로교회, 개혁교회, 감리교회에서 주된 지지자들을 발견했다. 전천년설은 예수의 재림을 천년 왕국 전에 위치시키며, 예수의 재림으로 천년 왕국이 지상에서 상징이 아니라 구체적으로 실현된다고 믿는다. 이 주장을 따르는 사람들은 요한계시록 20장을 문자적으로 해석하여, 역사에 대해 비관적 생각을 하며, 교회의 사회 참여에 대해 비판적 입장을 견지한다. 전천년설은 계시록의 예언이 역사 속에 이미 실현되었느냐, 그렇지 않으냐에 따라, 다시 역사적 전천년설과 미래적 전천년설로 구별된다. 흔히, 성경의 예언과 역사적 사건을 연결하려는 역사적 전천년설주의자들 중에서 소위 시한부 종말론자들이 자주 출현했다. 전천년설은 보수적 침례교회를 포함한 근본주의 교회들 안에서 인기가 높다. 끝으로, 무천년설은 천년 왕국의 존재를 부정하는 견해로서, 요한계시록 20장을 상징적으로 해석한다. 이들은 천년 왕국은 부정하지만, 예수의 재림은 믿으며, 전천년설주의자들처럼 역사에 대해 비관적 견해를 고수하고, 사회적 쟁점들에 대해서도 비판적 태도를 보인다. 이 입장은 대다수의 장로교회와 개혁교회들이 지지한다.

종교개혁 이전

힉자들의 주장을 따르면, 1세기 기독교인들은 예수의 승천 이후 1세대 내에 예수께서 재림하실 것이라고 믿었다. 156년~172년 사이에 소아시아에서 몬타누스와 두 명의 여성 예언자들프리실라와 막시밀라가 황홀경 속에서 예언했다. 그들은 세상의 종말이 170년에 일어날 것이라고 선포하고, 새 예루살렘과 천년 왕국의 장소로 프리기아 지방의 페푸자Pepuza를 지목했다. 하지만, 예언했던 날짜에 종말은 발생하지 않았다. 그럼에도, 이들의 세력은 꾸준히 주변 지역으로 확대되었다.

아우구스티누스Augustinus는 요한계시록 20장의 천 년 기간을 "그리스도께서 성도들과 함께 현재 다스리고 계신 것을 상징적으로 보여준 것"이라고 알레고리적으로 해석하며, 요한계시록 20장의 천 년을 교회 시대로 이해했다. 반면, 그와 갈등관계에 있던 도나투스파들은 전천년설을 추종했다. 아우구스티누스 자신이 플라톤의 영향을 받아 영적인 해석을 선호했기 때문에, 그런 입장을 갖게 된 듯하다. 이것은 중세 교회의 정통적인 입장으로 수용되었고, 심지어 종교 개혁자들에게까지 깊은 영향을 끼쳤다.

12세기에 활동했던 피오레의 요아킴은 피오레의 산지오반니 수도원의 창설 자요 신학자요 신비주의자였다. 그는 요한계시록을 깊이 연구하고, 역사를 성부 시대, 성자시대, 성령시대로 구분했다. 특히, 성령시대가 1260년에 시작된다고 주장했는데, 이때에 그리스도의 재림 대신, 평화와 일치의 시대가 시작될 것이 라고 믿었다. 그런데 그의 추종자들은 이 새로운 시대가 도래하기 직전에 프란체 스코회에서 덕스러운 교황이 배출될 것이라고 믿었고, 첼레스티노 5세Celestine V 가 바로 그 사람이라고 생각했다. 하지만, 그가 1296년에 사임하고 다음 교황의 소굴에서 죽자, 이것을 적그리스도 출현의 징조로 간주했다.

종교개혁기에는 무천년주의가 대표적 견해였다. 루터교도들은 아우크스부 르크 신조에서 전천년주의를 공식적으로 거부했다. 스위스의 종교개혁가 하인 리히 불링거Heinrich Bullinger도 제2차 헬베틱 신조에서 전천년주의를 배격했다. 칼 뱅은 『기독교강요』에서 천년 왕국이 언급할 가치가 없는 유치한 소설 같은 이야 기라고 일축했다. 영국 국교회 역시 천년 왕국에 대해 비판적 입장을 취했다. 하 지만, 이 시기에도 일부 재세례파들이나 보헤미아 형제단은 전천년설을 포기하 지 않았다.

종교개혁 이후

영국에서 찰스 1세Charles I가 처형되었던 1649년부터 그의 아들 찰스 2세 Charles II가 돌아온 1660년까지 소위 '군주 부재 기간' interregnum 동안 활약했던 제 5왕국파The Fifth Monarchists는 다니엘서 2장의 예언에서 자신들의 이름을 따왔다. 느브갓네살 왕의 꿈에 나타났던 고대의 4왕국들바빌론, 페르시아, 마케도니아, 로마 의 시대가 끝나고, 그리스도의 재림으로 천년 왕국이 도래하여 성도들과 함께 통치할 것이라고 믿었다. 그들은 자신들이 천년 왕국의 성도들이 되리라 생각했다. 인간의 지상 통치를 가리키는 짐승의 수 666을 염두에 두고 1666년에 주목했으며, 예수의 재림이 1670년에 일어날 것이라고 예언했다. 그들은 영국을 신정 국가로 변화시켜, 예수의 재림을 준비하려 했던 것이다.

18세기에 미국에서 대각성운동이 일어났다. 이 운동은 조지 휫필드, 길버트 테넌트Gilbert Tennant, 조너선 에드워즈 같은 위대한 부흥사들에 의해 주도되었다. 이 부흥운동으로 미국 교회는 양적·질적으로 크게 성장했다. 이런 부흥운동의 긍정적 결과들을 목격했던 조너선 에드워즈는 하나님나라가 역사 속에서 구체적으로 확장될 것이라며 후천년설을 주장했다. 심지어 그 역사적 현장이 미국이 될 것이라고 확신했다. 그의 종말론은 이후 미국교회에서 지배적인 교리로 발전했고, 19세기에 찰스 피니의 주도 하에 진행된 제2차 대각성운동을 통해 대중적 인기를 얻었다. 이것은 미국의 독립, 지속적인 영토 확장, 그리고 노예제도 반대운동을 포함한 다양한 사회개혁의 성공에 크게 힘입었다.

하지만, 후천년설이 대세를 이루었던 미국교회에서 이와 다른 종말론도 출현했다. 대표적인 것이 윌리엄 밀러William Miller와 안식교의 종말운동이었다. 침례교인 농부였던 밀러는 종말에 특별한 관심을 두고 성경을 연구했다. 그는 자신만의 독특한 계산법에 따라 그리스도께서 1843년경에 다시 오실 것이란 결론에 도달했다. 대다수 목회자의 반대와 주변인들의 조롱에도 불구하고, 그의 주장에 동조하는 사람들이 급증하여 전성기에는 열성적 추종자들이 5천 명에 달했으며, 회의적이면서도 기대를 저버리지 못한 사람들의 수가 수백만 명을 넘었을 것으로 추정된다. 밀러는 1844년 3월 21일을 예수의 재림일로 선포했으나, 당일에 아무 일도 일어나지 않았다. 그는 5월 2일에 자신의 오류를 시인했고 자신의 실망도 인정했다. 하지만, 그의 추종자 한 사람이 하박국2:3과 레위기25:9절에 주목하여 재림의 날짜가 7개월 10일 연장되었다고 주장했다. 그래서 재림 날짜가 1844년 10월 22일로 재조정되었고, 밀러도 그 주장을 받아들였다. 하지만, 그날에도 예수는 재림하지 않았다. 많은 추종자가 크게 실망하고 흩어졌지만, 남은 사람들이 모여 "재림 기독교회"와 "제7일 안식교회" 등을 조직했다.

19세기 중반에는 영국에서 플리머스 형제단을 세웠던 존 넬슨 달비John Nelson Darby가 미국에 들어와 소위 세대주의dispensationalism를 보급했다. 특히, 세대주의 교회론과 종말론이 논쟁을 촉발했다. 세대주의 교회론은 교파와 성직제도를 부정하여 기성 교회의 강한 반발을 불러왔다. 세대주의 종말론은 인류 역사를 7세대로 구분하고 예수의 재림을 공중 재림과 지상 재림으로 나뉘었으며, 성도들의 휴거와 지상의 7년 대환란을 주장했다. 이 주장은 미국에서 유명한 부흥사 무디D. L. Moody를 포함한 여러 복음주의자에게 큰 영향을 끼쳤고, 후에 근본주의 신학, 성결운동, 오순절운동에도 강력한 영향을 미쳤다. 임박한 주님의 재림을 기대했던 이들은 일체의 사회개혁에 대해 부정적 입장을 가졌으며, 대신 강력한 선교운동을 촉진했다. 소위 "세대주의적 전천년설"을 따랐던 사람들이 주님의 재림 직전에 한 영혼이라도 더 구해야 한다고 믿으면서, 세계적 선교운동에 헌신했던 것이다. 우리나라에 최초의 선교사들로 입국했던 아펜젤러와 언더우드도 이런 운동에 영향을 받았다.

한국교회 이야기

우리나라에 도착했던 최초의 선교사들은 당시 미국에서 유행하던 세대주의적 전천년설의 영향을 깊이 받았다. 세대주의적 전천년설의 대표적 베스트셀러인 윌리엄 블랙스턴William Blackstone의 『예수의 재림』Jesus is Coming이 이미 20세기 초에 게일Gale 선교사의 번역으로 국내에 소개되었고, 이후부터 이런 종류의 종말서적들이 한국 출판계의 베스트셀러 목록에 꾸준히 이름을 올렸다. 1907년 평양 대부흥을 주도했던 길선주 목사의 부흥회는 이런 종말론에 근거한 요한계시록 강해가 중심이었다. 그의 영향하에, 한국교회는 세대주의적 전천년설의 세례를 직접 받을 수 있었다. 일제 말기에는 이런 종류의 종말론을 신봉했던 성결교회, 동아기독교회현, 침례교회의 전신, 안식교회 등이 총독부에 의해 강제로 해산당하는 수난도 겪었다.

1967년에 발발한 제3차 중동전쟁소위, '6일 전쟁'의 결과로 예루살렘이 이스라엘의 수중에 들어가자, 세대주의는 다시 한 번 맹위를 떨치게 되었고, 이스라엘도 종말론자들의 집중적 조명을 받게 되었다. 이 전쟁 직후에 출판된 홀 린지 Hal Lindsey의 『대유성 지구의 종말』*The Late Great Planet, 1970*의 경우, 1970년대에 50여 개국에서 31개 국어로 번역되어 3천만 권이나 팔렸는데, 우리나라에도 1971년에 바로 번역되어 큰 영향을 끼쳤다.

1992년에는 다미선교회 파동으로 종말론이 국내뿐 아니라 세계적 뉴스거리가 되었다. 이장림은 1987년에 출판한 『다가올 미래를 대비하라』를 통해 시한부 종말론을 주장했다. 1992년 10월 28일 24시에 휴거 현상이 나타나고, 1999년에 종말이 온다는 것이다. 이 운동은 전국 173개 교회 8천여 명의 신도들을 거느리게 되었다. 추종자들이 학업이나 생업을 중단하고 재산을 교회에 바쳤다. 전라북도 완주군 고산면에서는 어린이를 포함한 신도 10여 명이 1991년 10월부터 가정을 버리고 외부와의 접촉을 끊은 채 기도원에서 생활하기도 했다. 10월 28일 저녁에 서울 마포구 성산동 다미선교회에는 흰 옷 입은 신도 1,000여 명이 예정된 시간에 자신들의 휴거를 확신하며 열광적으로 기도하고 있었다. 이 장면은 TV를 통해 전국에 생중계되었다. 하지만, 그 날에 아무 일도 일어나지 않았다. 이장림은 사기 및 외환관리법 위반 혐의로 그전에 이미 구속되었고, 다미선교회는 폐쇄되었다. 하지만, 1992년 10월 28일 다미선교

시한부종말론을 주장한 다미선교회

회 본부에서 마지막 예배를 인도했던 장만호는 아직도 휴거를 기다리고 있다.

감신대 이원규 교수의 연구를 따르면, 2000년 현재, 문화관광부가 조사한 국내의 시한부 종말론 추종자는 모두 15만 명에 이르며, 종말론을 추종하는 신흥 종교집단은 200여 개나 된다. 대표적 시한부 종말론 집단으로는 이장림의 다미선교회 외에, 권미나의 성화선교교회, 하방익의 디베라선교교회, 전양금의 다니엘선교교회, 이재구의 시온교회, 오덕임의 대방주교회, 유복종의 혜성교회 현 유자현, 녹산교회로 개명, 이재록의 만민중앙교회, 공명길의 성령쇄신교봉사회, 이현석의 한국기독교승리재단, 이천성의 한국중앙교회, 공용복의 종말복음연구회 등이 있다. 최근에는 '백투예루살렘' 운동을 주도하는 그룹에 의해서 세대주의적 전천년설이 다시 활성화되고 있다.

에필로그

1. 신약성경의 핵심적 주제는 임박한 하나님나라다. 예수의 재림에 대해서도 분명히 언급하고 있다. 이런 종말신앙이 성경과 초대교회를 관통했다. 따라서 종말신앙은 신자의 의무이자 특권이며, 교회가 지키고 전해야 할 복음의 핵심이다. 종말신앙이 없는 기독교는 예수와 상관없다.

2. 종말신앙은 인간과 역사의 한계를 일깨워줄 뿐 아니라, 현재와 보이는 것 너머의 시간과 존재도 기억하도록 돕는다. 따라서 종말신앙은 현세의 삶을 상대화하면서, 하나님나라를 추구하게 만든다. 건전한 종말신앙은 신자의 인격을 성숙시킬 뿐 아니라, 현재의 삶에 활기와 동력을 부여한다.

3. 종말신앙의 부재만큼 심각한 것은 뒤틀린 종말신앙이다. 왜곡된 성경 해석과 어설픈 역사 해석, 보편성을 상실한 직통 계시에 근거해서 종말의 징조를 단정하고 시한부 종말론을 선전하는 것은 교회와 신앙생활에 치명적이다. 허접한 종말론은 이단으로 추락하는 지름길이다.

제4부

교회와 사회

제18장

전쟁

민족이 민족을, 나라가 나라를 대적하여 일어나겠고
곳곳에 기근과 지진이 있으리니 이 모든 것은 재난의 시작이니라 (마24: 7-8)

성경은 예수를 평화의 왕으로 선포하고, 우리는 기독교를 평화의 종교라고
믿는다. 복음이 선포되는 곳마다 전쟁이 끝나고, 교회가 세워지는 곳마다 평화
의 시대가 오길 기대한다. 하지만, 기독교 국가가 십자가를 앞세워 이교 국가를
침략하고, 기독교 국가들 사이에서 전쟁이 끊이지 않았으며, 심지어 교회들이
신학적 차이를 이유로 전쟁에 뛰어들었던 기록이 역사에 가득하다. 평화를 선포
하고, 평화의 세상을 위해 십자가를 졌던 예수의 가르침이 교회 안에서 무시되
거나 왜곡된 것은 교회사의 아픈 기억이다. 아니, 여전히 진행 중인 고통스러운
현실이다.

평화를 실천했던 교회

초대교회는 철저히 전쟁과 폭력에 반대했다. 칼로 선 자는 칼로 망한다는
예수의 가르침과 산상수훈에 충실했기 때문이다. 비록, 우상숭배에 대한 반대
도 중요한 이유였지만, 교인들이 군대 가는 것을 반대할 정도였다. 교부들이 남
긴 문헌은 전쟁과 살상을 감행하는 로마 병사의 삶과 그리스도인의 삶이 결코
일치될 수 없다고 명백히 밝혔다. 예를 들어, 순교자 저스틴Justine the Martyr은 이런

글을 남겼다.

> 우리는 우리의 칼을 쟁기로 바꾸고, 우리의 창을 농기구로 바꾸어 왔습니다. 이제 우리는 하나님을 두려워하는 마음과 정의, 사람들을 향한 친절함, 그리고 믿음과 십자가에 달리신 분을 통해 아버지께서 이미 우리에게 몸소 주신 미래에 대한 소망을 가꾸고 있습니다.

하지만, 313년에 콘스탄티누스 황제가 기독교를 공인함으로써, 박해시대가 막을 내리고, 교회가 국가의 후원을 받게 되었다. 그러나 초기의 평화정신은 사라지고, 국가의 필요에 따라 교회가 전쟁에 참여하는 일이 빈번해졌다. 이후, 교회 역사는 전쟁 역사와 함께 전개되었다.

전쟁에 뛰어든 교회

중세는 기독교가 절대적 영향력을 행사하던 때로서, 소위 "크리스텐덤의 시대"라고 불린다. 동시에, 중세 하면 떠올리는 것이 '기사들'이다. 그만큼 중세에는 전쟁이 잦았다는 뜻이다. 특히, 이 시대에 교회와 전쟁의 관계에 대해서 기억할 것은 십자군 전쟁이다. 십자가는 본래 사랑과 용서의 상징이나, 중세에는 전쟁의 상징으로 돌변했다.

기본적으로, 십자군 전쟁은 11세기 말부터 13세기 말까지 서유럽의 기독교인들이 성지 팔레스타인과 성도Holy City 예루살렘을 이슬람으로부터 탈환하기 위해 벌인 총 8차례의 전쟁을 일컫는다. 8차례였다고 하지만, 실제로는 그보다 더 많았다. 11세기에 봉건 유럽에서는 상업과 종교가 광범위하게 부흥했고 예루살렘과 동방의 성지 순례가 점차 유행하게 되었다. 또한, 콘스탄티노플을 수도로 하는 비잔틴 제국은 점점 더 강대해지는 셀주크 투르크의 위협을 받고 있었다. 그러자 비잔틴 황제 '알렉시우스 1세 콤네누스' Alexios I Komnenos가 유럽, 특히 교황에게 도움을 청했다. 1095년 클레르몽 공의회에서 교황 우르바누스 2세 Urbanus II, 1042-1099는 알렉시우스를 돕고 그리스도의 성묘를 탈환하기 위해, 그리스도인의 군대를 소집했다. 1098년, 그들은 오랜 포위 공격 끝에 난공불락의 요새 안티오크를 점령했다. 1099년 7월 15일에는 예루살렘을 함락하고 그곳에 살던 이슬람교도와 유대인을 학살했다. 그 후 몇십 년간, 십자군은 팔레스타인 해안을 따라 가느다랗게 뻗어 있는 지역을 장악하고 예루살렘 왕국, 트리폴리 백작령, 안티오크 공국, 에데사 백작령 등 소위 십자군 국가를 세웠으며, 그곳에 유럽인 통치자를 두었다.

한편, 제4차 십자군 전쟁1202-1204은 희극과 비극의 혼합물이었다. 즉, 1198년에 등극한 교황 이노센트 3세는 이집트에 있는 이슬람의 근거지를 파괴하기 위해 십자군을 일으켰다. 이 전쟁

4차 십자군 전쟁은 이슬람뿐만 아니라 같은 기독교 신자를 살육하는 만행으로 변질되었다

을 수행하기 위해 베니스 상인들로부터 배를 빌렸는데, 예정했던 십자군들의 수가 부족하여 빌린 배의 비용을 치를 수 없게 되었다. 이때, 동로마 제국의 한 왕자가 현 동로마 황제를 제거해주는 조건으로 부족한 비용을 치르겠다고 제안했다. 결국, 이런 선동에 현혹된 십자군이 이집트 대신 콘스탄티노플을 침입하여, 그 도시를 약탈하고 부녀자들을 겁탈했다. 이교도를 상대로 시작된 십자군이 같은 기독교 신자들을 살육하는 만행으로 변질된 것이다. 이것은 후에 동방 정교회와 가톨릭교회가 완전히 분열하는데 결정적인 역할을 했다.

종교개혁

종교개혁은 또 다른 전쟁을 촉발시켰다. 종교개혁은 유럽 사회를 종교개혁

을 지지하는 프로테스탄트들과 종교개혁을 반대하는 로마가톨릭들로 양분시켰다. 종교개혁은 단지 신학자들의 문제가 아니라, 민중들과 영주들도 깊이 연루되었기 때문에, 여러 차례 전쟁으로 이어졌다.

종교개혁 중에 발생한 전쟁 중, 최초의 것은 1524년에 독일에서 발생한 농민전쟁이다. 농민전쟁은 1524년에 독일 남서부의 슈바르츠발트 슈튈링겐 백작령에서 농민봉기로 시작되었다. 루터의 개혁운동에 힘을 얻은 농민들은 부역과 공납의 경감, 농노제의 폐지 등 〈12개조의 요구〉를 내걸고 봉기했는데, 티롤, 튀링겐, 작센 등으로 확대되었다. 이에 대해 영주들은 '슈바벤동맹' Swabian League을 결성하여 진압에 나섰다. 당시 농민반란이 가장 격렬했던 곳은 튀링겐이었다. 이곳에서 토마스 뮌처Thomas Müntzer 신부가 농민과 광산 노동자들을 규합하여 강력한 군대를 형성하고 상당한 성공을 거두었다. 하지만, 1525년 5월, 농민군과 제후군 간의 최후 결전이 벌어졌을 때, 농민군은 용감히 싸웠지만 대부분이 변변한 무기조차 갖추지 못하여, 대포로 무장한 제후군에게 철저히 분쇄 되고 말았다. 뮌처가 사로잡힌 후 고문 끝에 처형되면서 독일 농민전쟁은 막을 내렸다. 이 전쟁은 약 10만 명의 농민이 살육된 채 패배로 끝났고, 이후 농민의 처지는 더욱 비참해졌다. 이 전쟁 초반에, 루터는 농민들에 대한 불의와 농민들의 폭력적 저항 모두를 비판하며 중립을 지켰으나, 후반에는 『강도와 살인적인 농민 폭동에 반대하여』를 써서, 농민들을 맹렬히 비판했다.

독일에선 농민전쟁 외에, 제후들 간의 전쟁도 발발했다. 1531년에 프로테스탄트 제후들이 모여 '슈말칼덴 동맹' Schmalkaldic League을 결성하고, 종교개혁에 반대하는 카를 5세Karl V, 1500~1558의 군대와 '슈말칼덴 전쟁' 1546-1547을 벌였다. 이 전쟁에서 종교개혁파가 패하면서, 종교개혁이 큰 위기에 처했다. 스위스에서도 전쟁이 벌어졌다. 루터와 동시대에, 스위스 취리히에서도 울리히 츠빙글리의 주도하에 종교개혁이 일어났다. 그 결과, 스위스도 종교개혁을 지지하는 주캔톤와 가톨릭 주로 양분되어, 긴장이 고조되었다. 스위스 연방 내 가톨릭을 지지하는 5개주가 '기독교 동맹' the Christian Alliance을 맺고 취리히와 두 차례1529, 1531 전쟁을 벌였다. 첫 번째 전쟁은 미미한 상태로 끝났지만, 두 번째 전투에서 종교개혁의 요새였던 취리히가 패하고, 지도자 츠빙글리도 목숨을 잃었다.

네덜란드도 예외는 아니었다. 본래 네덜란드는 합스부르크가 출신으로 스페인 왕이자 신성 로마 황제인 카를 5세의 통치 하에 있었지만, 이 지역에 루터 사상이 들어오면서 종교개혁을 지지하는 그룹과 스페인 사이에 갈등은 고조되었다. 카를 5세가 이 지역의 통치를 아들 펠리페 2세Felipe II에게 이양하면서 갈등이 더욱 고조되었고, 마침내 1559-1579년까지 전쟁이 벌어졌다. 이것은 종교개혁의 영향 하에 발발하여, 네덜란드 독립전쟁으로 발전했다. 이 전쟁의 결과, 네덜란드는 개신교를 지지하는 북부와 스페인에게 점령당한 남부로 분리되어, 각각 네덜란드와 벨기에가 되었다.

프랑스의 상황은 더욱 심각했다. 프랑스에선 남서부 지방을 중심으로 칼뱅주의자들위그노 Huguenot의 영향력이 확대되고 있었으며, 가톨릭은 기스 가문House of Guise을 중심으로 귀족들과 사제들이 결합하고 있었다. 그런데 이러한 세력 균형이 프랑스를 수십 년 간 종교전쟁에 밀어 넣는 원인이 되었다. 어떤 한 세력도 다른 한 세력을 완전히 제거할 만큼 세력이 강하지 못했기에, 그들은 서로 치고받으며 낭트 칙령Edict of Nantes, 1598의 등장까지 무려 8차례나 종교전쟁을 치렀다 1562-63, 1567-68, 1568-70, 1572-73, 1574-75, 1577, 1579-80, 1585-93. 특히, 1572년 8월 22일에 프랑스 공주 마르그리트의 결혼식이 열리던 날, 가톨릭 측에서 위그노의 지도자 콜리니Gaspard de Coligny 제독을 피살하면서 위그노들에 대한 대살육이 벌어졌다. 이것을 '성 바돌로뮤 축일의 대학살' 이라고 부른다.

영국도 종교개혁의 여파 속에 청교도혁명으로 이어진 내전이 발생했다. 영국은 다른 곳과 달리 가톨릭과 종교개혁파 사이에서 중도적 입장을 취하면서 영국 성공회를 탄생시켰다. 이것은 전례와 제도적인 측면에서 가톨릭 전통을 받아들이고, 신학적 측면에선 종교개혁의 입장을 수용했다. 하지만, 이런 조치에 반대하는 보수적 가톨릭과 급진적 개신교인들청교도들 때문에, 지속적으로 종교적 긴장상태에 놓였다. 특히, 영국의 왕 제임스 1세James와 찰스 1세Charles가 왕권신수설을 내세우며 의회를 부정함으로써 1628년에 영국 의회를 해산했다. 이후 1640년에 스코틀랜드와의 전쟁 자금을 조달하기 위해 세금 인상을 목적으로 찰스 1세가 의회를 소집했으나, 국왕의 권리를 제한하는 의회 안을 국왕이 거절함으로써, 의회파와 왕당파 사이에 내란이 벌어졌다. 이때 의회파를 구성하고 있던 이들이 청교도였다. 크롬웰Oliver Cromwell이 이끄는 의회파가 내란에서 승리했다. 그런데 의회 내에 갈등이 발생하여 의회의 통제를 받던 군대가 혁명을 일으켜 의회를 숙청하고 왕도 처형하고, 크롬웰이 최고 행정관 자리인 호국경에 올라 공화제를 시행했다. 이를 청교도혁명이라 한다.

근대

종교개혁은 유럽 전역에서 종교전쟁을 일으켰지만, 그것으로 모든 문제가 해결된 것은 아니다. 예를 들어, 독일에선 1555년에 '아우구스부르크 평화협정' Peace of Augsburg을 맺고, 프로테스탄트와 가톨릭 측이 평화로운 공존을 약속했다. 지역의 종교는 영주가 결정하며, 다른 종교를 믿는 사람은 자신의 종교를 찾아 이주할 수 있도록 했다. 하지만, 이 평화협정에는 칼뱅주의자들과 재세례파들이 포함되지 않았기 때문에, 여전히 갈등의 불씨는 남았다. 또 영주들은 잃어버린 지역을 회복하고 싶어했고, 자신의 영향력이 남아 있는 지역에선 자신의 신앙을 강요했다. 이런 상황이 유럽 전체에서 지속하면서, 유럽은 다시 한 번 길고 참혹한 전쟁에 돌입했다. 이 전쟁이 1618년부터 1648년까지 지속하였기 때문에, "30년 전쟁" Thirty Years' War으로 불린다.

30년 전쟁을 가져온 분쟁은 여러 해 전에 발생했지만, 일반적으로 1618년에 시작된 것으로 본다. 장차 신성 로마 황제 페르디난트 2세Ferdinand II가 되는 보헤미아^현 ^{재 체코} 왕이 자신의 영토 내에서 가톨릭 절대 신앙을 강요하려 하자, 보헤미아와 오스트리아의 프로테스탄트 귀족들이 반란을 일으켰다. 이때 반란을 일으킨 사람들이 1618년에 왕의 사신들을 창문 밖으로 던져버렸기 때문에, 이것을 '창문 투척사건' 이라고 부르며, 이것이 30년 전쟁의 발단이 되었다. 일단, 페르디난트가 5년에 걸친 전투 끝에 승리했으나, 1625년에 루터파인 덴마크의 크리스티안 4세Christian IV, 1577~1648가 이전에 발트 해 연안지방을 스웨덴에 빼앗긴 손실을 상쇄하고자 전쟁에 개입했다. 하지만, 크리스티안 4세의 패배와 1629년의 뤼베크 평화조약Peace of Lübeck으로 유럽 강국으로서 덴마크의 지위는 종말을 고했다. 한편, 루터파인 스웨덴의 구스타프 2세 아돌프Gustav II Adolf가 폴란드와의 전쟁을 마무리한 후 독일을 침공하여, 신성 로마 제국 군대를 상대로 연승을 거두었다.

이처럼 유럽의 심장부에서 가톨릭, 프로테스탄트, 칼뱅주의 등 3대 교파가 각축을 벌였고, 각 군주와 고위 성직자들이 외세를 불러들임으로써 상황은 걷잡을 수 없는 난맥상을 나타냈다. 전체적으로, 싸움은 가톨릭과 합스부르크 왕가가 대표하는 신성 로마제국을 한편으로 하고, 반反가톨릭 세력의 바탕을 이룬 스웨덴과 네덜란드에 의지한 프로테스탄트 도시들 및 공국이 반대편을 형성했다.

30년 전쟁은 독일 도시와 공국을 주요 무대로 전개되었다. 당연히 이 지역의 피해가 극심했다. 급료와 보급품이 제대로 공급되지 않은 상태에서, 양측 군대는 행군 중에 만난 모든 도시와 마을을 약탈했다. 이렇게 전쟁이 30년 동안 지속되었기 때문에, 이 전쟁이 남긴 피해와 상처는 상상을 초월했다. 마침내 전쟁 종식을 위해 열강의 대표들이 1648년에 베스트팔렌에 모였고, 이 회의의 결정으로 유럽의 정치적 지형이 근본적으로 바뀌었다. 15세기 이후, 유럽에서 절대강자로 군림해 왔던 스페인이 네덜란드를 잃으면서 쇠퇴의 길로 접어든 반면, 프랑스가 서유럽의 새로운 강자로 급부상했다. 스웨덴은 발트 해에서 막강한 힘을 발휘하기 시작했고, 네덜란드와 신성 로마 제국에 속한 여러 나라들이 독립을 쟁취했다. 이로써 신성 로마 제국은 붕괴되고, 근대 유럽의 막이 올랐다. 반면, 유럽이 개신교와 가톨릭으로 양분되어 오랫동안 전쟁을 벌인 경험은 유럽인들에게 종교 자체에 대한 근원적 불신과 환멸을 갖게 만들었다. 이후 유럽에서 계몽주의가 출현하며 반 기독교적 정서가 확산된 것은 30년 전쟁에게 일차적 책임이 있다.

한국교회 이야기

한국교회도 한국의 복잡하고 고통스러운 현대사와 함께 하면서, 전쟁의 비극에서 벗어날 수 없었다. 일제 강점기에는 일본이 태평양전쟁을 일으키면서, 강제로 전쟁에 동원될 수밖에 없었다. 특히, 전쟁 말기에는 일제가 한국교회를 '일본기독교 조선교단'으로 재편하고, 전시 체제에 적극적으로 협력하도록 압력을 가했는데, 한국교회가 이에 순응했다. 당시 결의한 사항을 보면, "황군 상이장병 및 유가족의 위문, 군사원호사업, 국민저축의 시행, 귀금철류의 헌납, 전시생활지도와 절약운동, 전시근로봉사, 매월 정액의 국방헌금, 신사 참배 및 전승기원의 독려" 등이 있었다. 전쟁 수행을 위한 전투기 헌금을 하고, 교회 종탑까

일제에 헌납한 비행기 '조선장로호'

지 징발당했다는 이야기는 유명하다.

한국전쟁이 발발하자, 한국교회는 또 한 차례 전쟁에 휘말릴 수밖에 없었다. 북한교회는 북한 교회대로, 남한교회는 남한교회대로 전쟁에 동원되고 협력했다. 특히, 남한교회는 전쟁이 시작되면서 적극적으로 전쟁을 지원했다. 1950년 7월에 대전제일교회에서 "대한기독교구국회"를 결성하고 각 지회를 설치해서, 국방부와 사회부와 연결하여 선무, 구호, 방송을 하고 의용대를 조직했다. 또한 "기독교연합 전시비상대책위원회"를 구성하고, 미국의 트루만 대통령, 유엔 사무총장, 유엔군 사령관에게 호소문을 보냈으며, 한경직, 류형기 목사를 미국에 파견하여 지원을 호소했다. "평양탈환축하 대규모집회"50년 10월나 "북진통일기원대회"53년 6월 같은 각종 집회도 열어서 전쟁을 지원했다.

미국이 1965년에 베트남전쟁을 시작하면서 우방국들에 파병을 요청했을 때, 한국은 가장 빠르고 적극적으로 파병을 결정했다. 한국교회는 베트남전쟁을 한국 전쟁의 연장선상에서 이해하면서 적극적으로 지원했다. 예를 들어, 미국의 추가 파병 요청에 대한 응답으로 백마부대가 파병되었을 때, 한국기독교연합회 주최로 '파월백마부대 환송연합예배'를 드리면서 전쟁의 승리와 장병들의 안녕을 빌었다. 그뿐만 아니라, 김활란, 유호준, 김준곤 같은 교계 지도자들은 이 전쟁을 베트남뿐 아니라, 아시아 전체의 자유와 평화를 위한 전쟁으로 이해하며 승리를 기원했다. 그 외에도, 파월 한국군 사령관 채명신을 비롯하여 파병부대 지휘관 중에 기독교인들이 다수 포함되었고, 이창식 목사를 포함하여 다수의 군목이 파견되었다. 심지어, 백마부대 안에는 지휘관과 병사들이 기독교인들로 구성된 중대제29연대 5중대 '임마누엘' 부대가 있었다. 이것들은 베트남전쟁에 한국교회가 얼마나 깊이 연루되었는지를 보여주는 증거들이다.

에필로그

1. 예수와 초대교회는 전쟁과 폭력에 철저히 반대했다. 그것은 성경의 분명한 가르침이었고, 그것을 실천하는 것이 신자의 도리였다. 그런 믿음과 실천 때문에, 교회는 박해와 손해를 피할 수 없었다. 하지만, 그런 신념과 박해를 통해, 교회의 본질과 영향력이 가장 강력하게 드러났다.

2. 교회가 국가 권력의 비호와 지원을 받게 되면서, 교회는 박해의 대상에서 박해자로 신분이 바뀌었다. 이후, 교회는 복음전파와 영향력 확대, 적대 세력의 제거를 위해 국가 권력과 무력을 사용하기 시작했다. 그런 논리에서, 전쟁도 현실적·실용적 도구로 교회에서 정당화되었다.

3. 교회가 전쟁을 정당화하며 적극적으로 참여하는 것은 정교 유착의 가장 명백한 증거다. 이런 맥락에서, 한국교회가 전쟁을 선동하고, 십자군적 구호를 외치는 것은 가장 반성경적 행위다. 아무리 현실적 이유가 절박할지라도, 교회는 마지막까지 강력한 반전 세력으로 남아야 한다.

제19장

평화

화평하게 하는 자는 복이 있나니

그들이 하나님의 아들이라 일컬음을 받을 것임이요 (마5:9)

영화 〈미션〉에서 빗발치는 총알과 포탄 사이를, 가브리엘 신부와 신자들이 함께 십자가를 들고 행진하는 모습은 기독교의 본질을 가장 강력하게 선언하는 장면이다. 물론, 불의와 폭력에 대해 모든 기독교인이 이런 식으로 대응하는 것은 아니다. 하지만, 자신의 삶과 가르침을 통해 평화를 선포하고 실천했던 예수, 그를 따르던 제자들, 그리고 그들이 세운 교회는 평화의 세상으로서 하나님나라를 꿈꾸었다. 따라서 전쟁과 폭력의 한복판에서 평화를 꿈꾸는 것은 교회의 사명이자 본질이다. 교회사 대부분이 전쟁과 폭력으로 점철되었지만, 그 가운데서 평화를 외치며 고난을 감수했던 영웅적 기록도 멈춘 적이 없다.

교부들의 평화사상

교부들은 예수의 가르침이 비폭력을 옹호한다고 해석했다. 예를 들어, 타티안Tatian은 『그리스인들에게 드리는 글』*Address to the Greek* 에서, "나는 왕이 되고 싶지 않다. 나는 부자가 되고 싶은 마음도 없다. 나는 군사적 명령도 거부한다. … 세상에 대해 죽는다. 세상에 있는 광증도 거부하면서 말이다."라고 말했다. 2세기경 아테네에서 활동했던 아리스티데스Aristides 의 작품으로서, 현존하는 가장 오래된 기독교 변증서인 『아리스티데스의 변증서』*The Apology of Aristides*에는 이런 구절이 있다.

> 그리스도인들은 다른 사람들이 자기들에게 하지 않기를 바라는 것은 무엇이든지, 다른 사람들에게 하지 말아야 한다. 그리고 그리스도인들은 자신들을 억압하는 자들을 위로하고, 그들을 친구로 만들어야 한다. 그리스도인들은 원수들에게 선을 행해야 한다. … 억압자들에 대한 사랑을 통해, 그리스도인들은 억압자들이 그리스도인들이 될 수 있도록 설득해야 한다.

로마의 히폴리투스Hippolytus of Rome도 평화에 대해 이렇게 주장했다.

> 군인은 사람을 해치지 않고, 만약 그런 명령을 받아도 그렇게 하지 않으며, 또 맹세하길 거부하도록 교육을 받아야 한다. 만약 그가 그런 교훈에 순응하길 거부한다면, 그에게 세례를 주어선 안 된다. 군대사령관이나 행정관은 사임해야 한다. 그렇지 않으면 세례를 주지 말아야 한다. 신자가 군인이 되고 싶다면, 그에게도 세례를 주지 말아야 한다. 왜냐하면, 그가 하나님을 경멸했기 때문이다.

콘스탄티누스 이후

로마 황제 콘스탄티누스Contantinus I가 312년에 기독교로 개종하고, "그리스도의 이름"으로 정복 전쟁을 시작한 후부터, 기독교는 국가 문제에 연루되었고, 영향력 있는 기독교인들이 점차로 전쟁과 폭력을 정당화했다. 그래서 어떤 학자들은 "콘스탄티누스의 등극이 교회사에서 평화주의 시대를 종식시켰다"고 믿는다. 그렇지만, 기독교 평화주의의 전통은 소수의 헌신된 기독교인들에 의해 계속 이어졌다. 대표적인 사람이 투르의 마르티누스Martin of Tours이다. 마르티누스는 제국기병대 장교의 아들로 태어났고, 15세에 기병대에 들어갔다. 그런데 그는 10살 때부터 부모의 뜻을 거역하고 교회에 출석하기 시작했다. 당시에는 기독교 신앙이 황제의 암살이나 반란에 관여하지 않는 것처럼 보였기 때문에, 군대에서 선호되기도 했다. 마르티누스가 얼마 동안 군대에 있었는지는 정확하지 않다. 하지만, 고울 지방에서 전투가 벌어지기 직전, 그는 "나는 그리스도의 군사다. 그래서 싸울 수 없다"고 말하면서, 더는 전투에 참여하지 않기로 결심했다. 그는 겁쟁이라는 비난을 받고 감옥에 갔다. 하지만 전쟁이 시작되기 직전에 적진에서 화친을 요청해서 전쟁은 벌어지지 않았고, 마르티누스도 군복무에서 벗어날 수 있었다.

종교개혁 시절

종교 개혁자들은 정치 권력과의 관계에서 협력하거나 교권 우월주의를 고집했다. 기존 질서를 유지하는 정치 윤리를 고집했고, 인간의 타락과 죄를 강조함으로써 사회적, 정치적, 경제적 선을 실현하려는 적극적 의지도 약화시켰다. 특히, 군대와 폭력을 통해서 국가와 사회의 안전을, 나아가 교권과 교리를 지켜낼 수 있다고 믿었다. 이 점에서는 가톨릭교회와 종교 개혁자들 사이에는 차이가 없었다.

반면, 가톨릭교회와 주류 종교개혁 진영으로부터 혹독한 박해를 받았던 재세례파들이 종교개혁 기간 평화주의를 주창했다. 최초의 재세례파였던 스위스 형제단은 1537년에 다음과 같이 무저항주의를 천명했다.

세상은 칼을 쓰지만, 그리스도인은 오직 자비와 용서, 경고와 더불어 영적인 무기를 사용할 뿐이다. 따라서 우리는 폭력 사용을 전제하는 공직을 맡지 않는다. 세상은 무기로 무장하지만 우리는 하나님의 사랑, 진리, 의와 평화와 믿음, 구원 그리고 하나님의 말씀으로 무장한다.

물론, 재세례파들 중에도 한때 의로운 목적을 위해 폭력 사용을 정당화했던 그룹이 있었다. 독일 농민전쟁을 이끌었던 토마스 뮌처나 뮌스터에서 천년 왕국을 선포하고 무장 항쟁을 벌였던 얀 마티스Jan Matthys와 얀 라이덴Jan van Leyden 같은 사람들이 대표적인 예다. 하지만, 그들의 시도는 참담한 실패로 끝났고, 수많은 신도가 처형당했다. 이것은 남은 재세례파들에게 큰 교훈이 되었고, 이후 메노 시몬스Meno Simons를 중심으로 한 메노나이트들은 철저하게 평화주의를 고수하게 되었다. 메노 시몬스는 다음과 같이 말했다.

성경은 서로 반대하는 두 종류의 왕, 두 종류의 왕국이 존재한다고 가르친다. 하나는 평화의 왕이고 다른 하나는 투쟁의 왕이다. 이 각각의 왕들은 자신만의 왕국을 갖고 있다. 평화의 왕은 예수 그리스도이며, 그의 왕국은 평화의 왕국, 즉 그의 교회이다. 또한, 그의 사신들은 평화의 사신들이다. 그의 말씀은 평화의 말씀이다. 그의 몸은 평화의 몸이다. 그의 자녀들은 평화의 씨앗이다.

그리스도에게 평화의 가르침을 받은 기독교인으로서, 그들은 하나님의 명령과 그리스도의 평화를 지키려고 비폭력 무저항의 원칙을 한결같이 고수했다. 하지만 이런 삶의 태도는 종교나 세상 권력에 비협조적인 결과를 가져왔고, 마침내 그들의 분노를 불러일으켰다. 그리하여 재세례파들의 순교가

전쟁을 반대한 메노나이트들의 순교는 끝없이 이어졌다

끝없이 이어졌다. 16세기 말에, 유럽 기독교 세계에서 약 2천 명의 재세례파들이 순교의 피를 흘렸다.

종교개혁 이후

평화주의자 조지 폭스가 설교하고 있다

근대시대에 평화주의를 실천했던 최초의 기독교인들은 퀘이커교도Quakers 들이다. 퀘이커의 공식 명칭은 친우회이 며, 17세기 영국에서 조지 폭스George Fox 가 시작했다. 그는 오랫동안 진리를 찾 던 중, "모든 인간은 하나님의 음성을 직접 듣고 체험하며 깨달을 수 있는 '내면 의 빛' 을 지녔다고 믿게 되었다." 하나님과 영적 교제를 나눌 수 있는 인간은 언 제나 소중하고 평등하기 때문에 서로에게 해를 가하거나 해치는 행위를 해서는 안 되며, 제도나 권위의 노예가 될 수 없다는 것이 그의 확고한 신념이 되었다.

그러면서 폭스는 예수 그리스도를 통해 주어진 복음의 본질은 하나님을 경 험하면서 형성되는 평화에 있다고 믿었다. 그는 평화를 파괴하는 모든 악의 근 원을 폭력에서 보았다. 폭력을 불러오는 것이 어둠의 세력이며, 하나님의 선한 사역은 폭력을 버리는 사랑으로 하나가 되는 길에 이루어진다고 생각했다. 1660 년에 발표된 "퀘이커 평화선언문"Quaker Declaration of Pacifism에 다음과 같은 구절이 있다. "우리는 그 목적이 무엇이든지 어떤 전제가 있든지 상관없이, 무기를 들고 싸우는 외적인 전쟁과 징벌 그리고 다툼 모두를 철저히 부정한다. 이것은 전 세 계를 향한 우리의 증언이다."

퀘이커들의 평화운동은 비폭력 평화사상을 공유하며 2차 세계 대전 중에 도 신실한 평화운동으로 이어졌다. 퀘이커들은 국가가 요구한다 할지라도 상대 를 적으로 인식하고 죽여야 하는 전투 행위를 신앙적 양심으로 거부하기 시작했다. 퀘이커들은 군복무 대신 전쟁으로 고통받는 이들을 돌보는 평화 봉사에 매진했다. 군 복무에 대한 양심적 병역 거부는 오늘날 인권사상을 존중하는 대부분의 선진국에서 수용되고 있다. 퀘이커들의 평화운동은 2차 세계대전 당시에 광범위하게 전개되었다. 전쟁이 끝난 직후인 1947년에 노벨 평화상 위원회는 제2차 세계 대전 동안 미국 퀘이커 봉사회American Friends Service Committee와 영국 퀘이커 봉사회가 인류평화를 위해 이바지한 점을 높이 인정하여 노벨 평화상을 수여했다. 이후 퀘이커들은 기독교 전통 안에서 평화운동의 상징적 종파로 알려지게 되었다.

퀘이커와 함께 기억할 것은 오순절운동의 평화운동이다. 19세기 말에 미국과 스페인 전쟁이 발발했을 때, 방언을 성령 세례의 일차적 증거로 해석하면서 오순절신학의 아버지로 불린 찰스 파함Charles F. Parham은 미국—스페인 전쟁1898을 반대했고, 전쟁에 참여하는 사람들을 "자발적 살인자들"이라고 비판했다. 프랭크 바틀맨Frank Bartleman도 국가에 의해 합법적으로 수

오순절신학의 아버지 찰스 파함

행되는 전쟁을 "합법적 살인"으로 규정했고, 제1차 세계 대전에 오순절 신자들의 참가를 강력히 반대했다. 그뿐만 아니라, 대표적 오순절 교단인 '하나님의 성회' Assemblies of God는 1917년에 발표한 성명서에서, "기독교인들인 우리는 비록 충성스러운 시민으로서 모든 의무를 충실히 수행하지만, 인간의 생명을 실제로 파괴하는 전쟁과 무력 저항에는 양심상 참여할 수 없다고 선언하는 바이다."라고 평화주의적 입장을 천명했다. 이런 입장은 톰린슨Ambrose Jessup Tomlinson의 '하나님의 교회테네시파' Church of God, Tennessee, Cleveland와 찰스 메이슨Charles H. Mason의 '하나님의 교회그리스도파' Church of God in Christ에서도 같이 반복되었다. 평화주의에 근거하여 징집을 반대하고 선동적 반전운동을 전개했던 찰스 메이슨은 두 차

레나 FBI 조사를 받았으며, 제시 페인 목사는 같은 지역의 폭도들에게 모욕과 폭행을 당했다. 그렇게 국가적 폭력과 압력에 시달리던 오순절주의자들은 차례로 평화주의를 포기하고 국가 정책에 순응하고 말았다.

1965년에 발발한 베트남전쟁이 10년 동안 지속하면서, 점차 미국 내에서 반전운동이 거세게 일어났다. 이때 마르틴 루터 킹 목사를 중심으로 기독교인들도 반전운동을 전개했다. 수많은 청년이 거리로 뛰어나가 반전의 구호를 외쳤고, 징집 영장을 불태웠다. 킹 목사는 이렇게 말했다.

> 우리를 가장 심하게 반대하는 사람들에게, 우리는 이렇게 말합니다. '우리는 고통을 가하는 당신의 능력에 고통을 견디는 우리의 능력으로 상대할 것입니다. 우리는 당신의 물리적 힘을 영혼의 힘으로 맞설 것입니다. 우리에게 당신이 하고 싶은 대로 하십시오. 그러면 우리는 계속 당신을 사랑할 것입니다.

이렇게 평화적 방식으로 베트남 반대운동을 전개했던 루터 킹 목사는 결코 1968년 4월 4일에 그의 반전운동을 반대했던 사람이 쏜 총을 맞고 세상을 떠났다.

한국교회 이야기

이 땅에서 한국교회의 역사가 시작된 이후, 한국은 일제 식민지, 한국 전쟁, 냉전과 군부 독재를 거치면서, 군국주의 시대를 통과했다. 따라서 이 시기에 반전 평화운동은 한국교회 내부에서 찾기 어려웠다. 한국교회는 일제에 대항한 무력항쟁에 참여한 적이 없으나, 일제의 전시체제에 동원되거나 협력했다. 그런 상황은 지금까지 지속하고 있다.

이런 상황에서 최초의 반전 평화운동은 여호와의 증인과 안식교에서 시작되었다. 이들의 평화운동은 양심적 병역거부의 형태로 표출되었다. 한국에서 양심적 병역거부로 처벌받은 최초의 사람들은 여호와의 증인인 옥응련과 최용원이었다. 해방되기 전까지 38명의 여호와의 증인들이 양심적 병역거부로 갇혔고, 그중 5명이 옥중에서 사망했다. 이처럼, 여호와의 증인은 전쟁과 관련된 일체의 행위를 거부했지만, 안식교는 일단 군에 입대하고 나서 집총을 거부하고 비전투요원으로 일하길 원했다. 1959년부터 입대자 중 집총 거부자들이 항명죄로 처벌받기 시작했는데, 매년 10여 명 정도의 안식교 청년들이 처벌을 받았다. 5·16쿠데타 이후 한국사회 전체가 병영화되면서, 병역거부에 대한 국가적 차원의 탄압이 강화되었다. 그 결과, 1975년부터 안식교는 병역거부를 포기했으나, 여호와의 증인은 지금까지 병역거부를 종교적 신념으로 철저하게 실천하고 있다.

한국교회 평화운동의 대표적 상징은 함석헌이다. 그는 퀘이커주의, 노장사상, 간디와 톨스토이 등에 깊이 영향을 받고, 반전 평화운동에 투신했다. 함석헌은 한국 전쟁 이후 한국사회에 만연한 군사주의를 강력히 비판했고, 박정희의 군사쿠데타를 반대했으며, 1968년에 한국정부가 베트남 파병을 결정했을 때 단식하며 저항했다. 핵전쟁의 위험이 고조되던 냉전시기에 새로운 역사와 사회를 이끌어갈 종교의 핵심으로 '평화'를 강조하고, 반전 반군사주의적 통일론을 주

한국교회 평화운동의 상징 함석헌

창했다. 또한, 국가주의와 물질주의에 함몰되어 전쟁과 폭력에 동조하는 한국교회를 강력히 비판하면서, 양심적 병역거부와 궁극적으로 군대의 폐지를 주장했다. 민족주의와 반공주의가 시대정신이었던 군부 독재 시절에, 함석헌의 평화

사상과 실천은 그야말로 선구적이었다.

1980년대에 민주화운동이 절정에 달하면서, 민주, 통일, 평화가 시대적 구호가 되었다. 분단이 민주주의와 평화의 가장 큰 걸림돌임을 사람들이 깨닫기 시작했다. 즉, 통일 없이 민주화도 불가능하고, 통일은 반드시 평화적으로 실현되어야 하며, 통일과 민주가 이 땅에 진정한 평화를 가져다준다고 이해한 것이다. 이런 상황에서, 1988년 2월 29일에 한국기독교교회협의회가 "민족의 통일과 평화에 대한 한국기독교회선언"을 발표했다. "우리는 한국교회가 민족분단의 역사적 과정 속에서 침묵하였으며, 면면히 이어져 온 자주적 민족통일운동의 흐름을 외면하였을 뿐만 아니라 오히려 분단을 정당화하기까지 한 죄를 범했음을 고백한다."라고 회개하고, 7.4공동성명의 자주, 평화, 그리고 사상·이념·제도를 초월한 민족적 대단결의 원칙을 재천명하고, 휴전협정을 평화협정으로 전환하며, 주한 미군 철수와 유엔 사령부 해체, 군축과 핵무기 폐기를 제안했다.

이처럼, 통일운동과 반전운동을 통해 발전한 평화운동은 2000년대에 더욱 보편적 의미의 평화운동으로 성숙하기 시작했다. 2001년에 아프칸전쟁이 시작되고, 이라크 파병 논의가 시작되면서, 국내외적으로 평화운동이 급속히 확산하였다. 예를 들어, 2003년에 10월 7일에 신학교 교수 40여 명이, 9월 15일에는 한국기독교교회협의회가 각각 한국군 이라크 파병을 반대하는 성명서를 발표한 것이다.

2007년에는 해군과 정부가 2014년까지 1조 300억 원을 투입해서 전투함 20여 척과 15만 톤급 크루즈선 2척이 동시에 정박할 수 있는 해군기지의 건설 계획을 발표했고, 같은 해 6월에 제주 강정마을이 대상지역으로 선정되었다. 2006년부터 환경 단체들이 이 계획에 반대했고, 2011년 6월 초에 111개 사회단체가 '제주해군기지 건설 백지화를 위한 전국 대책회의'를 결성하여 강력한 반대운동을 시작했다. 2014년 3월부터 개신교 측에서도 '강정개신교대책위원회'를 구성

평화운동가 송강호

해서, 매월 2회 강정마을에서 생명평화기도회를 주관했다. 여기에 개척자들, 고난함께, 새벽이슬, 전국목회자정의평화협의회, 한국기독교협의회정의평화위원회, 향린공동체, 평화교회연구소 등이 참여했는데, 특히, 개척자들의 송강호 대표가 이 운동을 주도하다 여러 차례 구속되었다.

에필로그

1. 국가주의와 물질주의가 지배적 이념인 시대에, 폭력과 전쟁은 가장 현실적·효과적인 정복과 지배의 수단이다. '동물의 왕국'에선 자신의 욕망과 이익을 위해 타자를 물리적으로 굴복시키는 것이 가장 기본적인 생존방식이지만, 이것에 저항하는 것이 문명이고 복음이다.

2. 죽음의 상징인 십자가에 하나님의 아들이 달림으로써, 그것은 생명과 구원의 상징으로 역전되었다. 따라서 십자가를 지고 예수의 뒤를 따른 제자들의 공동체로서 교회는 십자가로 죽음의 땅에 생명을 심고, 폭력의 세상을 향해 평화를 선포해야 한다. 그것이 제자도이며, 교회의 존재방식이다.

3. 미국, 러시아, 영국, 프랑스, 인도, 파키스탄, 이스라엘, 북한이 핵탄두를 실전에 배치하고 있다. 정치, 종교, 경제, 민족을 명분으로, 세상은 전쟁 중이다. 특히, 우리는 21세기 마지막 분단국가에서 살고 있다. 이런 상황에서, 평화는 한국교회에 주어진 시대적 사명이며 과제다. "평화로 가는 길은 없다. 평화가 곧 길이다."

제20장

노예

너희는 유대인이나 헬라인이나 종이나 자유인이나 남자나 여자나

다 그리스도 예수 안에서 하나이니라 (갈3:28)

예수의 가르침과 사역은 당대의 사회적 차별의 모순을 드러냄으로써, 그 체제의 치명적 위협이 되었다. 그는 사회에서 정상적 인간으로 대접받지 못한 여성과 아동, 각종 병자와 약자들을 존중하고 용납했다. 성, 인종, 계급 등에 의한 차별 자체를 통렬하게 비판했고, 사회적 약자들을 자신과 동일시했다. 그런 언행과 행보 자체가 당대의 기득권층에게 불쾌했고 위협이 되었기에, 예수의 사역은 오래갈 수 없었다. 그럼에도, 그의 가르침은 교회를 통해 이어졌고, 오늘까지 세상의 개혁과 변혁의 결정적 동력으로 기능을 해왔다. 하지만, 교회사는 노예제라는 가장 비인간적 제도와 교회가 깊이 연루되었던 수치스런 기록도 담고 있다. 예수의 가르침을 무시하면서 그를 예배했던 신앙적 모순이 노예제 속에서 적나라하게 드러난다. 하지만, 이에 대해 가장 강력하게 비판하며 저항했던 것도 또한 교회였다. 역사가 그러했다.

기원

노예제도는 대략 신석기시대부터 시작된 것으로 보인다. 잉여 농산물, 충분한 인구가 전제조건이었으며, 고대문명 모두에 존재했다. 기원전 8000년에 이

집트에서 노예의 존재가 기록으로 남아 있다. 수메르, 바빌론, 중국, 인도, 그리스, 로마, 아메리카, 그리고 히브리 민족에도 노예가 존재했고, 구약성경에도 노예제에 대한 언급이 있다. 함무라비 법전에는 노예와 관련해서 다음과 같은 조항이 담겨 있다. "노예가 도망가는 것을 도와주거나 그에게 안식처를 제공하는 사람은 사형에 처한다."

로마제국

기독교는 1세기에 로마제국을 배경으로 출현했다. 그런데 로마제국에 노예들이 있었기 때문에, 기독교도 처음부터 노예제도와 관계를 맺었다. 로마제국 전체 인구의 약 25퍼센트, 즉 600만-1,000만 명이 노예였다. 로마 시에만 40만 명의 노예들이 있었고, 이들은 노동력을 제공하고, 검투사나 성-노예들처럼 오락용으로 존재했다. 이런 상황에서, 초대교회는 노예제도를 인정하고 받아들였다.

중세

중세에는 기독교 세계와 비기독교 세계 간에 서로 노예로 삼는 전쟁이 끊이지 않았다. 당시에 지중해 세계를 양분했던 비잔틴제국과 아랍세계가 노예무역의 종점으로 기능했다. 중앙 및 동유럽의 이교도들이 중요한 노예 공급처였으며, 바이킹, 아랍, 그리스, 유대 상인들이 노예무역에 종사했다.

먼저, 기독교 세계가 노예로 끌려갔던 경우를 살펴보자. 아프리카에서 건너온 무슬림들이 스페인과 포르투갈을 약탈하고 노예로 잡아갔다. 예를 들어, 1189년에 모로코의 칼리프 야쿠브 알-만수르Yaqub Al-Mansur가 리스본을 침략하여, 3,000명의 사람을 노예로 데려갔다. 11세기부터 19세기까지 북아프리카의 무슬림 해적들이 유럽의 해안마을을 습격하여, 수많은 기독교인을 납치해서, 알제리와 모로코에 있는 노예시장에서 팔아넘겼다. 해적들은 막대한 몸값을 받고 포로들을 풀어주었는데, 이것이 노예사냥을 더욱 부추겼다. 또한, 비잔틴과 오스만의 전쟁, 또 유럽에서 오스만과의 전쟁들로, 수많은 사람이 이슬람 세계에 노예로 끌려갔다. 특히, 당시에 오스만제국은 예니체리 제도를 만들어서 국가 행정과 군사 업무를 담당하게 했는데, 이를 위해, 오스만은 수십만 명의 기독교 청년들을 납치하여 국가소유의 노예로 삼았고, 역설적으로, 이들이 오스만과 유럽의 전쟁에서 오스만의 최정예부대로 활약했다. 그뿐만 아니라, 터키계 유목 민족인 타타르족이 약탈과 노예를 목적으로, 동유럽 지역을 지속적으로 침략했다. 1474년부터 1569년까지 폴란드-리투아니아 지역에서만 75차례나 타타르인들이 침략했다.

반면, 중세 후반에 대서양 시대가 열리면서, 유럽 기독교 국가에 아프리카와 아메리카의 노예들이 수입되기 시작했다. 1441년에 최초의 아프리카 노예가 북서아프리카의 모리타니아Mauritania로부터 포르투갈에 도착했다. 1444년에 포르투갈의 해안마을 라고스Lagos에, 수입된 아프리카 노예들을 판매하기 위한 최초의 노예시장이 설치되었다. 1552년에는 아프리카 노예들이 리스본 인구의 10퍼센트를 구성했다. 16세기 후반에 포르투갈 왕실은 노예무역의 독점권을 포기하고, 노예들을 유럽에서 수입하는 대신, 그들을 아메리카 대륙으로, 특히 브라질로 운반하는 업무에 치중했다. 스페인은 아메리카 대륙의 원주민들을 정복하고 자신들의 노동력으로 사용했으나, 곧 아프리카 흑인들로 대체했다. 1501년에 아프리카 노예들이 최초로 히스페니올라 섬에 도착했다. 1518년에 스페인의 카를 5세가 아프리카에서 직접 노예를 실어오는 것에 대해 승인했다.

이런 상황에서, 교황 니콜라스 5세Nicholas V가 1452년에 칙령, '둠 디베르사스 Dum Diversas를 발표해서, 사라센, 이교도, 그리고 다른 비신자들을 영구적으로 노예로 부릴 수 있는 권한을 스페인과 포르투갈 왕에게 허락했다. 전쟁 때문에 발생한 노예무역을 합법화한 것이다. 하지만, 1537년에 교황 바오로 3세Paul III 는 아메리카 원주민들의 노예화를 금지하는 칙령, '수불리무스 데이' Sublimus Dei 를 반포했다. 또한 산토도밍고의 스페인 정착촌에 도착한 도미니크회 수사들도 그 지역의 아메리카 원주민들을 노예로 삼는 것에 반대했다. 이로써, 노예제도 반대운동이 교회 내에서 출현하기 시작한 것이다.

근대

먼저, 동유럽의 상황을 살펴보자. 데이비드 포사이스David Forsyth 에 따르면, "1649년에 모스크바 공국의 3/4, 혹은 13,000-14,000만 명 정도가 농노 상태였으며, 그들의 실제적 삶은 노예들과 거의 다를 바가 없었다. 그리고 또 다른 150만 명 정도가 공식적으로 노예였다. 러시아 노예들이 러시아 주인을 섬겼다." 모스크바 공국은 정교회를 받아들인 나라였다. 이 나라에선, 1861년 노예 해방령에 의해 사적으로 소유된 농노들이 해방되었고, 국가가 소유한 농노들은 1866년에 해방되었다. 18세기 후반까지 크림한국무슬림 타타르 국가은 오스만제국 및 중동지역과 광범위하게 노예무역을 유지했으며, 1500년부터 1700년 까지, 폴란드-리투아니아 및 러시아 출신 노예들을 200만 명 정도 수출했다. 기독교인들이 계속 이들에 의해 노예로 팔려간 것이다.

북아프리카의 경우, 잡혀온 기독교인과 유럽인들이 알제리의 수도 알제Al-giers에서 노예로 팔렸다. 이런 관행은 1816년에 영국-네덜란드 연합 함대가 알제리 함대를 폭격할 때까지 지속되었다. 현재 나이지리아의 최북단에 있었던 이슬람국가 소코토Sokoto는 19세기에 서아프리카에서 가장 강력했던 나라로서, 인구의 절반이 노예였다. 기록에 따르면, "1890년대에, 세계에서 가장 많은 노예인구약 200만 명가 소코토 지역에 집중되어 있었다. 노예의 용도는 광범위했으나, 특히 농업에 사용되었다." 에티오피아에서는 1930년대에 약 200만 명의 노예가 있었던 것으로 추정된다. 한편, 1821년에 미국 남부에서 해방된 흑인 노예들이 미국식민 협회의 도움으로, 아프리카 중서부 대서양 연안에 라이베리아 공화국Republic of Liberia를 세웠다.

　서유럽의 경우, 영국이 대서양 노예무역에서 중요한 역할을 담당했으나, 곧 노예문제의 중심지가 미국 식민지로 이동했다. 1750년에 13개 식민지 전역에서 노예제도가 합법화되었다. 특히, 미국 남부에서 담배와 면화가 대량으로 생산되면서 아프리카 노동자들의 수요가 급증하자, 이 지역이 노예제도의 중심지가 되었다. 대서양 노예무역은 서아프리카 내지에서 아프리카 왕국들이 흑인들을 사냥하고 나서, 아프리카 해안의 무역기지에서 상품들과 교환되었다. 16–19세기까지 약 1,200만 명의 아프리카인들이 아메리카에 도착했으며, 그들 중 645,000명이 현재의 미국으로 수입되었다. 그 항해 도중, 노예들의 15%가 사망했고, 노예들을 사냥하는 과정에서 같은 아프리카인들에 의해 대략 600만 명의 흑인들이 추가로 살해되었다. 17~18세기에는 많은 유럽인이 미국에 계약노비indentured servants 로 왔다. 이들은 미국으로 이주하는 뱃삯을 받는 조건으로, 일정기간 동안 식민지 농장에서 일하도록 계약을 맺은 것이다. 1640년 이후부터 계약노비의 계약기간이 만료되었지만, 농장주들은 그런 현실을 무시하고 그들을 종신 노예로 삼기 시작했다. 1860년 미국 인구조사에 따르면, 미국 전체 가정의 8퍼센트에 해당하는 393,975명이 3,950,528명의 노예를 부리고 있었으며, 남부 가정의 1/3이 노예를 소유하고 있었다. 미국에선 미국혁명 이후 대서양 노예무역이 중단되었지만, 남부지역에선 노예제도가 핵심적인 경제제도로 계속 존속했다. 1860년까지 노예 수는 400만 명으로 늘었다.

저항

(1) 16세기

16세기의 대표적 노예해방운동가는 바돌로매 데 라스 카사스Bartolome de las Casas였다. 그도 한때는 노예를 소유했고 노예사냥에도 참가했었다. 하지만, 한 도미니크회 수도사의 설교를 듣고 노예제에 대한 자신의 생각을 바꾸었으며, 남은 생애 동안 남미의 노예들을 위해 헌

최초의 인권운동가 라스카사스

신했다. 1550년에 스페인의 바야돌리드Valladolid에서 세풀베다와 인디언들의 인권을 놓고 논쟁을 벌였다. 세풀베다는 인디언들이 인간보다 열등하며 문명화를 위해 주인들이 필요하다고 주장했으나, 라스 카사스는 인디언들도 온전한 인간이며 그들을 강제로 억압하는 것은 정당화될 수 없다고 주장했다. 비록 아메리카 원주민들을 완전히 구하진 못했으나, 그의 노력으로 그들의 법적 지위가 여러 차례 향상되었기에, 그는 최초의 인권운동가로 인정되고 있다.

(2) 17세기

개신교 전통에서 가장 강력히 노예제도를 반대했던 사람들은 영국과 미국의 퀘이커들이다. 그들은 모든 인간 안에 하나님과 연합할 수 있는 접촉점, 즉 "내적인 빛"inner light이 있다고 믿으면서, 일체의 성, 피부색, 계급에 의한 인간차별에 반대했다. 그 결과, 자연스럽게 노예제 반대운동의 선구자들이 된 것이다. 퀘이커형제단의 창시자인 조지 폭스는 1657년에 쓴 『바다 너머에서 흑인과 인디안 노예들을 소유한 형제들에게』에서 퀘이커 노예 소유주들에게 모든 사람이 하나님 앞에서 평등하다고 상기시켰다. 또 1671년에는 바바도스Barbados를 방문하

고 나서, 노예들이 더 나은 대접을 받아야 하고, 노예 소유주들에게 그들도 그렇게 잔인한 취급을 받으면 좋아하지 않을 것이라고 알려주었다. 1676년에는 아일랜드 퀘이커인 윌리엄 에드먼드슨William Edmundson이 노예제도에 강력히 반대했다. 1600년대 후반과 1700년대 초반에도, 조지 키스George Keith와 윌리엄 사우스비William Southeby 같은 퀘이커들이 같은 일을 주도했다.

(3) 18세기

윌리엄 윌버포스

존 웨슬리와 윌리엄 윌버포스William Wilber-force, 새뮤얼 홉킨스Samuel Hopkins 등이 18세기에 노예제에 반대했던 대표적 기독교인들이었다. 영국 국교회 내에서 감리교운동을 시작했던 웨슬리는 개인적 성결을 증진시키기 위해 노력하면서, 사회의 다양한 문제들에도 깊은 관심을 보였다. 특히, 그는 노예제도를 강력히 반대하여, 노예를 소유하거나 매매하는 일에 관여하는 사람들을 자신의 그룹에서 용납하지 않았다. 조너선 에드워즈의 제자였던 홉킨스는 뉴포트의 '제1회중교회' 목사로 일하면서 그곳에 성행하던 노예 매매에 반대하고 노예 해방을 위한 기금까지 마련했다. 궁극적으로, 홉킨스는 아프리카에 노예들을 위한 식민지를 건설하겠다는 계획을 세웠지만, 그 꿈은 실현되지 못했다. 한편, 윌리엄 윌버포스는 영국의 하원의원으로서 영국에서 노예제를 종식하는데 결정적 공헌을 했다. 전직 노예무역 선장이자 저명한 찬송가 작사가인 존 뉴튼John Newton의 영향을 깊이 받으면서, 그는 뜻을 같이 하는 일군의 동지들과 함께 노예제도 폐지를 위해 오랫동안 분투했다. 하지만, 그런 선구자적 노력은 번번이 현실의 벽에 막혀 실패하고 말았다. 깊은 좌절감 속에 절망하고 있을 때, 그는 웨슬리로부터 한 통의 편지를 받았다. "태양 아래 가장 추악한 악인 노예제가 사라지는 그날까지 하나님의 이름과 그분의 능력으로 전진하세요."라는 웨슬리의 격려에 힘을 얻은 윌버포스는 다시 법안을 회의에 부쳤다. 마침내 1807년에 노예무역 금지법이, 그리고 1833년에는 노예제 폐지법이 각각 통과되었다.

(4) 19세기

19세기 미국에서 노예제 폐지를 위한 노력이 복음주의자들 사이에서 활발하게 전개되었다. 제2차 대각성을 주도했던 찰스 피니와 태픈 형제Arthur and Lewis Tappan, 시어도어 웰드Theodore Dwight Weld와 헤릿 스토우Harriet Elizabeth Beecher Stowe, 그리고 오렌지 스콧Orange Scott 등이 대표적인 인물들이다. 복음전도자로 널리 알려진 피니는 부흥과 개혁을 동일시하며, 19세기 미국 복음주의에 지각변동을 일으켰다. 그는 미국 노예제 폐지협회를 창설한 태픈 형제들과의 긴밀한 관계를 통해, 노예제에 대해 더욱 비판적인 태도를 보이게 되었다. 특히, 태픈 형제는 후에 오벌린대학의 후원자로서 막강한 영향력을 행사하면서, 피니를 이 대학의 조직신학교수로 초빙했다. 그 결과, 오벌린대학은 노예제 반대투쟁의 강력한 요새로 역사에 중요한 자취를 남기게 되었다. 동시에, 피니의 부흥회에서 회심을 체험한 사람 중에서, 노예제 폐지운동의 중요한 인물들이 대거 배출되었다. 대표적인 인물이 시어도어 웰드다. 피니의 영향을 크게 받은 그는 미국 노예제 폐지협회 일원으로 미국 전역을 순회하며 노예제 폐지를 위한 뛰어난 강연을 했고, 『노예제도의 현실』Slavery as It is을 저술하여 노예제의 잔학상을 만천하에 폭로했다. 이 책은『톰 아저씨의 오두막집』을 쓴 스토우Harriet Beecher Stowe 부인에게 큰 영향을 끼쳤다. 그녀는 당시에 저명한 복음주의 지도자 라이먼 비처Lyman Beecher의 딸로서, "자신이 소설을 쓰는 동안 베개 밑에 이『노예제도의 현실』을 놓아두고, 그 책과 함께 잠을 잤다"고 한다. 그녀의 책『톰 아저씨의 오두막집』은 1976년에 출판된 알렉스 헤일리Alex Haley의 『뿌리』Roots와 더불어, 미국 사회에서 흑인들의 참상을 세상에 알리는데 가장 큰 영향을 끼친 것으로 평가된다. 그 외에, 오렌지 스콧은 미국의 감리교회가 웨슬리의 전통에서 벗어나 노예제를 수용하자, 이에 대한 저항으로 웨슬리안 감리교회Wesleyan Methodis Church, 1843를 설립했다. 결국, 이런 노력들의 결과로, 1863년에 링컨 대통령이 노예 해방 선언Emancipation Proclamation을 발표하여 남부연합의 노예들을 해방했고, 1865년에 수정헌법 제13조가 통과되어 미국 전역에서 노예제가 폐지되었다.

현대 노예제도

법적으로는 노예제도가 모든 나라에서 불법이 되었지만, 지금도 노예제도는 세계 곳곳에 살아 있다. 정확한 수는 알 수 없지만, 다양한 기구들의 발표로는, 현재 전 세계적으로 노예들의 수는 적게는 1,200만 명에서 많게는 2,700만 명에 달하는 것으로 추정된다. 한 보고서를 보면, 담보 노동에 시달리는 자는 1,800만, 강제노동에 동원된 자가 760만, 인신매매 노동으로 학대받는 자가 270만이라고 한다. 인도, 중국, 러시아, 그리고 모리타니아와 알제리 같은 아프리카 나라들에서 수많은 사람이 노예로 비참한 삶을 살고 있으며, 특히 북한은 정치범들과 그들의 가족들약 200,000이 강제노동에 시달린다고 보고되었다. 현재, 노예제도 폐지를 목적으로 활동하는 대표적인 기독교단체는 '국제정의선교회' International Justice Mission다. 이 단체는 1997년에 게리 호겐Garry Haugen에 의해 설립되었으며, 철저한 기독교적 정신에 근거해서 개인의 인권을 보호하기 위해, 성 착취, 노예 노동, 불법 구금 등과 싸우고 있다.

한국교회 이야기

16세기 중엽 이후, 조선사회는 4개의 신분, 즉 문무 관리로 구성된 양반, 기술직 종사자와 양반 서얼로 구성된 중인, 농민 상인 수공업자로 구성된 평민혹은 상민, 그리고 노비로 구성된 천민으로 분화되었다. 특히, 노비는 주인의 소유물로서 매매, 양도, 상속의 대상이었다. 1801년에 순조의 명으로 공노비가 철폐되었고, 사노비는 1894년에 갑오개혁을 통해 해방되었다.

하지만, 그보다 앞서서, 천주교에 입교한 양반들이 자발적으로 자신들의 노비들을 해방하기 시작했다. 동료 양반들은 이들의 행위를 비난했지만, 성경을 통해 인간 평등사상을 깨달은 후 주저 없이 노비문서를 불태우고 노비들에게 자유를 허락한 것이다. 대표적인 인물이 충청도 예산 출신으로 1784-85년에 천주교에 입교한 홍낙민이다. 그는 1801년 신유박해 때 순교했는데, 입교와 동시에 자신이 거느리던 노비들을 해방했다. 또한, 충청도 내포 지방에서 입교했던 갑부 유군명도 세례를 받은 직후, 자신이 거느리고 있던 노비를 모두 해방했다.

이런 현상은 개신교인들 안에서도 똑같이 나타났다. 예를 들어, 서울의 명문가 자제였던 이회영은 유년기에 한학을 배웠지만, 개화사상을 접하고 감리교 신자가 되었다. 그는 1906년에 아버지가 세상을 떠나자, 집안의 노비문서를 불태우고 모든 노비를 해방했다. 한편, 강화읍에 살던 김씨 부인은 80세가 넘은 노인으로, 자식이나 친척도 없이 복섬이라는 한 여종을 거느리고 살았다. 그녀는 복음을 듣고 개종하고, 성경을 읽으려고 글을 배웠다. 성경을 읽으면서 종을 두는 것이 죄임을 깨닫자, 종 문서를 불태우고 복섬이를 딸로 삼았다. 이자익 목사와 조덕삼 장로의 이야기도 유명하다. 김제 용하마을의 최고 부자였던 조덕삼은 테이트 선교사의 영향하에 회심하고 금산교회를 개척했다. 후에 자신의 마부로 일하던 이자익에게 공부할 기회를 주고 함께 신앙생활을 했다. 이자익은 자신의 주인인 조덕삼 보다 금산교회에서 먼저 장로가 되었는데, 조덕삼은 이 결정을 기쁨으로 수용했다. 심지어, 후에 이자익이 신학을 공부할 수 있도록 모든 뒷바라지를 했고, 그를 제2대 담임목사로 청해서 정성으로 섬기며 동역했다. 그뿐만 아니라, 현재 전북문화재 136호인 ㄱ자 모양의 금산교회를 신축하도록 자신의 땅

백정해방운동인 형평운동의 포스터

을 헌납하기도 했다.

　같은 맥락에서, 1920년대에 일어난 백정
해방운동인 형평운동衡平運動도 주목해야 한
다. 형평사의 자료를 보면, 당시의 백정 수는
40여만 명총독부의 자료: 33,712명이었고, 주로 삼
남지방에 집중되어 있었다. 백정은 갑오개혁
을 통해 법적으로 해방되었지만, 현실적으로
여전히 심각한 차별을 받고 있었다. 1923년에 진주에서 형평사가 조직되어 1930
년대까지 백정들의 신분 해방과 실질적인 처우개선을 위해 노력했다. 그런데 이
형평운동의 탄생에 교회가 결정적인 영향을 미쳤다. 진주의 최초 교회인 봉래교
회에서 교인들이 백정과의 예배를 거부하여 백정들이 따로 예배를 드렸다. 1909
년에 부임한 리알 선교사D.M.Lyall가 이런 관행에 반대하여 일반인과 백정이 함께
예배드리도록 했다. 하지만, 일반 성도들의 거센 저항에 부딪혀서, 결국 49일 만
에 백정들이 분리되어 예배를 드리게 되었다. 이 사건이 진주지역에 커다란 파문
을 일으키며 형평사의 설립으로 이어진 것이다.

에필로그

1. 역사적 존재로서 교회가 비인간적 제도인 노예제를 용인하고, 때로는 그 제도를 통해 부당한 이익을 얻었던 기록은 교회사의 또 다른 수치다. 자유와 해방의 복음이 인간의 탐욕과 시대적 풍조 속에 왜곡되어, 탐욕과 불의를 정당화하는 이념적 도구로 남용된 것은 쉽게 치료할 수 없는 역사적 상처다.

2. 노예제를 묵인하거나 남용했던 역사의 다른 편에, 이 부당한 제도에 용감히 맞섰던 선한 그리스도인들의 이야기도 존재한다. 성경의 진리를 온전히 깨달았던 이들은 당대의 부당한 관습을 묵인하거나, 부당한 이익과 특혜를 용납할 수 없었다. 그래서 그들은 성경의 이름으로 저항했다.

3. 농촌, 염전, 그리고 각종 장애인시설 등지에서 학대당하는 사람들, 열악한 환경 속에서 일하는 이주 노동자들, 인신매매를 통해 매춘에 동원되는 여성들, 불의한 차별을 감수해야 하는 비정규직 노동자들. 한국교회가 예수의 심장으로 주목해야 할 이 시대의 이웃들이다.

제21장

구제

선을 행하고 선한 사업을 많이 하고
나누어 주기를 좋아하며 너그러운 자가 되게 하라 (딤전6:18)

예수는 선한 사마리아인의 비유를 통해, 참다운 인간상을 가르치셨다. 반면, 거지 나사로 이야기를 들려주시며, 탐욕스런 부자를 강력히 비판하셨다. 따라서 교회는 처음부터 구제를 자신의 중요한 사명 중 하나로 이해하며 실천했다. 교회가 세상의 주변에 머물렀을 때나 세상의 중심을 장악했을 때에도, 교회는 사회적 약자들을 위해 자신의 것을 나누는 사역을 멈추지 않았다. 그렇게 교회는 복음을 입으로 전하고 몸으로 실천했으며, 그런 실천과 활동을 통해 세상의 빛과 소금으로 기능 했다. 하지만, 그런 실천이 늘 같은 모습으로 이루어진 것은 아니었다. 때와 장소가 바뀌고 교회의 사회적 위치가 변하면서, 교회의 구제 사역도 다양해졌기 때문이다.

교회의 탄생, 구제의 시작

초대교회는 곤경에 처한 모든 사람에게 차별 없이 사랑을 베풀려고 노력했다. 이런 목적을 위해 주일 예배 때 구제헌금을 거두었고, 기름, 곡식, 계란, 치즈, 고기, 올리브, 빵, 포도주도 수집했다. 교회는 예전적 필요 외의 모든 것을 가난한 자, 포로 된 자, 죄수에게 분배했다. 교회는 애찬을 계속했는데, 그것의

제4부 교회와 사회   **275**

근본적 동기도 구제였다. 이 시대에 감독들은 교회의 영적 문제뿐 아니라, 사회의 빈곤문제에도 깊은 관심을 두고 교회를 이끌었다. 예를 들어, 카르타고의 주교 키프리아누스는 잠시 카르타고를 떠난 동안에도 교인들에게 편지를 써서 과부와 병자와 가난한 자를 돕도록 격려했으며, 교회가 부를 축적하는 것을 금하고, 대신 여행자와 타인을 돕는 일에 사용하도록 지도했다. 카이사레아의 주교 바실리우스Basilius는 동방 수도원운동의 토대를 세웠는데, 노동, 기도, 성경 읽기, 고아와 소외된 자들 돕기를 핵심적 규범으로 제시했다. 그는 카이사레아의 흉년으로 사람들이 굶주릴 때, 부자들이 양식을 내놓지 않자 설교를 통해 그들의 파렴치한 행위를 규탄했다. 그뿐만 아니라, 자신의 재산을 팔아 가난한 자들을 구제했고, 극빈자들을 위한 병원도 세웠다.

이런 주교들의 지도와 영향하에, 교회들은 구제활동을 교회사역의 중심으로 삼았다. 예를 들어, 당시 예배는 구제를 위한 헌금함을 제단 앞으로 가져오면서 시작되었고, 교회 입구에 구제를 위한 헌금헌물함이 놓여 있어서 누구나 자발적으로 구제에 동참할 수 있었다. 모금된 돈은 가난한 자들에게 음식을 제공하기 위해 쓰였고, 옥에 갇힌 자들과 유배된 자들을 위해서도 사용되었다. 교회는 공동묘지를 사들여 최소한의 비용으로 가난한 자들에게 제공했고, 교회 옆에 빈민 구호소, 여행객 숙소, 병원, 고아원, 양로원 등을 건립했다. 6세기 말엽에는 그 수가 셀 수 없을 정도로 증가했다. 모든 교회는 교구 내에 도움이 필요한 사람들의 명단을 갖고 있었으며, 그것을 바탕으로 봉사활동을 효율적으로 전개했다. 251년에 로마 감독이 안디옥 감독에게 보낸 편지에 따르면, 당시 로마 교회는 한 명의 감독과 46명의 사제가 1,500명의 과부나 도움이 필요한 이들을 돌보고 있었다. 교부 테르툴리아누스는 당시 교회의 모습을 이렇게 묘사했다.

교회의 헌금들은 이교도의 신전에서 그리는 것처럼 축제, 주연, 만찬을 위해 사용되지 않았다. 그것들은 오직 가난한 사람들의 장례를 위해 사용되었고, 버려진 소년 소녀들, 도움이 필요한 부모들과 노인들이 기거할 집을 마련하는 데 쓰였다. 그것은 마치 난파선을 구조하는 것과 같았다.

중세

4세기 로마제국에서 기독교가 공인되면서, 모든 자선활동은 교회를 통해 이루어졌다. 아직 국가조직 내에 자선활동을 담당할 효과적 기관을 갖지 못했기 때문에, 교회가 구빈원, 양로원, 병원, 고아원 등을 설립했고, 제국이 부분적으로 기금을 지원하기도 했다. 당시의 자선활동은 가난의 근본적 원인을 해결하기보다, 특정한 필요를 위해 돈과 음식 같은 자원들을 제공하는 일에 치중했다. 중세에는 가난한 자, 병든 자, 감옥에 갇힌 자를 포함하여 모든 불행한 자들에게 자선을 베푸는 것이 그리스도인의 이상적 표상으로 간주하였다.

교회 외에도, 수도원은 중세의 중요한 자선기관이었다. 베네딕트회의 경우, 수도원 수입의 1/10을 빈민구제에 쓰도록 했고, 구제를 원하는 방문객에게 금품을 나누어 주었으며, 자선 담당 수사들은 인근 지역의 환자 가정을 방문하여 돌보았다. 또한, 수도원 부설 숙박소에서 기원한 구빈원 활동도 매우 중요했다. 중세 구빈원은 처음에는 순례자를 접대하기 위한 시설이었으나, 후에는 노약자, 병자, 과부, 고아 등을 수용하는 종합 수용시설로 발전했다. 이것은 종교시설로서 치료보다는 보호에 치중했고, 육체보다는 영혼에, 과학과 기술보다는 신앙과 사랑에 주안점을 두었다. 구빈원에 들어가려면 일정한 심사를 거쳐야 했는데, 지원자의 형편과 재산 상태에 따라 유료와 무료가 결정되었고, 유료의 경우가 더 많았던 것으로 추정된다. 유료 사용자가 사망할 시엔 그가 가지고 들어온 재산을 생존해 있는 사용자들에게 분배하는 것이 원칙이었다.

종교개혁

루터는 「독일 그리스도인 귀족들에게 고함」[1520]에서 구걸은 절대 금지해야하며 빈민에게 금전·식량·의복 등을 제공하기 위한 공동금고를 각 교구에 설치하도록 권장했다. 수공업이나 농업에 종사하는 가난한 사람이 다른 곳에서 도움을 받을 수 없을 때, 공동금고에서 무이자로 자금을 대출해 주었다. 또한, 대출받은 사람이 자금을 상환할 수 없을 때는 탕감해 주었다. 공동금고의 수입은 교회지구의 수입이나 자유로운 기부, 시민의 과세로 충당했으며, 관리업무는 선출된 시민에게 맡겼다. 칼뱅은 부당한 재산 축적과 고리대금을 반대하고, 빈자에 대한 부자의 의무와 구제를 강조했다. 칼뱅이 제네바에서 목회하면서 중점을 둔 사역 중 하나가 제네바로 피난 온 종교적 난민들에 대한 구제활동이었다. 이들을 위해 마련된 구제기금으로 집사들이 고아와 노인, 무능력자들의 거처를 마련하고 임시 보조금이나 직업 훈련을 제공했다.

종교개혁을 계승한 독일 경건주의는 빈민구제의 역사에서 매우 중요한 위치를 차지했다. 대표적 인물이 할레대학교를 중심으로 활동했던 아우구스트 헤르만 프랑케[August Herman Francke]다. 그는 1695년에 가난한 학생들을 가르칠 목적으로 목사관에 '누더기학교'란 임시학교를 설치했다. 이 학교의 인기가 높아지자, 1696년에 도시 밖에 사는 아이들을 위한 정규 학교로 발전했고, 1698년에 고아원이 설립되었다. 이 고아원이 현대적 의미의 최초 고아원이다. 17세기 독일에서 진행된 프랑케의 사회사업은 18세기에 존 웨슬리를 통해 영국교회에서 부활했다. 웨슬리는 1730년부터 옥스퍼드대학교의 신성회[Holy Club] 회원들과 함께 구제활동을 시작했다. 이들은 병자들을 방문해서 함께 예배를 드리고 성찬식을 행했으며, 돈을 걷어 음식과 의복, 석탄 등을 전해주었다. 그 후, 빈민들을 방문하고 빈민원에서 봉사활동도 계속했다. 홀리클럽 회원들은 수입에서 생활비를 제외한 잔액 전부를 구제비로 썼다. 이 운동이 성장하자, 그는 병자 방문을 제도화하고 무료 진료소를 운영했으며, 일반 국민들이 쉽게 읽을 수 있는 『기초 의학』*Primitive Physics*이란 민간 의학서도 출판했다. 이 밖에도, 하류층 광부들이 사는 킹스우드에 고등학교를 세워서, 방치되거나 가난한 가정의 자녀를 교육했고, 신용조합을 운영하여 가난한 자들을 경제적으로 지원했다. 소외된 노동자들을 위한 최초의 노동조합이 감리교인들에 의해 결성되었다.

19세기

19세기에는 빈민 구제활동이 교회, 선교회, 인보관운동 등으로 표현되었다. 먼저, 빈민구제에 대한 웨슬리의 관심이 19세기 영국과 미국의 성결운동으로 이어졌다. 가장 대표적인 그룹이 윌리엄 부스William Booth와 캐서린 부스Catherine Booth에 의해 영국 빈민가에서 1860년에 시작된 구세군Salvation Army이다. 구세군은 빈민들을 대상으로 복음을 전했고, 음식, 의복, 쉼터를 제공했다. 빈민은행, 탁아소, 무료 법률상담, 매춘 등에도 관심을 쏟았다. 이처럼, 가난하고 억압받는 사람들과 접촉하면서, 구세군은 미국사회에 대해 점점 더 급진적인 비판을 가하게 되었다. 또한, 벤자민 로버츠Benjamin T. Roberts의 주도하에 1860년에 설립된 자유감리교회Free Methodist Church도 미국 감리교회가 "가난한 자들에게 복음을 전파하라"는 성경과 웨슬리의 정신을 망각하고, 부자들 중심의 교회로 변질하는 것에 대한 반작용으로 탄생했다. 특히, 교회들이 재정 마련을 위해 예배당 좌석을 경매에 부치는 관행을 도입하자, 로버츠와 일군의 감리교 목사들이 강력히 반대했다. 결국, 그들은 교회의 기득권 세력에 의해 축출되었고, 즉시 "가난한 자들에게 복음"을 전할 목적으로 자유감리교회를 세웠다. 이 교회는 회중석 대여제를 반대하면서 교인들이 예배당에서 무료free로 자신이 원하는 자리에 앉을 수 있도록 허용했다. 같은 정신을 이어받은 또 하나의 성결그룹이 나사렛교회Church of the Nazarene, 1895년 설립다. 이 교회를 설립한 피니스 브리지Phineas F. Bresee,

는 가난한 자들에게 복음을 전할 목적으로 교회 이름까지 "나사렛"으로 정했다. 브리지는 가난한 자들을 배려할 목적으로, "헌금을 강요하지 않았고, 당시에 유행하던 회중석 대여제도를 반대했으며, 화려한 교회건축을 비판했다. 심지어, 가난한 자들에게 상처를 줄 수 있는 사치스런 복장도 엄격하게 규제했다."

이런 교단적 차원의 빈민운동과 함께, 19세기 중반 이후 미국에서 빈민선교와 구제활동을 목적으로 한 다양한 선교회가 조직되었다. 대표적인 단체로 워터스트리트선교회the Water Street Mission와 플로렌스크리탠톤선교회the Florence Crittenton Homes를 들 수 있다. 워터스트리트선교회는 1872년에 전과자인 제리 맥올리Jerry McAuley가 설립했다. 이 단체는 이후 수십 개의 유사한 기관들의 모델이 되었고, 수많은 알코올 중독 남성들이 이 단체를 통해 회심했다. 플로렌스크리탠톤선교회는 찰스 크리텐톤Charles Crittenton에 의해 1882년에 설립되었다. 마약사업을 통해 많은 돈을 번 그는 자신의 어린 딸이 죽자, 그 딸의 이름을 딴 선교회를 설립하고 타락한 여성들을 구원하는 사역을 시작했다.

인보관운동settlement house movement은 1884년에 영국의 데니슨Edward Denison 목사가 주축이 되어 케임브리지대학교와 옥스퍼드대학교 학생들과 슬럼가 노동자들을 결합시킴으로써 빈곤문제를 해결하려는 일종의 사회주의운동으로 시작되었다. 지역사회문제를 해결하려면 문제가 있는 지역사회에 나가 빈민과 함께 거주하며 주변 환경의 개선과 빈민의 도덕적 교화에 힘써야 한다고 믿었기 때문이다. 인보관운동 참여자들은 주택 개선, 공중보건 향상, 사용자에 의한 빈민착취 방지 및 해결 등 제반 사회문제에 대한 집단적 해결을 강조했다. 이 운동을 계승한 바넷Samuel Barnett 목사도 빈민가생활을 체험하고, 빈곤은 경제적 문제라기보다 정신적 문제이며, 따라서 빈민이 교육을 통해 스스로 변해야만 가난에서 벗어날 수 있다고 확신했다. 인보관운동가들이 1884년에 런던의 동부 빈민 지역에 건립한 토인비 홀Toynbee Hall은 세계 최초의 지역사회 복지관community welfare center이었다. 미국에선 1889년에 제인 애덤스Jane Addams가 토인비 홀을 모델로 시카고에 헐 하우스Hull House를 최초로 설립했다.

한국교회 이야기

한국의 최초 고아원은 천주교회가 설립했다. 조선교구 제7대 교구장이었던 프랑스인 블랑M. G. Blanc 신부가 1885년에 서울 곤당골현재 프레지던트 호텔 맞은편 동네에 기와집을 구입하여 '천주교 고아원'이란 이름의 보육원을 개설한 것이다. 초기에는 많은 어려움이 있었지만, 1888년에 블랑 신부의 요청으로 샤르트르 성 바오로 수녀회가 입국하면서 사업이 안정적으로 발전했다. 개신교에선 한해 뒤인 1886년에 선교사 호러스 언더우드가 10명의 고아를 모아 '예수학당'을 설립했다. 후에 경신고등학교로 발전한 이 학당이 개신교 최초의 고아원이다.

1909년에, 의사 포사이스가 광주까지 데려온 여자 한센병 환자를 당시 제중원현 기독병원 2대 원장인 윌슨 선교사Robert M. Wilson, 우일선가 치료했다. 이때, 다른 환자들이 거세게 반발하여, 벽돌 가마터를 치운 자리에서 환자를 치료했는데, 이것이 한국 최초의 나병전문병원인 광주나병원의 기원이었다. 1925년에 여수에 병원을 세우고 600여 명의 환자가 옮겨 왔으며, 1936년에 이름을 애양원으로 변경했다.

1921년에 남감리교 여선교사 메이어스Mamie D. Meyers가 한국 최초의 사회 복지관인 '태화여자관'을 설립했다. 태화여자관이 들어선 건물은 3.1운동 때 민족대표 33인이 독립 선언식을 거행했던 종로구 인사동의 유명한 음식점 명월관이었다. 원래 이 건물의 주인은 친일파 이완용이었는데, 남감리회 선교부가 사들여 기독교 여성들이 사회사업을 시작했다. 당시에 차별과 억압을 받던 여성들의 계몽과 발전을 위해, 사회 교육, 지도력 개발, 모자 보건, 성경 공부 등을 실시했다.

우리나라 최초의 구세군 자선냄비가 등장한 것은 1928년이었다. 당시, 가뭄과 홍수피해로 많은 곳에서 흉년이 들었다. 당시 한국 구세군의 박준섭 사령관이 일제 당국과의 교섭을 통해, '성탄 자선남비'를 이용해 대중모금을 할 수 있다는 승인을 받아냈고, 크리스마스를 전후한 12월 25일부터 31일까지 20개소에서 한국 최초의 자선냄비 모금을 시작했다. 모금액 850원으로 구세군 본영 근처 건물에 급식소를 차려, 매일 120명에서 130명에게 따뜻한 밥과 국을 무료로 제공했다.

의료선교사 셔우드 홀Sherwood Hall은 1928년에 황해도 해주 왕신리에 폐결핵 퇴치를 위해 한국 최초로 '해주구세요양원'을 설립했다. 후원자 모집을 위해 미국에 갔던 홀은 '크리스마스 실' 운동에 대한 정보를 얻고 돌아와서, 1932년에 최초의 '크리스마스 실'을 발행했다. 처음에는 거북선을 도안했으나, 일제가 허가를 내주지 않아서 남대문으로 바꿔 발행했다. 이때 수익금 350원이었으며, 이것은 전액 결핵환자가 수용되어 있던 각 의료기관에 지급되었다. 그 후, 실은 1940년까지 아홉 차례 발행되었다. 하지만, 미국과 전쟁에 돌입한 일본이 홀에게 실의 연호를 서기 대신 일본식으로 변경하도록 요구했다. 홀이 이에 불응하자, 일제가 홀을 추방했고 실의 발행도 중단되고 말았다.

에필로그

1. 구제는 교회의 고유한 사명이다. 예수를 만났던 사람은 이웃의 고통에 민감하게 되었다. 이후, 구제는 교회의 중요한 사역으로 뿌리내렸다. 교회가 국가와 갈등 속에 있었을 때뿐 아니라, 국가의 전폭적 지원을 받고서도, 교회는 다양한 방법으로 가난한 이웃들을 꾸준히 도왔다.

2. 교회의 구제활동은 단지 소극적 선행의 차원에 머물지 않고, 사회적 개선과 변화의 중요한 동력으로 기능했다. 사회가 발전하면서, 사회적 약자의 종류와 범위도 확대되었다. 따라서 이에 대한 교회의 관심과 해법도 함께 확장·발전할 수밖에 없었다.

3. 교회가 복음을 전하면서 학교, 고아원, 복지관 등을 세워서 가난, 질병, 무지를 추방했을 때, 교회는 성장했고 사회도 발전했다. 하지만, 교회가 건축과 성장에 집착하여 이웃과 사회에 대한 책임을 다하지 못했을 때, 교회와 사회는 심각한 위기에 처했다. 역사적·신학적 교훈이다.

제22장

노동

네가 네 손이 수고한 대로 먹을 것이라 네가 복되고 형통하리로다 (시128:2)

인간에게 노동은 저주일까, 아니면 축복일까? 서구문명의 지적 토대가 되었던 헤브라이즘과 헬레니즘 모두가 노동에 대해 부정적 입장을 견지하고 있었다. 유대인들은 노동을 인간타락의 결과로 이해했고, 그리스인들은 영육 이원론을 신봉하며 육체노동을 깎아내렸기 때문이다. 헤브라이즘과 헬레니즘 모두로부터 깊이 영향받은 기독교, 그리고 기독교의 영향하에 형성된 서양에서 노동과 노동자들에 대한 차별과 억압이 존재했던 것은 어쩌면 당연한 논리적 귀결이었는지 모르겠다. 하지만, 그것이 이야기의 전부일까? 노동에 대한 다른 해석은, 노동자들을 위한 다른 목소리는 교회 안에 없었을까?

수도원과 노동

아타나시우스의 『안토니우스의 생애』를 통해 소개된 고대 수도원은 하루의 일과 중 기도와 명상을 가장 중시하면서 육체노동도 강조했다. 당시에는 보통 광주리나 밧줄, 담요 같은 것을 만들었다. 그들은 "일하지 않는 자는 먹지도 말라"는 성서의 가르침을 따르는 방편이자, 생계와 구제의 수단으로 노동을 이해했다. 최초의 기독교 수도원으로 알려진 파코미우스Pachomius의 수도원에선 노동을 수도자의 필수 요건으로 규정했고, 노동을 통해 생산된 것은 자신들의 필요와 구제를 위해 사용했다. 463년 스투디오스Studios에 설립된 수도원도 원장의 엄격한 영적 지도, 기도와 명상의 적절한 조화, 육체노동과 금욕의 조화를 실천했다.

수도원의 역사에서 가장 중요한 것은 베네딕트 수도원이다. "서방 교회 수도원의 역사는 베네딕트 수도원의 역사다"란 말이 있을 정도로 말이다. 그 이유는 『베네딕트 수도 규칙』이 서방의 모든 수도 규칙의 표준이 되었기 때문이다. 총 73장으로 구성된 이 규칙은 수도사가 되려면 규율 준수, 가난, 순결독신, 순종을 서약해야 하며, 수도사가 된 사람들은 기도와 명상, 육체노동과 공부, 재산의 공동 소유, 검소한 삶의 실천을 요구했다. "제48장: 매일 육체노동"은 다음과 같다.

게으름은 영혼의 원수다. 그러므로 형제들은 일정표에 따라 육체노동이나 거룩한 독서에 참여해야 한다. 이것은 다음과 같이 배열하는 것이 좋겠다. 즉, 부활절부터 10월까지, 형제들은 제1시과부터 제4시과까지 육체노동을 해야 한다. 그리고 그때부터 제6시과까지, 그들은 독서를 해야 한다. 저녁식사 후, 그들은 (침대나) 침묵 속에 휴식을 취해야 한다. 하지만, 독서를 하고 싶은 사람이 있다면, 그는 다른 형제들을 방해하지 않으면서 독서해야 한다. … 병들거나 연약한 형제들에겐 게으르지 않을 정도의 일이 배당되어야 하지만, 너무 강압적으로 해서 그들이 수도원을 떠나고 싶은 생각이 들게 해선 안 된다. 수도원장은 그들의 연약함을 세심히 고려해야 한다.

수도원운동은 수사들의 게으름을 방지하기 위한 수행의 방편으로 노동을 강조했던 것이다. 물론, 생산물은 생계에 도움이 되고 구제재원으로도 활용되었지만, 그 이상의 의미와 관심은 없었다. 이들은 세상으로부터 격리된 삶을 살았기 때문에, 세속의 노동에 대해선 거의 관심이 없었다.

종교개혁

16세기에 발생한 종교개혁은 중세에 편만 했던 성속 이원론에 반기를 들면서, 비종교적 직업에 대해서도 긍정적 의미를 부여했다. 이것은 당시에 혁명적인 발상의 전환이었다. 루터는 소위 "소명론"을 주장하면서, 모든 직업이 위로는 하나님을 섬기고, 아래로는 이웃을 섬기는 행위라고 해석했다. 그의 관점에, 모든 직업은 동등한 의미가 있다.

교황, 주교, 사제, 그리고 수도승만이 영적 신분을 가졌고, 왕과 영주, 농부와 기능공들은 세속적인 신분을 지녔다는 생각은 잘못된 생각이다. … 모든 기독교인은 진정으로 영적 신분을 확보하였다. 이들은 상호 간에 아무런 차이가 없다. 다만, 직분이 다를 뿐이다.

구두 수선하는 사람, 대장장이, 농부 등은 각각 자기의 직업과 직책을 수행한다. 그러나 이들은 모두가 거룩한 사제요 주교들이다. 더욱이 한 몸의 여러 지체가 상호 섬기듯이 각 사람은 자신의 직업과 직책을 통하여 서로 섬김으로써 한 공동체의 영적이고 물질적인 복지를 위하여야 한다.

칼뱅도 비슷한 생각을 했다. 궁극적으로, 칼뱅은 이 세상의 모든 것이 하나님의 영광을 위해 존재한다고 믿었기 때문에, 직업도 개인의 생계 수단이 아니라 하나님을 섬기는 행위로 이해했다.

하지만, 이들은 당시의 노동자인 농민들의 비참한 상황에 대해선 충분히 공감하지 못했다. 비종교적 직업에 대해 신학적 정당성은 부여했지만, 장원에 소속된 농노들과 길드에 소속된 장인들의 부당한 착취와 노동 조건에 대해선 제대로 파악하지 못한 것이다. 당시 농민들의 비참한 형편에 대한 기록을 살펴보자.

영국의 저술가는 사제가 "농민들이 모든 옥수수, 목초지, 목장, 풀밭, 나무, 망아지, 양, 거위, 그리고 닭의 1/10을 소유하였다. 이 외에도 종들의 임금, 양모, 우유, 풀, 밀납, 치즈, 그리고 버터 등 모든 것의 1/10을 소유하였다. 참으로 그들은 이득을 챙기는 데는 너무나도 밝았으므로 불쌍한 내 아내는 계란의 1/10을 항상 염두에 두어야 했다. 그러지 않으면 부활절에 참여할 자격이 없었으며 이단으로 몰리고 만다"고 기록했다. 실제에서 이러한 십일조는 대부분 교회의 이름으로 착취했지만, 성직자의 손에는 전혀 들어가지 않았고 봉건 영주들이 가로챘으며, 또는 그들의 세입을 증대시키는 몫이 되었다.

농민들이 당하는 고통들, 즉 지주로부터 당하는 끝없는 착취, 농촌지역에 우글거리는 덩치 큰 강도떼들에게 당하는 계속적인 빼앗김, 그리고 농민들의 소를 가져가거나 돼지를 죽이거나, 여성들을 괴롭히거나 심지어는 집에 방화하면서도 전혀 이상하게 생각하지 않는 군인들로부터의 피해.

하지만, 이런 착취와 억압에 항거하여 독일 농민들이 반란을 일으키자1524, 루터는 『강도와 살인적인 농민폭동에 반대하여』란 제목의 글을 써서, 제후들에게 농민들의 봉기를 섬멸하라고 강력히 호소했다. 노동의 가치는 인정했지만, 노동을 둘러싼 사회적 관계에 대해선 전통적 통념을 극복하지 못했던 것이다.

18세기

18세기에 영국에서 감리교운동을 시작했던 존 웨슬리는 개인적·사회적 성화를 강조하면서, 사회개혁의 선구적 역할을 감당했다. 특히, 그는 노예제 반대운동에 깊이 관여했다. 조지아에서 선교사로 활동할 때, 그는 책과 현장 방문을 통해 흑인 노예의 비참한 삶을 접하고, 노예 매매에 대해 "더할 나위 없는 증오심"을 갖게 되었다. 영국으로 돌아오고서, 자신의 목회에서 노예들에게 세례와 성찬을 허락했으며, 노예들의 교육을 위해 기금을 마련했고, 도서도 보급했다. 그뿐만 아니라, 『노예 제도에 관한 사고』*Thoughts upon Slavery*와 『국가의 상태에 관해 영국 사람들에게 드리는 진지한 요청』*A Serious Address to the People of England, With Regard to the State of the Nation* 같은 책을 써서, 노예제를 강력히 비판했다.

> 나는 흑인 노예매매가 더는 발견되지 않길 하나님께 간구한다! 그리고 우리가 더는 우리의 형제들을 짐승처럼 도둑질해 파는 일과 그들을 수천, 수만명씩 살해하는 일이 없길 간구한다! 오 회교나 이교적인 것보다 더 악하고 혐오스러운 이 일이 우리에게서 영원히 제거될지어다! 영국이 설립된 이래 이와 같이 저주스러운 매매에 손을 대는 치욕스럽고 불명예스러운 일은 영국에 없었다.

웨슬리는 19세기에 영국과 미국의 수많은 복음주의자들에게 엄청난 영향을 끼쳤다. 그의 성화론과 사회개혁에 대한 관심은 복음주의자들이 당대의 다양한 사회문제에 관심을 두고 적극적으로 참여하도록 자극했다.

먼저, 19세기 영국에선, 산업혁명의 영향으로 급속한 도시화가 이루어졌고, 그 결과, 도시 내에 수많은 빈민이 출현했으며, 아동 노동, 여성 매춘, 열악한 감옥 환경 등이 심각한 사회적 문제로 떠올랐다. 이런 상황에서, 구세군의 사역이 큰 주목을 받았다. 이들은 도시 빈민들과 여성매춘에 관심을 두고, 다양한 사회복지사업을 전개했다. 그 과정에서, 그들은 이 문제의 사회구조적 원인을 발견하고 매우 진보적인 사회의식도 갖게 되었다. 같은 시기의 미국에선, 웨슬리의 유산을 보존하려는 사람들에 의해 자유감리교회와 나사렛교회가 출현하여, 도시 빈민들을 위한 목회를 활발히 전개했다.

둘째, 19세기 영국과 미국에서 노예제는 중요한 노동문제이자 인권문제였다. 노예제는 영국에서 먼저 폐지되었다. 이 과정에서 가장 주목할 사람이 윌리엄 윌버포스였다. 그는 일군의 친구들과 함께 노예제 폐지를 위해 오랜 세월동안 분투했지만, 강력한 현실의 벽에 막혀 그의 노력이 번번이 좌절되었다. 그가 크게 낙망하여 자신의 꿈을 거의 포기했을 때, 연로한 존 웨슬리로부터 한 통의 편지를 받았다. 그 편지에서 웨슬리는 이렇게 호소했다.

> 하나님의 능력이 당신을 아타나시우스로 불러 세우지 않으셨다면, 종교와 영국, 그리고 인간성의 수치인 저 저주스러운 악행을 대적하는 당신의 영광스러운 일이 어떻게 완수될지 나는 모릅니다. 하나님께서 바로 이 일을 위해 당신을 불러 세우지 않으셨다면, 당신은 사람들과 악마들의 반대에 의해 기진할 것입니다. 그러나 만일 하나님이 당신을 위하신다면 누가 당신을 대적할 수 있겠습니까? 그들 모두를 합친들 하나님보다 강하겠습니까? 선행을 행함에있어 염려하지 마십시오. 하나님의 이름으로, 그의 전능하신 능력 안에서 계속 전진하십시오. 온 세계에서 가장 악한 미국의 노예제도마저 사라질 때까지 말입니다.

결국, 그의 불굴의 노력으로, 영국 의회는 1806년과 1811년에 노예무역을 금지하는 법령을 발표했고, 1833년에는 영국령 카리브해에서 모든 노예에게 자유가 선포되었으며, 후에 비슷한 법들이 다른 식민지들에서 발표되었다. 동시에, 노예무역을 금지할 목적으로, 다른 나라들과 조약을 체결하려고 노력했다. 얼마 후, 대부분의 서방국가가 노예제를 폐지했다. 이런 영향은 미국으로 전달되어, 웨슬리의 반노예적 전통을 수호하려는 사람들이 웨슬리안감리교회를 창설했고, 찰스 피니를 중심으로 한 제2차 대각성운동을 통해, 노예제 폐지를 주장하는 수많은 인물이 배출되었다.

19-20세기

19세기에 유럽은 산업화의 영향하에 중세 봉건주의의 틀을 허물고 자본주의체제로 빠르게 변화되었다. 이런 과정에서, 자본주의의 부정적 현상이 심화되고, 이에 대한 교회의 관심도 자연스럽게 고조될 수밖에 없었다. 결국, 유럽 여러 지역에서 다양한 형태의 기독교 노동 운동들이 출현하기 시작했다. 자본주의의 모순에 대한 문제의식에서 출발한 이 운동들은 자연스럽게 사회주의를 자본주의의 대안으로 주목하기 시작했다.

기독교 사회주의는 프레더릭 모리스Frederick Denison Maurice, 찰스 킹슬리Charles Kingsley, 존 러들로우John M. Ludlow 등에 의해, 1848년 4월 10일에 영국에서 탄생했다. 기독교 사회주의자들은 자본주의가 우상 숭배적이며, 탐욕에 근거한 것이라고 믿었다. 불평등의 원인도 자본주의와 관계된 탐욕과 연관되었다고 생각했다. 이들은 노동 조합운동과 협력하고, 노동자 복지 향상협의회와 노동자 대학을 세웠다.

종교사회주의Religiöser Sozialismus는 레온하르트 라가츠Leonhard Ragaz, 1868-1945 와 헤르만 쿠터Hermann Kutter의 주도 하에 스위스에서 시작된 기독교 사회운동이었다. 라가츠는 처음엔 자유주의 신학, 부르주아적 문화, 관념주의 영향을 받았다. 그러나 쿠르 시의 목사로 부임하고, 사회문제에 관심을 두기 시작했다. 노동자들의 형편없는 주거 환경, 열악한 노동 조건, 가족관계의 파괴, 이로 말미암은 범죄 행위와 알코올 중독 등을 목격하고 나서, 그는 악의 사회구조적 차원을 발견하고 죄책의 연대감을 느꼈다.

사회 복음운동Social Gospel Movement은 19세기 후반에 출현하여 20세기 초반에 절정에 달한 기독교운동으로서 미국과 캐나다에서 유행했다. 이 운동은 기독교 윤리를 사회문제, 특히 경제적 불평등, 빈곤, 알코올 중독, 범죄, 인종적 갈등, 슬럼, 열악한 위생, 아동노동, 부적절한 노동조합, 가난한 학교, 그리고 전쟁의 위험 같은 사회적 이슈들에 적용했다. 이 운동은 평신도보다 성직자들 안에서 더 인기가 있었고, 리차드 앨리Richard T. Ely, 조시아 스트롱Josiah Strong, 워싱턴 글래이든Wahington Gladden, 월터 라우센부시Walter Rauschenbusch 등이 이 운동을 주도했다.

기독교 현실주의Christian Realism는 1940년대 후반과 1950년대 초반에 라인홀드 니버Reinhold Niebuhr에 의해 발전한 독특한 신학적 관점이다. 이것은 기본적으로 사회복음의 영향을 깊이 받았지만, 당대에 발발한 전쟁, 그리고 히틀러와 스탈린의 독재와 폭력을 경험하면서, 인간과 세상에 대해 부정적·비관적 생각도 동시에 품게 되었다.

기독교 현실주의를 주도했던 니버에 대해 조금 더 살펴보자. 니버는 예일대학교 신학부를 졸업한 1915년부터 뉴욕의 유니언신학교 교수로 부임하던 1928년까지, 총 13년간 미시간 주 디트로이트의 베델교회에서 목회했다. 그는 자신이 목회하던 베델교회 성도들을 통해, 포드자동차회사 노동자들의 현실을 깨닫고, 노동문제에 깊이 관여하게 되었다. 당시 베델교회 성도들 가운데 적지 않은 사람들이 포드자동차회사의 노동자들이기 때문이다. 그런데 그들 대부분이 심각한 해고 위협과 턱없이 부족한 연봉으로 고통을 당하고 있었으며, 노조의 부재로 자신들의 정당한 권리조차 누리지 못한다는 사실을 발견했다. 그가 쓴 일기에 이런 대목이 나온다.

우리는 오늘 거대한 자동차공장 한 곳을 방문했다. 특히, 주물공장이 내게 인상적이었다. 열기가 엄청났다. 노동자들은 지쳐보였다. 이곳에서 육체노동은 매우 힘들고, 거의 노예생활과 다름없었다. 노동자들은 자신들의 일에서 어떤 만족도 얻을 수 없을 것이다. 그들은 단지 먹고살려고 일할 뿐이다. 그들의 땀과 고통은 우리가 끌고 다니는 멋진 자동차들을 위해 지급된 가격의 일부다. 그리고 우리 대부분은 그것들을 위해 지급되고 있는 대가가 무엇인지 알지 못한 채 차들을 몰고 다닌다. … 우리 모두에게 책임이 있다. 우리는 모두 그 공장에서 생산되는 것을 원하지만, 우리 중 그 누구도 현대적 공장의 효용성을 위해 어떤 인간적 가치들이 희생되는지를 신경 쓸 만큼 충분히 예민하지 않다.

동시에, 니버는 근처에서 목회하던 성공회 주교 찰스 윌리엄스Charles Williams와 교류하면서 사회복음을 접하게 되었다. 이것을 통해 니버는 포드회사의 문제를 보다 체계적으로 접근하게 됨으로써, 이전까지 그의 사고를 지배하던 자유주의와 결별했다. 니버는 좌파적 성향을 갖게 되었고, 산업주의가 노동자들에게 끼치는 비도덕적 영향들 때문에 괴로워했다. 그는 헨리 포드Henry Ford에 대한 강력한 비판자가 되었으며, 노조 운동가들이 자기 교회에서 노동자들의 권리에 대해 설명할 수 있도록 허락했다. 그는 조립 라인과 부당한 고용 조건으로 야기된 고통스러운 상황들을 공격했고, 사회당 후보로 여러 차례 공직에 출마했다.

한국교회 이야기: 산업 선교

노동 문제는 항상 존재했다. 농경 사회에서도 소작농들에 대한 부당한 착취로 민란이 일어나기도 했고, 일제 강점기에는 일본인들에 고용된 조선인 노동자들이 빈번하게 노동 쟁의를 벌였다. 해방 후에는 사회주의자들 중심으로 조선노동조합전국평의회가 조직되어 해방정국을 주도하기도 했다. 하지만, 이런 장면들에서 기독교인들의 모습은 거의 보이지 않았다. 하지만, 1960년대에 국가 주도형 경제 개발이 본격화되면서 한국 사회가 빠르게 산업화되었고, 동시에 도시를 중심으로 노동문제가 사회적 이슈로 두드러지기 시작하면서, 한국교회도 노동 문제에 관심을 두고 행동하기 시작했다. 마침내 '산업 선교'가 시작된 것이다.

1957년에 대한예수교장로회 총회가 처음 결의한 산업 선교는 공장 노동자들에게 복음을 전할 목적으로 시작되었으며, 주된 전도 방법은 예배, 성경 공부, 봉사활동 등이었고, 서울 영등포 지역에서 활동을 시작했다. 이후 기독교대한감리회1961, 한국기독교장로회1963, 구세군대한본영1965, 기독교대한복음교회1973 등이 차례로 산업 선교에 가담했다. 이들 모두는 한국기독교교회협의회 회원교단으로서, 산업 선교는 본질적으로 에큐메니컬운동의 성격을 갖게 되었다. 1960년대 후반부터, 산업 선교는 노동자 교육, 노동조합 지도자 훈련, 노동조합 조직 지원 등 노동운동에 본격적으로 개입하기 시작했다. 1968년, 명칭을 산업 선교Industrial Evangelism에서 도시산업 선교Urban Industrial Mission, UIM로 변경했다.

산업 선교 활동이 활발히 전개되면서, 이에 대한 정부의 간섭과 탄압도 고조되었다. 1972년 7월 인천기독교도시산업 선교회 총무 조승혁이 중앙 정보부에 연행되어 고문과 조사를 받았으며, 산업 선교 활동이 용공으로 매도되기 시작했다. 특히 주목할 사건은 동일방직 노조사건1978과 YH무역사건1979이다. 감리교 목사 조화순이 이끌던 인천도시산업 선교회에 가입한 동일방직 노동자들의 노조활동을 저지하기 위해, 회사 측에서 불량배를 동원하여 여성 노동자들에게 폭력을 행사하고 배설물을 투척했다. 전국섬유노동조합연맹도 회사 측에 동조하여 블랙리스트를 작성하고 해고자들의 재취업을 방해했다. 또한, YH무역 사건 후, 정부는 이 사건 배후에 도시산업 선교가 있다고 판단하여, 한국기독청년협의회EYC의 황주석, 서경석, 인명진 등을 구속했다.

이렇게 상황이 긴박하게 전개되자, 교회도 적극적으로 대응하기 시작했다. EYC 구속에 대해, 한국기독교

도시산업 선교회는 개신교 노동 운동의 상징이다

교회협의회는 노동운동을 "노동자들의 인권과 권익을 옹호하는 것", "하나님의 엄한 명령"이라고 선언했다. 1980년에는 장로교통합 총회가 "산업 선교 활동에 대한 입장"을 발표하여, 근로자의 "비인간적 처우와 부당한 경제적 대우" 때문에 교회가 노동운동을 옹호하게 되었으며, "산업사회를 위해서는 산업 선교가 불가피"하다고 선언했다. 산업 선교는 1980년대에도 지속하였으나, 주도권이 도시산업 선교회에서 노동자들에게로 이동하면서 영향력이 감소했다. 역사가들은 산업 선교에 대해 다음과 같은 평가를 했다.

한국노총과 산별노조가 관변단체역할을 하던 당시에, 기독교 산업 선교단체들은 개별 기업 노조지부나 분회가 실질적 도움을 얻을 수 있었던 유일한 곳이었다. 1970년대, 정부나 사회로부터 관심을 받지 못했던 소외된 산업노동자들, 특히 여성노동자들을 교회가 산업 선교를 통해 돌본 것은 한국교회의 선교 역사에서 하나의 이정표가 될 만한 일이었다

에필로그

1. 전통적으로, 기독교는 노동에 대해 이중적 관심을 뒀다. 고대에는 영적 수행과 생활 개선의 목적으로 노동이 중시되었고, 근대에는 자본주의의 발흥과 함께 생활 윤리로서 노동의 가치에 주목했다. 하지만, 그 근저에는 노동을 타락의 결과요 열등한 활동으로 무시하는 사고가 놓여 있다.

2. 사회와 교회는 대체로 노동자들의 고통에 무관심하거나 묵인했다. 하지만 이들을 위해 선한 사마리아인의 역할을 담당했던 소수의 사람들이 교회 안에 존재했다. 그들은 노동을 둘러싼 사회적 불의, 노동자들의 부당한 고통에 대해 성경을 토대로 비판하며 용감히 저항했던 것이다.

3. 한국사회처럼, 자본주의가 극단적으로 발전한 나라에서, 분단으로 말미암은 이념적 갈등과 노사 간의 계급적 갈등이 극심한 나라에서, 노동은 엄연한 현실이자 언급하기 불편한 주제다. 하지만, 사회적 양극화가 심화하고, 한국의 노동 시장과 노동 환경이 점점 열악해지는 상황에서, 교회는 "지극히 작은 자에게 한 것이 나에게 한 것"이란 예수의 말씀을 기억해야 한다. 그 순간, 답은 명확해진다.

부록•교회사 고전

고대 시대

1) 카이사레아의 에우세비우스(Eusebius of Caesorea, 생몰연대미상), 『교회사』
(325년 이전)

카이사레아의 주교였던 에우세비유스는 이 『교회사』 때문에, '교회사의 아버지'라고 불린다. 이 책은 니케아 종교회의325 전에 기록된 것으로 보인다. 10권으로 구성된 이 책은 역사적 정확성 측면에서 문제가 있지만, 사도 바울 이후부터 콘스탄티누스 황제의 개종까지 교회의 변천사를 엿볼 수 있다. 이 책의 목적은 사도들의 계승, 교회의 주요한 변화, 교회를 혁신한 사람들의 성격, 그리고 순교와 적대감 속에서도 교회 간의 꾸준한 발전을 보여주는 데 있었다.

2) 아타나시우스(Athanasius of Alexandria, 295-373), 『안토니우스의 생애』(360년경)

알렉산드리아의 감독으로서 초대교회의 기독론 논쟁에서 정통파의 대변자로 활약했던 아타나시우스가 356년에 안토니우스가 사망하고 나서, 그리고 자신의 세 번째 추방기간355-362에 저술했다. 이 책은 기독교 금욕주의의 대표적 고전으로서, 수도원운동의 창시자인 성 안토니우스의 생애를 기록한 책이다. 그의 영성의 발달 과정과 이집트 사막에서의 '가장 이상적인 금욕 생활'을 보여주고 있다. 특히, 이 책은 수도원 생활의 귀감이 되었으며, 수도원운동이 활성화되는데 결정적인 이바지를 했고, 성인적 삶에 대해 새로운 장르를 개척한 귀중한 자료다.

3) 아우구스티누스(Aurelius Augustinus, 354–430),『고백록』(397–398)

서방 기독교사상을 집대성한 히포의 감독 아우구스티누스가 46세 무렵
397~398에 완성한 이 책은 그의 출생부터 히포의 주교가 되기까지를 자전적으로
기록한 것이다.『고백록』을 통해 우리는 아우구스티누스의 유소년시절부터 장
년에 이르기까지 외적인 행보를 더듬어 올라갈 수 있고, 내적인 마음의 궤적까
지 소상히 살펴볼 수 있다.『고백록』은 총 13권으로 1~9권은 자서전으로, 후반
의 10~13권은 신神에 대한 철학적 사색을 담고 있다.

중세

1) 캔터베리의 안셀무스(Anselm of Canterbury, 1033/1034–1109),『프로슬로기온』(1077–78)

중세 철학과 스콜라 철학의 개척자 안셀무스는 성경의 권위가 아닌 오직 이
성으로 신을 증명하고 싶었다. 1077–1078에 집필된『프로슬로기온』은 자신이 직
접 서문에서 밝힌 대로 '상대방에게 하는 말'이란 뜻이다. 이에 앞서 안셀무스
는『모노로기온』Monologion, 즉 '자신에게 하는 말'을 발간했었다.『프로슬로기
온』은『모노로기온』을 보강하고 좀 더 심화한다는 의미도 가지지만, 공적으로
모두에게 말한다는 변증적 이유도 갖는다. 모두 26개의 장으로 이루어져 있는
데, 1장에선 하나님에 대한 묵상을, 나머지 25장들은 모두 1장의 종속절로 엮어
놓았다. 우리에게 잘 알려진 '신존재증명'은『프로슬로기온』의 두 번째 주제2-4
장에서 다룬다.

2) 토마스 아퀴나스(Thomas Aquinas, 1224/25–1274),『신학대전』(1265~73)

아퀴나스는 히포의 아우구스티누스와 더불어 서방 신학의 두 기둥으로서, 스콜라 철학을 집대성한 인물이다. 철학대전이라고도 불리는 『이교도에 대한 반론』Summa contra gentiles과 함께 이책은 중세 스콜라철학의 최고봉을 이룬다. 신학을 철학의 완성으로 본 아퀴나스는 『신학대전』의 저술을 통해 유명한 신존재 증명을 시도한다. 1265~73년에 저술된 이 책은 3부와 보론補論으로 구성되어 있다. 제1부는 하나님의 존재와 본질을 다루는 신론과 신학의 학문성 문제, 창조와 피조물 세계를 다룬다. 제2부는 인간의 행복론·윤리론·덕론·은총론, 믿음·소망·사랑의 3원덕三元德과 지혜·용기·절제·정의의 4원덕을 다루며, 사회생활과 신비 생활도 언급한다. 제3부는 그리스도론·마리아론·성사론 등을 다룬다. 토마스 아퀴나스의 유고집인 보론은 그의 제자가 아퀴나스의 전기前期 작품을 모아놓은 것으로서, 결혼·죽음·종말 문제 등을 다루고 있다.

3) 단테(Dante Alighienri, 1265–1321), 『신곡』(1308–21)

이탈리아의 가장 위대한 시인, 서유럽 문학의 거장인 단테가 쓴 이 위대한 시는 1308년 이전에 쓰기 시작한 듯하며, 죽기 바로 전인 1321년에 완성되었다. 『신곡』의 구성은 단순하다. 일반적으로 단테 자신으로 추정되는 한 인간이 기적적으로 저승세계로 여행할 수 있게 되어 지옥·연옥·천국에 사는 영혼들을 찾아간다. 안내자가 둘이 있다. 하나는 '지옥'과 '연옥'을 안내하는 베르길리우스이고, 또 하나는 '천국'을 소개하는 베아트리체다. 한 개인의 여행이 한나라의 제반 문제를 포괄하는 소小우주가 되면서, 인간의 타락상도 나타낸다. 『신곡』을 구성하는 기본 요소는 곡曲 canto이다. 이 시는 100개의 곡으로 이루어져 있다. 이것들은 크게 〈지옥편〉·〈연옥편〉·〈천국편〉으로 나뉘어, 부마다 33개의 곡이 들어 있다. 그러나 〈지옥편〉에는 시 전체의 서문 역할을 하는 곡이 하나 더 있다. 대부분 곡은 136~151행으로 구성되고, 시의 운율체계는 3운구법aba bcb cdc이다.

이 시기에 신성한 숫자였던 3이 작품 전체에서 나타난다.

4) 토마스 아 켐피스(Thomas A Kempis, 1380-1471), 『그리스도를 본받아』
(1390-1440)

이 책의 저자에 대해선 논란이 있지만, 토마스 아 켐피스를 저자로 간주하고 있다. 그는 '근대적 경건' devotio moderna의 대표적 기관인 '공동 생활형제단' the Brethren of the Common Life의 대표다. 『그리스도를 본받아』의 제1부는 영적 생활에 유익한 훈계를, 제2부는 사람들이 삶의 물질적인 면보다 영적인 면에 더 큰 관심을 두도록 권고하며, 제3부는 그리스도 안에 사는 사람들에게 찾아오는 위로에 대해 언급한다. 마지막으로 제4부는 신자 개개인의 신앙이 어떻게 성례전을 통해 더욱 강건해져야 하는지를 밝힌다.

종교개혁

1) 데시데리우스 에라스무스(Desiderius Erasmus, 1466-1536), 『우신예찬』(1511)

16세기 유럽 인문학의 선구자 에라스무스. 그의 대표작이자 풍자문의 전범이 『우신예찬』이다. 이 책은 저자 에라스무스가 1506년부터 1509년까지 이탈리아에 체류한 경험, 그리고 영국 여행 중에 받은 인상과 기억을 토대로 하여 쓴 풍자적 글로서, 어리석은 여신 모리아의 입을 빌려 스스로 똑똑한 줄 아는 진짜 바보들을 꾸짖는 내용이다. 철학자와 신학자의 공허한 논의, 성직자의 위선 등을 다룬다. 또한, 태어날 때 울음 대신 웃음을 터뜨렸을 정도로 실없이 웃는 우신 모리아를 통해, 가식적 관념에서 인간을 해방하는 어리석음과 웃음의 필연성을 역설한다. 그뿐만 아니라, 이 책에 실려 있는 교회의 온갖 폐습에 대한 풍자와 고발은 종교계를 긴장시키기도 했으며, '걸어다니는 사전' 이라는 별명에 걸맞게 에라스무스는 이 책에서 그리스·라틴 문학과 철학은 물론, 성경의 다양한 출처에서 뽑은 인용과 우화, 상징을 사용했다. 에라스무스의 조롱 섞인 풍자에『우신예찬』은 출간 즉시 학자와 성직자들의 분노를 샀고, 사후에는 금서 목록에 올랐다.

2) 마르틴 루터(Martin Luther, 1483-1546), 『그리스도인의 자유』(1520)

이 책은 한글 번역판으로 30쪽 분량의 작은 책이지만, 마르틴 루터가 종교개혁 과정에서 남긴 저술 중 단연코 '종교개혁신앙의 알짬'을 밝혀놓은 불후의 명저다. 이 책은 라틴어로 집필되어 1520년 9월에 교황 레오10세에게 헌정되었으며, 독일어 번역본은 당시 영주나 시장에게 헌정하는 관례에 따라 츠비카우 Zwickau의 헤르만 뮐포르트 시장에게 헌정되었다. 이 책은 전체가 30항sections으로 구성되었는데, 전반부1항-18항는 '그리스도인의 자유함'에 대해 논하고, 후반부 19항-30항는 '그리스도인의 사랑의 봉사'에 대해 논한다. "그리스도인은 만물에 대해 자유로운 주인이며 누구에게도 예속되지 않는다. 그리스도인은 만물을 섬기는 종이며 모든 사람에게 예속 된다"라는 명제가 유명하다.

3) 장 칼뱅(Jean Calvin, 1509-1564), 『기독교강요』(1536-1559)

이 책은 스위스 제네바의 종교개혁을 주도했고 종교개혁 신학을 집대성한 장 칼뱅의 대표작이다. 1536년에 초판을 발행하고 나서, 칼뱅 자신이 개정하고 보완하여 1559년에 최종판이 나왔다. 초판은 칼뱅이 망명 생활을 하던 바젤에서 라틴어로 출판되었는데, 프랑스 왕 프랑수아 1세에게 바치는 헌사獻가 실려 있다. 칼뱅이 이 책을 쓴 의도는 프랑스 개신교 신앙의 실체를 정확히 소개하여, 프랑스 개신교인들과 재세례파를 혼동하던 프랑스 왕의 오해를 풀어주려는 것이었다. 이 초판은 십계명, 사도신경, 주기도, 세례와 주의 만찬으로 구성되는 성례전, 타당성이 의문시되던 그 밖의 성례전, 그리스도인의 자유를 논하는 6개의 부분으로 이루어졌다. 1559년에 제네바에서 라틴어로 출판된 최종판은 초판보다 분량이 4배나 많다. 이 책은 창조주·구속주·성령·교회를 주제로 한 4권의 책으로 구성되었고, 하느님의 주권, 은총, 죄인들의 구원 등을 다룬다. 이 최종판은 프랑스어1560, 영어1561, 나중에는 여러 언어로 출판되었다.

종교개혁 이후

1) 블레즈 파스칼(Blaise Pascal, 1623–1662), 『팡세』(1670)

프랑스의 저명한 과학자·철학자였으며, 일종의 가톨릭 경건주의인 얀센주의Jansenism를 추종했던 블레즈 파스칼의 저서. 이 책은 철학적 사고, 사회 정의, 신앙과 은총에 관해 쓴 1,000여 개의 단편들로 이루어졌고, 작품의 전체 구성에 대해서는 아직도 논란이 많다. 인간 현실에 대한 철학적 사고에서 출발하여 인간의 한계에 도달하고, 이로 말미암아 신학 영역으로 들어서게 하는 뛰어난 '설득력'이 돋보인다.

2) 존 번연(John Bunyan, 1628–1688), 『천로역정』(1678)

17세기 청교도 목회자 존 번연의 작품이다. 기독교의 영적 특성이 두드러지지만, 종교를 뛰어넘어 영문학에서 성경 다음으로 사랑받는 대표적 고전이다. 1678년에 처음 출간된 제1부는 '크리스천'이 성경을 읽으면서 자신의 죄를 뉘우치고 하나님나라를 향해 여행하는 이야기를 들려준다. 한편, 1684년에 처음 나온 제2부는 크리스천의 아내 '크리스티아나'가 네 아들을 데리고 그의 뒤를 이어 하나님나라를 향해 여행하는 이야기를 담고 있다.

3) 필립 야곱 슈페너(Philipp Jakob Spener, 1635–1705), 『경건한 열망』(1675)

이 책은 본래 '독일 경건주의의 아버지'라고 불리는 슈페너가 요한 아른트Johann Arndt, 1555~1621의 설교집 재판을 위해 쓴 '서문'으로 세상에 처음 나왔다.

슈페너는 17세기 독일 교회의 영적 부흥을 갈망하는 마음으로 이 글을 썼는데, 『경건한 열망』이 독자적으로 발간되자 독일 전역에서 즉각적이고도 열정적인 반응을 불러일으켰다. 그는 이 책의 1부에서 당시 사회와 교회들의 문제점들을 지적했고, 2부에서 개혁의 가능성을 주장했으며, 3부에서 개혁을 위한 구체적 제안을 했다.

19세기

1) 요한 볼프강 폰 괴테(Johann Wolfgang von Goethe, 1749~1832), 『파우스트』(제1부 1808, 제2부 1832)

『파우스트』는 독일의 대문호 괴테가 1773년에 집필을 시작해서 1831년에 완성한 필생의 대작이다. 그는 이 책에서 지식과 학문에 절망한 노학자 파우스트 박사의 미망迷妄과 구원의 장구한 노정을 그리고 있다. 악마 메피스토펠레스의 유혹에 빠져 현세의 쾌락을 좇으며 방황하던 파우스트가 마침내 잘못을 깨닫고 천상의 구원을 받는다는 내용이다. 주인공 파우스트는 '천상에서 가장 밝은 별'을, '지상에서 가장 큰 쾌락'을 얻고자 방황하며, 제1부에선 파우스트의 소우주, 즉 시민 세계의 섭렵을 통해, 제2부에선 시공을 넘나드는 대우주적 체험을 통해, 인간 본연의 모습을 다룬다. 독자들도 이 책에서 인간 본성에 대한 깊은 탐구와 영혼 구원의 총체적 진리를 발견할 수 있다. 괴테 문학 인생의 동반자와도 같은 이 작품은 시인으로서 능력을 발휘하기 시작한 젊은 괴테에서부터 고전주의에 심취했던 장년의 괴테, 그리고 사회주의적 이상향을 펼치는 말년의 괴테까지, 괴테의 문학적 이력과 삶을 고스란히 담고 있다.

2) 에르네스트 르낭(Joseph Ernest Renan, 1823-92), 『예수의 생애』(1863)

르낭은 프랑스의 철학자, 역사가, 종교학자였다. 신학교에서 학문적인 만족을 얻지 못했던 그는 과학적 엄밀성을 갖고 성서를 해석하여, 성서에도 모순과 착오와 잘못이 있다는 것을 지적하고, 그것을 증명하기 위해 성직을 버리고 종교사와 언어사 연구에 헌신했다. 1849년~1861년 사이에 시리아 지방에 있는 페니키아와 팔레스티나에 가서 고적 답사와 예수가 살았던 지역과 발자취를 찾아다닌 끝에, 수많은 논쟁을 불러일으킨 책을 1863년에『예수의 생애』라는 제목으로 출판했다. 이 책은 나오자마자 자유주의 신학자들과 보수주의 신학자들 사이에 뜨거운 논쟁이 벌어졌다. 이 책은 19세기 예수의 인간적 측면을 강조했던 자유주의 신학의 대표작이다.

3) 도스토예프스키(Fyodor Mikhailovich Dostoevskii, 1821~1881), 『카라마조프의 형제들』(1880)

러시아의 작가 도스토예프스키가 1881년에 죽기 몇 달 전 완성한 그의 최고 소설이다. 25세에 첫 소설『가난한 사람들』을 발표하면서 러시아 문단의 총아로 주목받았던 도스토예프스키는 3년 후에 나락으로 떨어졌다. 사회주의 성향의 모임에 가입했다는 죄목으로 사형 선고를 받은 것이다. 사형은 집행 직전에 취소되고, 그는 8년간 시베리아 감옥에서 살았다. 그때 감옥에서 '친부 살인범'인 한 귀족 출신 일리인스키에 대해 알게 되었다. 그는 방탕한 생활을 하다 유산을 노리고 아버지를 살해했다는 죄목으로 감옥에 들어온 것이다. 그 후 범인은 그 남자의 약혼녀를 사랑했던 동생의 소행으로 밝혀졌다. 30년 동안 도스토예프스키는 이 이야기를 가슴에 담아 두었다가 1878년부터 소설로 쓰기 시작했다. 4부 12편으로 구성된 이 소설은 부친 살해사건에서 시작된다. 이 소설은 인간은 단지 고통과 그리스도를 통해서만 구원을 성취할 수 있으며, 삶은 지성이 아니라 단지 감정과 사랑만으로 살아갈 수 있다는 작가의 근본적 신념이 표현된 세계문학의 걸작이다. 이 미완성 대작은 도스토예프스키를 평생 괴롭힌 신과 악마, 선과 악의 두 원리의 모순을 근본적으로 해결하려고 시도했다. 이 두 원리의 대결은 둘째 아들이자 무신론자인 이반의 극시 〈대심문관〉과 장로 조시마의 수기가 대비되는 형식으로 전개되는데, 결국 두 원리의 통일이 성취되지 못하고 끝난다.

4) 레오 톨스토이(Lev Nikolayevich Tolstoy, 1828-1910), 『참회록』(1882)

1870년대 후반 『안나 카레니나』의 마지막 몇 장을 쓸 무렵, 톨스토이는 모든 것을 무의미한 것으로 보이게 하는 죽음의 공포에 사로잡히고, 그 결과, 인생의 의미를 추구하며 고뇌하기 시작했다. 결국, 그는 삶의 의의를 과학이나 철학으로 설명할 수 없고, 이성의 힘으로도 해결할 수 없다는 결론에 이르렀다. 대신 신앙에 의지해서 죽음을 자연스럽게 받아들이는 민중의 태도에서 중요한 깨달음을 얻게 되었다. 이런 정신적 위기와 극복의 과정이 『참회록』 속에서 적나라하게 묘사되고 있다. 독자들은 이 책에서 톨스토이의 독창적 종교관의 진수를 맛볼 수 있다.

20세기

1) 막스 베버((Max Weber, 1864-1920), 『프로테스탄티즘의 윤리와 자본주의 정신』(1904, 1905)

마르크스, 프로이트 등과 더불어 20세기 가장 뛰어난 사상가로 손꼽히는 막스 베버의 대표작이다. 이 책의 주요 관심사는 '자본주의 발전 과정에서 프로테스탄트 윤리가 어떤 역할을 했는가' 라는 문제다. 자본주의는 어떤 과정을 거치면서 발전한 것일까? 이에 대해 마르크스주의자들은 '물질적인 하부 구조가 정신적인 상부 구조를 결정한다' 라는 명제를 바탕으로 생산 기술의 발전이 자본주의를 이끌었다고 주장한다. 하지만, 베버는 이런 주장에 의구심을 갖고, 정신적인 프로테스탄트 윤리가 경제적인 토대인 자본주의를 발전시킨 원동력임을 증명하여, 물질적 존재가 의식을 결정한다는 경제결정론이 진실이 아님을 밝힌다. 1904년과 1905년, 두 차례에 걸쳐 발표된 논문을 묶은 것으로, 먼저 발표된 것을 1부로, 나중에 발표된 것을 2부로 구성했다. 제1부는 '문제 제기'라는 제목을 달고 있는데, 베버가 앞으로 말하려는 주제를 개괄적으로 다룬다. 프로테스탄트 윤리가 어떻게 초기 자본주의 정신의 밑바탕이 될 수 있었는가 하는 기본적인 문제 제기를 하는 것이다. 제2부에선 본격적으로 자신의 주장을 입증할 수 있는 자료와 내용을 제시한다. '금욕적 프로테스탄트의 직업 윤리'라는 제목에서도 알 수 있듯이 프로테스탄트의 종교적 금욕주의가 직업 윤리로 정착해 자본주의의 발전 과정에 어떻게 작용했는지를 밝힌다.

2) 라인홀드 니버(Reinhold Niebuhr, 1892~1971), 『도덕적 인간과 비도덕적 사회』(1932)

미국의 대표적 신학자 라인홀드 니버는 이 책에서 개인과 집단의 행동 양태를 분석하고 사회적 정의를 수립하려는 방안을 제시했다. 즉, 개인적으로는 도덕적인 사람들도 사회 내의 어느 집단에 속하면 집단적 이기주의자로 변한다는 것이다. 개인적으론 자신의 이익을 희생하면서 타인의 이익을 배려할 수 있지만, 사회는 종종 민족적–계급적–인종적 충동이나 집단적 이기심을 생생하게 보여 준다. 미국 경제가 공황에 빠지고 유럽에선 히틀러가 정권을 잡으려는 시점이었지만, 당시 자유주의적 사회 과학자나 종교가들은 미국 사회의 미래를 낙관하고 있었다. 그러나 니버는 이들이 사회조직의 테두리 안에서 벌어지는 자선의 문제와 경제적 집단 사이의 역학관계를 구별하지 못한다고 비판했다. 집단 간의 관계는 힘의 역학관계에 의해 규정되는 정치적 관계이기 때문에, 사회집단 사이에 작용하는 운동의 강제성을 주목해야 한다고 주장하면서, 개인의 도덕과 사회–정치적 정의가 양립하는 방향에서 해결이 모색되어야 한다고 결론을 내린다.

3) 디트리히 본회퍼(Dietrich Bonhoeffer, 1906-1945), 『나를 따르라』(1937)

"독일의 양심"으로 불리는 천재 신학자 본회퍼가 고백교회 목사 후보생들을 훈련하던 핑켄발데 신학교에서 강의한 내용을 엮어 1937년에 출판한 것이다. 이 책에서 본회퍼는 그리스도를 뒤따르는 제자직의 고귀한 가치와 깊은 의미를 설명함과 동시에, 산상수훈마태복음 5-7장을 신학적으로 해석했다. "믿는 자만이 순종하고 순종하는 자만이 믿는다."라는 명언이 들어 있는 이 책은 20세기 판 『그리스도를 본받아』로 불릴 만큼 유명하다. 값비싼 은혜, 제자직으로의 부름, 단순한 순종, 제자직과 십자가, 제자직과 개체, 세례, 그리스도의 몸, 보이는 교회, 성도들, 그리스도의 형상 등의 내용을 담고 있다.

4) 알베르 카뮈(Albert Camus : 1913-1960), 『페스트』(1947)

대량 학살이 벌어진 제2차 세계대전 이후 가장 먼저 등장한 문학적 경향은 인간 존재의 본질에 대해 고민하는 실존주의 문학이었다. 페스트는 실존주의 문학의 대표적인 작품이자 알베르 카뮈의 첫 번째 장편 소설로 1947년에 발표되었다. 오랑이라는 도시에서 전염병인 페스트가 만연했다는 가정하에, 페스트에 맞서 싸우는 사람들의 투쟁을 의사 리외의 기록 형식을 취해 매우 상징적으로 묘사하고 있다. 이 작품은 전염병을 퇴치하는 데 불확실한 성공을 거두었다는 점이 아니라, 그 과정에서 페스트로 상징되는 악과 억압에 대해 집단적으로 반항해야 하며, 인간의 존엄성과 우애를 역설했다는 점에서 높은 평가를 받는다. 또한, 이런 반항이 행복이며, 상호 공감만이 인류를 평화에 도달하게 할 수 있다는 카뮈의 긍정적 사고방식이 분명하게 전달되고 있다.

5) 엔도 슈사쿠(1923-1996), 『침묵』(1992)

일본이 자랑하는 현대 소설가 엔도 슈사쿠의 대표작이다. 17세기 일본의 기독교 박해 시기를 배경으로, 많은 사람에게 신뢰를 얻고 있던 포르투갈 예수회 소속 신부의 선교와 곧 이은 배교背敎 소식, 그 배교 사실을 확인하기 위해 잠복한 제자 신부가 겪는 고난과 갈등, 그리고 그리스도인이라는 이유만으로 무참히 죽어 가는 사람들의 아픔을 외면한 채 침묵하고 계신 하나님에 대한 고통스러운 질문이 책 전체를 관통한다. 신학적으로 쉽게 해결할 수 없는 난제, "고난의 순간에 하나님은 어디 계신가?"라는 문제를 신앙을 부인해야만 살 수 있는 절체절명의 상황에서, 고민하는 인물들의 내면 묘사를 통해 조용하지만 가슴 뜨겁게 그리고 있다.

6) 함석헌(1901-1989), 『뜻으로 본 한국역사』(1965)

함석헌 선생이 1933년 12월 31일부터 1934년 1월 4일까지 우리 역사에 대해 강연했던 것을 잡지 『성서조선』에 '성서적 입장에서 본 조선역사'란 제목으로 1934년부터 1935년까지 연재했던 것이 바탕이 되었다. 초고에선 한국사에 나타난 하나님의 뜻을 확인하고 그 의미를 파악하는데 일차적 목적을 두었으나, 해방 후 개정판을 내는 과정에서 교파주의를 극복하기 위해 제목을 현재의 것으로 고쳤고, 6·25 이후의 역사에 대한 장을 하나 더 추가했다. 일관된 시점에서 바라본, 사실상 최초의 한국 통사다. 함석헌은 한국의 역사를 "고난의 역사"로 규정하고, 고난에 좌절하거나 이것을 숙명으로 받아들일 것이 아니라, 이를 극복하여 한국을 더 높은 차원의 단계로 승화시켜야 한다고 주장했다. 동시에, 세계의 역사도 고난의 역사였으며, 그 어느 나라보다 많은 고난을 경험하고 극복했던 한국이 장차 세계의 중심국가로 부상할 것이라고 강조했다.

참고문헌

강현선 외. 『기독교, 한국에 살다』. 서울: 한국기독교교회협의회 신앙과직제위
　　원회, 2013.

김근주 등. 『안식일이냐 주일이냐』. 대전: 대장간, 2015.

김상근. 『인물로 읽는 교회사』. 서울: 평단, 2007.

김정우. "한국 초대교회 회개 이야기." 『헤르메네이아 투데이』 제39호 (2007):
　　142-59.

김홍기. 『김홍기 총장이 쉽게 쓴 세계 교회 이야기』. 서울: 신앙과지성사, 2009.

김홍수. 『한국 전쟁과 기복신앙확산연구』. 서울: 한국기독교역사연구소, 1999.

김홍수·서정민 엮음. 『한국기독교사 탐구』. 서울: 대한기독교서회, 2011.

도널드 데이튼. 『다시 보는 복음주의 유산』. 배덕만 옮김. 서울: 요단, 2003.

디아메이드 맥클로흐. 『3천년 기독교 역사 I, II, III』. 박창훈, 배덕만, 윤영훈
　　공역 (서울: CLC, 2013).

류대영. 『한국근현대사와 기독교』. 서울: 푸른역사, 2009.

류응렬, "한국교회 설교의 역사적 흐름과 성경적 설교를 위한 제언," 『신학지남』
　　(2011년 겨울호): 231-60.

박영환. 『네트워크 선교 역사』. 서울: 바울, 2012.

박득훈. 『돈에서 해방된 교회』. 서울: 포이에마, 2014.

배덕만. 『성령을 받으라』. 대전: 대장간, 2012.

_____. "오순절운동의 어제, 오늘, 그리고 내일." 『영산신학저널』 Vol. 29
　　(2013): 57-92.

_____. "신사도개혁운동, 너는 누구니?" 『성결교회와 신학』 제29호 (2013년
　　봄): 90-114.

_____. "복음주의와 사회개혁: 미국의 경우를 중심으로." 『지성과 창조』 Vol.
　　16 (2014): 77-108.

_____. "교회사에 나타난 기도의 거장들." 『목회와 신학』 (2013년 8월): 48-

52.

빈슨 사이난. 『세계 오순절 성결운동의 역사』. 이영훈·박명수 공역. 서울: 서울
　　말씀사, 2000.

윤영훈. "한국의 CCM문화와 청년하위문화." 『대학과 선교』 제22집 (2012):
　　159-200.

이덕주. 『한국교회 처음이야기』. 서울: 홍성사, 2006.

_____. 『이덕주 교수가 쉽게 쓴 한국교회 이야기』. 서울: 신앙과지성사, 2009.

_____. "초기 한국 토착교회 형성과 종교 문화." 『신학과 세계』 제50호 (2004):
　　168-93.

이상규. "한국장로교회와 설교: 한국장로교회에서의 설교 그 역사와 평가." 『기
　　독신학저널』 제13권 (2007년 가을): 79-113.

이성덕. 『기독교 역사의 전환점들』. 서울: kmc, 2011.

_____. 『이야기 교회사』. 서울: 살림, 2013.

윈스롭 허드슨·존 코리건. 『미국의 종교』. 배덕만 옮김. 서울: 성광문화사,
　　2008.

윌리암 보이드. 『서양교육사』. 서울: 교육과학사, 2013.

장경숙. 『산업 선교, 그리고 70년대 노동운동』. 서울: 선인, 2013.

제임스 패커·토마스 오덴. 『복음주의 신앙선언』. 서울: IVP, 2014.

조지 바나·프랭크 바이올라. 『이교에 물든 기독교』. 이남하 옮김. 대전: 대장간,
　　2011.

폴 존슨. 『2천년 동안의 정신 I, II, III』. 김주한 옮김. 서울: 살림, 2005.

코넬리우스 딕. 『아나뱁티스트 역사』. 김복기 옮김. 대전: 대장간, 2013.

탁지일·이은하. 『찬송으로 듣는 교회사 이야기』. 서울: 대한기독교서회, 2013.

한국기독교사연구회. 『한국기독교의 역사 I, II, III』. 서울: 기독교문사, 1989,
　　2009, 2012.

한국문화신학회 편. 『이용도 김재준 함석헌 탄신 백주년 특집논문집』. 서울: 한

　　들출판사, 2001.

황명길. 『기독교 7대 공의회의 역사와 신학』. 파주: 고려신학교 출판부, 2014.

조석민 등. 『세월호와 역사의 고통에 신학이 답하다』. 대전: 대장간, 2014.

조석민 등. 『목사란 무엇인가』. 대전: 대장간, 2015.

wikipedia.com